白丝带丛书 02
White Ribbon Series
主编 方刚　Chief Editor Fang Gang

做全参与型好男人
男性气质与男性参与

方刚 著
By　Fang Gang

Becoming "A Gender-equitable Man"

Masculinities

and Male Involvement

中国社会科学出版社

图书在版编目（CIP）数据

做全参与型好男人：男性气质与男性参与 / 方刚著． — 北京：中国社会科学出版社，2015.11
（白丝带丛书）
ISBN 978-7-5161-6914-8

Ⅰ．①做… Ⅱ．①方… Ⅲ．①男性－社会角色－研究 Ⅳ．①C912.6

中国版本图书馆CIP数据核字（2015）第221097号

出 版 人	赵剑英
责任编辑	武　云　郭晓娟
责任校对	李　享
责任印制	李寡寡

出　　版	中国社会科学出版社
社　　址	北京鼓楼西大街甲158号
邮　　编	100720
网　　址	http://www.csspw.cn
发 行 部	010-84083685
门 市 部	010-84029450
经　　销	新华书店及其他书店
印刷装订	三河市君旺印务有限公司
版　　次	2015年11月第1版
印　　次	2015年11月第1次印刷
开　　本	710×1000　1/16
印　　张	14.75
字　　数	255千字
定　　价	45.00元

凡购买中国社会科学出版社图书，如有质量问题请与本社营销中心联系调换
电话：010-84083683
版权所有　侵权必究

白丝带丛书 总序

促进性别平等，男性不再缺席

促进性别平等，是21世纪重要的国际议题。

在推进性别平等的过程中，国际社会越来越重视男性参与的力量。

1994年，"男性参与"的概念在开罗国际人口与发展大会《行动纲领》中首次被提出；在1995年的北京世界妇女大会上得到进一步强化，《北京宣言》第25条明确呼吁："鼓励男子充分参加所有致力于平等的行动。"

2004年，联合国妇女地位委员会第48届会议呼吁政府、联合国组织、公民社会从不同层面及不同领域，包括教育、健康服务、培训、媒体及工作场所，推广行动以提升男人和男孩为推进社会性别平等作出贡献。

2005年8月31日通过的《北京+10宣言》第25条也写道："关注男性的社会性别属性，承认其在男女平等关系中的地位和作用，承认其态度、能力对实现性别平等至关重要，鼓励并支持他们充分平等参与推进性别平等的各项活动。"

2009年，联合国妇女地位委员会第53届会议上进一步呼吁男女平等地分担责任，尤其是照护者的责任，以实现普遍可及的社会性别平等。

同年，联合国秘书长潘基文成立了"联合起来制止针对妇女暴力运动男性领导人网络，突显了对男性参与社会性别平等运动"的重视。我于2012年受潘基文秘书长之邀成为"男性领导人网络"成员，也是该网络目前唯一的中国成员。

在男性参与促进性别平等的运动中，"白丝带"运动是重要的力量。

"白丝带"运动最早起源于加拿大。1989年12月6日，加拿大蒙特利尔一所大学的14名女生被一名年轻男子枪杀，凶手认为妇女权益运动毁了他的前途。受此悲剧的触动，以迈克·科夫曼博士为首的一群加拿大男性于1991年发起"白丝带"运动，以表示哀悼的白丝带为标志。

"白丝带"邀请男性宣誓绝不实施对女性的暴力，同时绝不为这种暴力行为开脱，也不对其保持沉默。"白丝带"提倡以友善的态度和行为对待妇女，在必要的时候，以安全的方式制止对女性的暴力。

至今，先后有80多个国家和地区以不同形式开展了"白丝带"运动，从而成为全球最大的男性反对对妇女暴力的运动。

在中国，从2001年起便有男性进行"白丝带"运动的倡导工作，但这些工作略显零散且缺少持续性。2013年，在联合国人口基金驻华代表处的支持下，我发起成立了"中国白丝带志愿者网络"。中国"白丝带"运动的新纪元开始了。

在我的理想中，"白丝带"运动不仅是男性终止针对妇女暴力的运动，更应该扩展为男性参与全面促进社会性别多元平等的运动。

"中国白丝带志愿者网络"成立以来，开展了一系列可持续的、系统的工作，包括：男性参与促进社会性别平等，特别是反对针对妇女暴力的宣传倡导；性别暴力受暴者的心理辅导、施暴者行为改变的辅导，包括热线咨询、团体辅导、网络咨询、当面咨询多种形式；针对青少年的性与性别多元平等的教育，包括学校教育和夏令营的形式；男性气质与反暴力的学术研究；等等。

我们也非常重视"中国白丝带志愿者网络"的发展和志愿者培训，以及国内外的学术和社会运动经验的交流。电影演员冯远征及其妻子梁丹妮受邀担任网络的形象代言人。

在促进性别平等的运动中，男性长期失声、缺席。这不仅有碍于促进对女性及其他性别弱势族群的维权，同样也阻碍着男性的自我成长。男性成为性别平等的一分子，由成为"白丝带"志愿者开始！

我们的理想是：让"中国白丝带志愿者网络"的工作成为中国男性参与性别平等运动的样板，同时也成为国际男性参与运动中最重要的一支力量。为此，我们还要不断努力。

方　刚

联合国秘书长"联合起来制止针对妇女暴力运动"男性领导人网络　成员
中国白丝带志愿者网络　召集人
北京林业大学性与性别研究所　所长

白丝带志愿者网站：http://www.whiteribbon.cn
白丝带邮箱：bsd4000110391@163.com
白丝带热线：4000 110 391 （每天8：00-22：00）
白丝带微信公众号：baisidai2013

自序：为什么要成为"性别平等男"？

为什么要成为一个追求性别平等的男人？

因为这可以给你带来完全不同的、更积极的生命体验，让你拥有更和谐的亲密关系、更幸福的亲子关系，使你感到更有力量、更有成就感！

所以，成为"性别平等男"，不是为了他人，甚至不是为了伴侣，不是为了孩子，而是为了你自己！

当然，作为"性别平等男"，你的一言一行，也将造福他人、影响社会、改变世界。

常有"白丝带"志愿者问我：读什么书，能够最快地理解推动男性参与性别平等的"白丝带"运动的理念，成为一名真正的"性别平等男"？

为了回答他们的问题，便有了这本书。

本书超越了学术与通俗的界限，我们将"思考"和"成长"作为编排的轨迹。

本书五章的编排，帮助读者在阅读的过程中思考，从而完成由普遍男人向性别平等男人转变的过程。

首先，我们要"认识男性气质"，知道它是如何建构、制约我们，以及我们的亲人和朋友的；其次，我们一起思考"男性气质视角下的男性参与"，看看我们可以有哪些改变，为什么要做这些改变，这是成为性别平等男人的重要一步；随后，便到了"反思生活中的男性角色"的时候了，质疑、挑战那些每天日常生活中的性别建构，关爱家人，解放自我，你便是一位"性别平等男"了；完成了自我成长，你还可以去帮助他人，引导更多的人成为性别平等男人，那么，你便需要做一名"白丝带"志愿者。作为"白丝带"志愿者，你还有许多事情可以做。

　　本书前三章的内容，均选编自过去17年间我关于男性角色、男性参与的论述，收入时做了修订。之所以重拾旧文，是因为它们确实是最有助于思考男性气质与男性参与的，而且远未过时。当然，从促进男性参与的角度，"远未过时"是一个不幸。

　　第四章和第五章，则全是2013年中国白丝带志愿者网络成立之后的文章。

　　打开此书，开始自我成长吧。

　　成为性别平等男人，成为"白丝带"志愿者，将是你今生最值得骄傲的事情之一！

方刚
2015年4月10日

目 录

第一章 认识男性气质

男性气质的性角色理论 003
男性气质的多样性理论 009
男性气质实践的多种趋势分析 029
从男性气质视角看男人的性 037
阳刚与阴柔之间——一场男子选赛中男性气质实践的分析 043
男性气质多元化与"拯救男孩" 057

第二章 男性气质视角下的男性参与

男性参与的意义、现状与推动策略 065
从支配性男性气质的改造到促进男性参与 074
父亲类型与男性参与 082

"反家暴"立法应有的男性气质视角 095
男性觉悟与男性解放 104

第三章 反思生活中的男性角色

男人的刚强神话 121
男人也可以很温柔 127
男人的家庭责任 131
男人如何爱女人 137
男人与妇女节 140
重新定义"好男人" 144
男人的多样性 150

第四章 认清性别暴力

性别暴力内涵的扩展 159
针对孩子的家庭暴力,你觉察了吗? 174
制止性别暴力,辅导令可先行一步 176
反家暴法应该明确规定"辅导令" 179
反家暴法讨论,倡导男性参与的契机 181
校园性别暴力:新的定义与新的研究视角 183
拒绝校园性别暴力 191
求爱不成便毁容:校园暴力透露出性教育严重缺失 193

第五章 做一名白丝带志愿者

我的白丝带之梦:中国白丝带发展构想 197
白丝带志愿者理念与技能体系构想 200

白丝带地方服务站工作构想..................202
校园白丝带运动，可以做什么？..................204
唤起施暴者改变的愿望——从白丝带热线宣传品的口号说起..................206
男人成为白丝带志愿者的N个理由..................209
关于白丝带志愿者的断想..................211
将性别公益与人生理想结合..................215
一位白丝带男人的创造性工作..................218
酷儿，男性参与的新亮点..................221
怀念一位普通的白丝带志愿者..................223

第一章 认识男性气质

男性气质的性角色理论

男性气质,相对应的英文词是masculinities,许多中文译者将其译为"男性气概"。

本书中使用复数形式的masculinities,是因为我们认为,男性气质是一个多样化的概念,不同文化、种族、阶层的男性,男性气质是不同的。但是,并非所有的男性气质研究者均认同这一点。

在西方男性气质理论的发展历程中,从20世纪二三十年代到80年代,性角色理论便一直控制着男性气质的研究。

一 性角色理论的背景

20世纪二三十年代,因为工业革命的发展及第一次世界大战的影响,男性气质研究开始在西方出现。工业革命使家庭中的劳动力走向社会,男女的劳动分工差异加大,男人成为家庭的主要养护者;第一次世界大战对男性的勇敢和强壮的身体也提出更高要求,正是这些促成了最早的男性气质研究。

三十年代,角色作为社会科学中的一个基本概念已经成形,并且很快被应用于性别研究中。性角色理论(sex role theory)是角色理论在性别研究中的延伸。男性气质研究开始后,性角色理论从20世纪30年代到80年代一直是统治男性气质研究领域的主流理论,不同学科在研究男性气质时都立足于性角色理论,虽然也有所发展和变化,但是对男女不同角色的强调,一直是它的核心,可谓万变不离其宗。

性角色理论强调,作为一个男人或一个女人就意味着扮演人们对某一性别的一整套期望，即性角色。任何文化背景下都有两种性角色：男性角色和女性角色。性角色理论区分了男性气质与女性气质的不同，与男性联系在一起的是技术熟练、进取心、主动、竞争力、抽象认知，而与女性气质联系在一起的，是自然感情、亲和力、被动等。男性气质和女性气质很容易被解释为内化的性角色，它们是社会习得或社会化的产物。按着这一理论，男性气质被视为特定环境中的特定角色，是文化建构的。这一理论强调社会塑造男性或女性同他们的生理性别相结合。（Brannon, 1976）

二 不同的学科模式

对于男性气质的研究，不同学科有着不同的模式。但在性角色理论一统天下之时，这些模式万变不离其宗，都是建立在对男女生理性别的二元划分基础上的。

1.生物学模式

这一模式集中在研究天生的生理差别对两性社会行为不同的影响。男性气质更进取、竞争、好斗、暴力，这是由生理决定的。比如认为男人的行动由左脑控制，女人受右脑控制，左右脑有不同，男性气质与女性气质便有不同。再比如，男人每次射精可以排出1亿枚甚至更多的精子，只有一枚精子会与卵子结合，而女子每次排卵只会排出1枚卵子，所以女人不需要像男人那样竞争。这种生物决定论非常容易导致种族主义，没有证据显示某种生理差别必然会导致某种社会行为。而且生物决定论习惯于将对低等动物的研究中发现的规律推论到人的身上，这也受到了批评。事实上，调查显示，不同文化中的男性气质是不同的，男人并不因为都长有阴茎便有相同的男性气质。（Michael S. Kimmel, Michael A. Messner, 2004: xi—xii）

2.心理学模式

以性角色理论研究男性气质，是由心理学家首先开始的。特曼（Terman）和迈尔斯（Miles）提出，对于不同的性别来说，都有一个心理标准，体现为不同的行为、态度、特性和兴趣。但并不是说每个人都会符合男性气质或女性气质的标准，因此会有"女性气质男人"（the effeminate man）和"男性气质女人"（the masculine woman），对于偏离应该进行矫正。他们提出了一个男性气质—女性气质（masculinity-femininity）的量表，以测量每个人处于男性气质或女性气质的哪一个点上。（Terman L., Miles C., 1936）虽然他们的理论基础太简单了，但在三四十年代，各种测量男性气质和女性气质的量表还是被制造出来，其理论基础并没有大的变化。

五十年代，一个影响很大的"性角色的自我认同"理论被提出来了。该理论认为，因为与母亲交往密切，所以男孩子总是先认同于女性气质的，在其成长过程中，经历了"自我认同"的过程，才开始逐渐认同于男性气质的。（Parsons T. and Bales R.F., 1955）

如果说特曼和迈尔斯强调了男性气质不足、男性具有女性气质是一个心理问题，那么，有学者提出，超强男子气质（极端的、极强的男性气质行为表现）也是一个心理问题。（Miller D.and Swanson G., 1960）

20世纪60年代，对于父亲缺席造成的男性气质的特异、黑肤色男人的男性气质的研究，与超强男子气质研究相互影响。（Joseph H. Pleck,1987:21—38）这些研究与男性的自我认同理论一样，都是集中在考察男性气质为何"不符合标准"上。

在笔者看来，这些研究的明显局限至少有两个：第一，为男性气质与女性气质定出对立的两个僵化的标准，简单地认为不符合这标准的人是有心理问题、需要治疗的；第二，这些研究只从心理角度着眼，完全忽视了社会文化的影响因素，因此注定是不完整的。上述种种理论，其实已经显示：对多元男性气质的存在，正逐渐成为不可忽视的问题。到了七十年代，性角色理论的男性气质研究在心理学领域都开始走下坡路。

3.人类学模式

人类学家在对不同文化进行考察时发现，不同文化下表现出的男性气质是不同的，男性气质所展现的行为的差异性非常明显。因此，提出性别角色具有文化差异，不同男性气质的差异来自于文化对不同环境的适应，性别是流动的，文化组织起着决定作用。（Michael S. Kimmel, Michael A. Messner, 2004: xii）米德1950年出版的经典著作《三个原始社会的性和气质》，便通过对处于周围一百公里之内三个原始部落中男性气质与女性气质的迥异，揭示了男性气质与女性气质的多样性的特点。（米德，1989）

人类学将不同文化下的个案放在一起进行跨文化的归纳与分析，戴维·吉尔摩便在《形成中的男子气概》一书中应用了这种方法。他指出人类学是研究男性气质的宝库，他将来自西班牙、特鲁克群岛、巴西、肯尼亚、巴布亚新几内亚、玻利尼西亚和马来西亚等地的民族志进行了对比研究，试图回答"存在男性气质的全球化原型吗"这样的问题。吉尔摩认为，多数文化下男性气质都是一致的，只存在如塔希提岛人和马来西亚的西迈人等少数意外，即"温顺"的男性气质模式。但是，康奈尔认为，吉尔摩的整个研究仍然是建立在性角色理论之下的，"事先假定了知识的固定客体"，所以"通过跨文化的归纳建立有关男性气质的实证主义科学是行不通的。"（康奈尔，2003:40—46）

人类学家肯定在不同的文化中有不同的男性气质的同时，坚持认为在同一文化中，男性气质仍然是相同的，而且，具有主宰性的男性气质（后来被称为支配性男性气质）仍然是主要的。

4.社会学模式

20世纪中期，社会学中功能主义的性角色理论成为西方社会讨论男性气质的主流。经典的功能主义性角色理论研究出自帕森斯（Parsons）之手。

帕森斯认为性角色的差异符合社会功能的需要，而社会化是人们被调整到符合社会功能的手段。帕森斯批判了心理学研究男性气质的方法，他发展出一个分析男性气质的综合框架，这个框架包括：社会学中的社会化过程、心理学对个人成长过程的精神分析、家庭中内在的形式互动、劳动力的性别分工。可以看出，他试图将诸多视角加以综合。帕森斯还考察了性角色从一代人到另一代人的生产，他的两篇论文主要是在家庭情境中进行男性气质的分析。（Parsons, T.1964）

帕森斯提供的性角色理论，解释了个人和社会的关系，将二者联系在了一起。但是，这种联系仍然是过于简单地相加。

三 对性角色理论的批评

性角色理论在20世纪80年代受到批评。哈克（Hacker）很早便提出，男性气质是一个连续的过程。男性气质不只是在权力关系中建构，而且也在劳动与情感模式等范畴中建构着。社会定义的男性气质扎根在国家、公司、组织和家

庭的工作中，而且在个人的自我认同中。（Hacker, H.M.1957:229）

单纯的支配性男性气质不能够反映所有男人的真实自然，男性气质因为男人的个人经验不同而不同，它是一个由硬到软、由高到低的持续的过渡带。性角色理论受到进一步批评，是由于多元的男性气质及权力关系的提出。男性气质的多样性和支配性男性气质，为研究男性气质提供了一个新的框架。（Pleck, J.H.1976:155—164）

批判性角色理论最重要的一本书是普莱克（Pleck）在1981年出版的《男性气质的神话》，他认为性角色理论不能表现男人的经验，进而提出了一个"性角色张力"理论，认为性角色是有弹性的，有历史特性的，并且不是僵死的。从他以后，对性角色理论的批判开始出现。（Joseph Pleck,1981）

性角色被铸造在一个僵死的容器中，男人和女人被要求依据他们的生理性别进入这个容器，而不管他们在行为或态度上多么不适合这个容器。这种理论不具有文化普遍性，因此不能够帮助我们理解男性气质与女性气质的变化，也不能帮助我们理解个人如何针对性别期望的设定来调整他们的角色。（Kimmel, M.S.1987）

虽然不同学科发展了自己的性角色理论，但是，性角色理论的根基只来自于男女生理的差异，特别是强调男性气质受男人的基因决定。从性角色理论的视角看，男性气质没有任何社会意义。性角色理论忽视了个人对男性气质和女性气质的定义、再生产，以及权力关系。这个理论很少谈男女间的权力，它的框架掩盖了权力和物质的不平等，认为男人和女人是分开的，但是是平等的。

角色框架不适合研究男性气质，男性性角色从来就没有存在过，单纯分开男女来谈男性气质或女性气质是不适宜的，一种主宰性的男性气质不是男性性角色，只是多种男性气质中的一个特例。

到八十年代，强调社会建构与性别动力学的对男性气质的研究开始出现，这些理论关注男性气质被社会建构的机制与过程，从而完成了对性角色理论的超越。

参考文献：

[美] M.米德：《性别与气质》，宋正纯等译，光明日报出版社1989年版

[美] R.W.康奈尔：《男性气质》，社会科学文献出版社2003年版

Barrett, F. J.,The Organizational Construction of Hegemonic Masculinity:The

Case of the U.S.Navy,*Gender,Work and Organization,* 1996,3,(3)

Hacker, H.M.,The New Burdens of Masculinity,*Marriage and Family Living* 1957,19

Joseph Pleck,*The Myth of Masculinity*,Cambridge,MA:M.I.T.Press,1981

Joseph H. Pleck,The Theory of Male Sex-Role Identity: Its Rise and Fall, *The Making of Masculinities : The New Men's Studies*,edited by Harry Brod,Boston : Allen & Unwin,1987

Kimmel, M. S.,Rethinking "Masculinity": New Directions in Research, *Changing Men: New Directions in Research on Men and Masculinity*, edited by M. S. Kimmel.Newbury Park, CA: Sage,1987

Miller D.and Swanson G.,*Inner Conflict and Defense*, New York:Holt,1960

Michael S. Kimmel and Michael A. Messner,*Introduction,Men's Lives*, Person Education and Peking University Press,2004

Parsons T.and Bales R.F.,*Family Socialization and Interaction Process*, Glencoe,Ill.:Free Press,1955

Parsons, T.,Age and Sex in the Social Structure of the United States, Essays in *Sociological Theory*, New York: Free Press,1964

Parsons, T.,The Kinship System of the Contemporary United States, Essays in *Sociological Theory*, New York: Free Press,1964

Terman L. and Miles C.,*Sex and Personality*,New York:McGraw-Hill,1936

男性气质的多样性理论

20世纪80年代,性角色理论对男性气质研究一统天下的局面结束,"支配性男性气质"这一概念被提了出来,从而进入了男性气质多样性的理论发展阶段。

一 起源:"支配性男性气质"概念的提出

按照R.W.康奈尔(R.W.Connell)和詹姆斯·W.梅塞施密特(James W. Messerschmidt)的说法,直到"支配性男性气质"(hegemonic masculinity)这一概念被提出之后,真正的社会学意义上的男性气质研究才开始出现。(R.W.Connell, James W. Messerschmidt, 2005:829—859)

支配性男性气质的概念是在1982年发表的一篇对澳大利亚高中的田野调查报告中首次提出的。凯斯勒(Kessler)等人在这项研究中揭示,影响男性气质的因素可分为许多层次,包括性别的、阶级的、种族的等,它们共同参与了男性气质的建构。因此,男性气质是多元的,而不是单一的。性角色等理论此前所定义的单一的男性气质,实际上是一种"支配性男性气质"。而除"支配性男性气质"之外,还有各种各样的男性气质。(Kessler,S.J., D.J.Ashenden, R.W.Connell, G.W.Dowsett,1982)

支配性男性气质概念的提出不是偶然的,它产生的背景是:

(1)在女性主义关于父权制的理论影响下,一些男性采取支持女性主义的态度,进而思考不同阶级的男人差异;

(2)女性主义关于种族不平等的理论,促使了对男人间不平等地位的讨论;

(3)在对性角色理论的批评中,发展起来的关于同性恋者的男性气质的研究；

（4）一些社会学的实证调查，显示男性气质是有层次的，不是单一的；

（5）精神分析学派中，关于男性成长中性别认同受多种因素干扰的理论。
（Connell & James:829－831）

我们看到，女性主义的影响是最重要的。女性主义认为性别是社会建构的，颠覆了长期以来认为性别是内在形成的观念。男性气质与女性气质都是社会建构的，因历史而不同，与家庭、信仰、国家、当局或工作场所有关。
（Judith Kegan Gardiner, 2005:35－50）

支配性男性气质概念的提出，意在说明男性气质是有许多种的。此前欧美的男性气质定义，实际上是依据白种人的、中年的、中产阶级的、异性恋的男人来定义的，而支配性男性气质概念提出后，这样的男性中心被取消了，男性之间的差异被用来理解男性的生活。工人阶级的、有色人种的、同性恋的、年轻或年老的男人间的不同被加以重视。男性气质多种多样，主流的男性气质仅是支配性的，但不是"对"的。有色人种、同性恋者，以及异教的男人成为对支配性男性气质的挑战。男性气质不再是单一的了，而是需要检验的，不同的男人建构了不同的男性气质。社会建构的机制与过程，便进入了男性气质研究的视野。

支配性男性气质概念提出后，真正将之建构为一个理论体系的是康奈尔，她深入地考察了男性气质在实践中建构的机制。

二 成型：康奈尔关于男性气质在实践中建构的理论

康奈尔在当代西方社会科学领域中具有独特而重要的位置，她的研究涉及女性主义、男性气质、教育、社会阶层等许多领域，但她对男性气质研究的贡献最为学界所公认，是当今世界在此领域影响最大的学者，其著作《男性气质》也是这一研究领域被引用最多的著作。

1. 康奈尔的生平

康奈尔，原名罗伯特·威廉·康奈尔（Robert William Connell），或者鲍勃·康奈尔（Bob Connell），现名雷温·康奈尔（Raewyn Connell），1944年1月3日出生于澳大利亚的悉尼，生理性别为男性，但因其已用女性身份生活，故此文称之为"她"。康奈尔现为澳大利亚国籍，丧偶，现独身，有一个已经成年的女儿。

康奈尔1966年获墨尔本大学历史学硕士学位，1970年获悉尼大学政治学博士学位，之后，她先后在弗林德斯大学、哈佛大学、麦考瑞大学，以及加州大学圣克鲁兹分校等大学任职，现在悉尼大学任职。

康奈尔是著名的社会科学家，她在社会学、教育学、性别研究、政治科学和历史研究领域都非常著名，她因为在性与性别研究中的卓越贡献而获得过美国社会学联合会的奖励。在澳大利亚社会学联合会公布的影响澳大利亚社会的最重要的10部社会学著作中，康奈尔一人便占了4部。

康奈尔的代表著作有：《性别和权利》（*Gender and Power*,1987）、《男性气质》（*Masculinities*,1995）、《男人和男孩》（*The Men and the Boys*,2000）、《性别》（*Gender*,2002）等。

康奈尔对男性气质的社会分析在全球范围内深刻影响了这一领域的研究。《男性气质》一书已经被翻译为意大利文、瑞典文、德文、西班牙文和中文，是男性气质研究领域被引用最多的著作。男性气质，相对应的英文词是masculinities，康奈尔使用复数形式，是因为她认为男性气质是多样的，不同文化、种族、阶层的男性，男性气质是不同的。长期以来，社会性别的研究均集中在针对女性的研究上，社会性别研究几乎等同于女性研究和女性主义研究。直到20世纪80年代，能够与女性研究相呼应的男性气质研究（简称男性研究）才开始出现，而康奈尔使这一研究领域形成规模。

康奈尔在其他一些研究领域也影响重大，《制造差异》（1982）深刻地影响了澳大利亚的教育平等，《性别和权力》发展了一个影响深远的社会性别理论。近年来，康奈尔在研究全球化的过程中修正了这一性别理论。

康奈尔还是社会发展与阶级领域的重要学者，与人合作出版《澳大利亚历史上的阶级结构》（1980）。此外，多年来她还投身于工人运动和和平运动。

康奈尔的青年时期正值欧美20世纪六七十年代风起云涌的各种社会运动的高峰期，女性主义、社会主义思想均深刻影响了她。这使她的理论继承了社会批判的立场和视野，在知识生产上有强烈介入社会的倾向。

1996年，康奈尔成为澳大利亚社会科学学院院士。康奈尔现在是《理论与社会》的资深编辑，同时还是另外5种社会科学杂志的编辑。她的教学领域包括研究方法、教育社会学，以及性别。

康奈尔是联合国男性参与和角色变迁委员会的灵魂人物，领导关于如何在全球范围内将研究应用于男人和男孩群体，以推动性别平等的工作。

丧偶之后，中年的康奈尔实践着她自称为"社会性别转换"（gender transition）的生活，生理性别为男性的她以女性身份出现，穿女装、用女性化的名字雷温·康奈尔、身份证件等法律文书上也改为女性。因此，准确的说法是，康奈尔是一位"跨性别"者。

康奈尔强调说，她不认为自己的"社会性别转换"影响了她的学术价值。她说，一个学者的学术价值在于公共领域，而和她的私人生活无关。但是，康奈尔也提到，她的社会性别转换可以帮助大众理解为什么她致力于性别研究。[1]

显然，如果我们在解读康奈尔的学术思想时，不提及她的跨性别身份，将失去一个理解她的思想的重要视角。我们有理由认为，跨性别经验使康奈尔得以穿透经验主义与本质主义的迷思，性别跨界经验和主体的不断自我询问不但使她的理论提问常切中核心，而且会提供给她思想上的源源不断的创意源泉。但是，如果我们过于局限于她的跨性别身份，过分强调和看重这一经历对她的学术思想的影响，则似乎又要坠入生物本质主义的框框中。一些女性主义者认为男性不可能成为真正的女性主义者的时候，便是基于这样的生物本质主义。

2.对男性气质实践的分析

与性角色理论将男性气质与生理差别做简单的连接相反，康奈尔认为，男性气质不是天生的，而是在实践中建构出来的。她说："不管我们怎样划分我们的社会世界，也不管我们选取什么样的分析单位，我们都可以发现实践的性别的形构实践。"（康奈尔，2003:99）

康奈尔通过下述三个分析单位，来考察男性气质在其中建构的机制：

（1）个人的生活经历。康奈尔采取的方法是进行生命史研究，其中又特别加入了对身体实践的研究。

（2）符号实践，即话语、意识形态以及文化的一面，这种符号实践活动可能比任何个人的生活都延续得长久。

---

[1] 康奈尔与笔者的私人通信，电子信件，2007年5月11日。

（3）性别建构的场所，即国家、工作场所和学校等机构。（康奈尔，2003:99）

康奈尔认为，男性气质和女性气质是"社会建构的"或是"在话语中形成的"，"性别的常识性知识绝不是恒定的，而是在不断变化的实践中的理性认识，通过这些实践，性别就在日常生活中'形成了'或'完成了'"。（康奈尔，2003:7）

在对性别觉醒的过程中，是"身体和社会过程的相互作用"，（康奈尔，2003:72）在性关系中也是一样。

康奈尔非常强调身体在男性气质实践中的作用。长期以来，男性气质被认为是男人身体内产生的，康奈尔说，种种理论将身体变成了符号实践和权力的对象，而不是参与者。康奈尔强调："我们需要坚持身体在社会过程中的行动性，也就是'能动性'的本来意义。""身体参与了社会的能动性、参与了产生和型塑社会行为的过程。"（康奈尔，2003:82）康奈尔提出了"一个超越现有社会理论的模式"，即"身体的反身实践"。强调"身体同时是实践的对象和行动者，实践本身型塑了定义与约束身体的结构"。（康奈尔，2003:84）反身实践，"并不是内在于个人的东西。它们涉及种种社会关系和符号系统，也可能涉及宏观的社会制度。各种典型的男性气质是作为有意的身体和形象化的意义建构起来的。通过反身实践，不仅个人的生活得以形成，而且一个社会世界也得以形成"。（康奈尔，2003:88）"身体的反身实践活动型塑着结构同时也被结构型塑着——结构是有其历史惯性和坚韧性的。社会有着它自己的实在。"（康奈尔，2003:89）在笔者看来，如果说这三个层次是社会层面的，那么，反身实践便是个人男性气质的建构过程，是一个社会的性别秩序形成的途径。

"实践活动的出现不是空穴来风。它总是对某一状态的回应。而这种状态是通过接受某些可能性而不是另外一些建构起来的。实践也不会驶入一个真空。它创造了一个世界。在行动中，我们改变了初始的状态，造就了新的状态。实践建构了并重构着结构。"（康奈尔，2003:89）"在这个意义上，构造男性气质的实践也具有构成性。它们作为反身实践，建构了一个身体维度上的，但并不是被生物性决定的世界。"（康奈尔，2003:89）但康奈尔也强调："性别是那种始终与身体和身体做什么有关，但不能还原为身体的社会实践。"（康奈尔，2003:98）

康奈尔说，这个新世界并不是由身体的物理性机能所决定的，所以它可能不适合身体的物理性存在，她举了两个通过酒精、毒品和性建构男子气质的人，他们身体高度受损，最后他们开始改变自己的男性气质，从身体的改变到关系的改变。

反身实践，种种社会关系和符号系统，及宏观的社会制度在实践中表现出来的可能性，塑造了当事人的男性气质。

康奈尔在分析中还提出了"集体维度"这一概念，（康奈尔，2003:148）强调群体是男性气质的载体，以及环境的重要性。"性别主要形成于和环境斗争的能动过程，以及在该环境中建构的生活方式。"（康奈尔，2003:158）康奈尔将男性气质的实践放到生命史过程中进行考察。她强调了生命史研究在男性气质研究中的重要性：生命史是一项投入，是穿越时间的实践的统合。生命史所记录的绝不是个人的主观感受和经历，也记录了社会结构、社会运动和制度，是丰富的非个人的和集体过程的证据。生命史所记录的，本身就是决定实践的社会环境和实践产生的未来社会世界之间的联系。"生活史方法一直关注穿越时间的社会生活的形成。生活史是真实的历史。"（康奈尔，2003:121）

但仅分析个人生命史还是不够的，而应该将其置于群体框架中再分析，寻求特定社会位置上的男性生活轨迹中的异同，并且了解大规模社会变迁中他们的集体性定位。重点放在公共背景和社会生活的经验常规上，以便了解大规模社会变迁的影响。（康奈尔，2003:124—125）

一个人的男性气质，便是这样在实践中形成的。男性气质影响着与性别有关的行为方式，因此也就会在性别关系中得到体现。而一个社会的性别关系，康奈尔将其分为三种。

3.社会性别秩序的三重关系

康奈尔认为，"男性气质不是一个孤立的客体，而是一个大结构的一部分"。（康奈尔，2003:91）

康奈尔提出，一个相互影响的社会层面构成了一个社会的性秩序，即遍布全社会的男性气质与女性气质之间的权力关系模式，主要涉及的是生产关系（分配工作的方式）、权力关系（男人控制女人以及彼此控制的方式）和欲力投注（cathexis，人与人之间形成依恋和纽带的方式）。马尔科姆·沃特斯说："康纳尔的三分法对应于经济、国家和市民社会之间的区分，这是社会学中一

种广泛存在的区分,经常会在黑格尔派和马克思主义的社会学中有所体现。"(马尔科姆·沃特斯,2000:296)

生产关系:工作的分配形式方面,性别分工是常见的,结果是男人控制财富。这种分工存在于复杂的机制当中,将妇女分流到权威水平低下的非熟练职业中。劳动隔离既出现在职业当中,即指派给妇女的任务不同于男人;也出现在职业之间,即各种职业往往具有特定的社会性别倾向。这种劳动分工根本上是与谋取利润的过程联系在一起的,最终是妇女的亏损积累和男人的利润积累。

权力关系:权力关系的主轴是女性的整体从属性地位与男性的统治,这一结构也就是妇女解放运动所说的男权制。这一普遍性结构已经发生了许多局部变化,但仍然存在着。在所有的社会中,男性权力都有一个核心,其体现为:男性控制着组织化强制的各项制度,包括警察、法庭、军队等;男性控制着经济生产的主要工具;男性控制着国家机关;以及强调对物质世界实行身体支配的工人阶级文化。

欲力投注:在这一点上,康奈尔探讨的是社会成员"与对象之间倾注感情关系的建构",(Connell,1987:112)或者是爱恋关系、渴求和个体间形成特定结构的方式。异性恋的正常结构模式是,妇女以一种不同于男人的方式,成为欲望的对象,就此具有了性别。因此,异性恋的夫妻关系是按其理想形式而安排的,即以下两方之间的交互关系:强劲的男人争强好胜,不断进取;迷人的妇女善于表达,料理家务。

这三个结构性面相在不同的制度中有不同的组织方式:在家庭中,丈夫的权力是与其职业生涯相联系的,也是与妻子在家庭分工中主要作为孩子抚养者的角色期待相联系的;同时,国家以法律的形式授权男人在欲力投注中加强其支配地位;在街道这样的情境框架下,通过从身体上和情感上对妇女的滋扰,既公开展示了妇女的家庭属性,又公开展示了她们的受害过程。在这些制度中,社会性别方面的各种关系丝丝入扣。(马尔科姆·沃特斯,2000:296—298)

吉登斯对康奈尔上述三种关系有如下的概括:"劳动是指劳动的性别分工,既包括在家庭内部(如家务和养育孩子),也包括在劳动力市场(职业隔离和不公平报酬一类问题)。权力是通过机构、国家、军队和家庭生活中的诸如权威、暴力和意识形态等社会关系起作用的。投注是指私密、情感和个人生活中的动力学,包括婚姻、性行为和孩子养育。"(吉登斯,2003:150)

康奈尔指出，三个互相影响的社会层面构成了一个社会的性别秩序，即遍布全社会的男性气质和女性气质之间的权力关系模式。在这三个领域中树立起的性别关系，被以一种特别的性别秩序在社会的层次上组织起来。

男性气质是在上述三重关系下，在实践中建构起来的。建构强调的是动态的状态，是相互的建构，而不是一方对另一方的作用。

4.实践中建构的四种男性气质

康奈尔将在实践中建构起来的男性气质分为四种类型：支配性、从属性、共谋性、边缘性。这些均是男性气质的不同表达方式，而这些方式间存在着等级，它们共同建构着现代西方性别秩序中的主流男性气质模式的种种实践和关系。

支配性：支配性男性气质被认为是男性气质的"理想类型"。一个集团可以凭借支配性男性气质来声称和拥有在社会生活中的领导地位。支配性男性气质是男权制用来保证男性统治地位和女性从属地位的形构。并非具有男性气质就具有了权力，当文化的理想与组织机构的权力达成一致时，支配性才能建立起来。这种权力可能是个人性的，也可能是集体性的，商界、军队、政府高层提供了获得这种权力的样板。当维护男权制的条件发生变化时，特定男性气质统治地位的基础就动摇了，男性霸权是一种历史性的可变化的关系，它的兴衰是男性气质的一个核心要素。

从属性：支配性与整个社会的主导文化有关，在这个总框架中，存在着不同男性群体之间的具体的统治与从属的性别关系。男性中也有性别等级，同性恋就处于最底层，其处境类似于女性。一些异性恋男人也被从合法性的男性气质圈中驱逐，处于从属的地位，如贫穷者。

共谋性：能够从各方面严格实践支配性男性气质的男性是相当少的，但大多数男人从支配性中得到好处，这是男人们普遍从女性的整体依附中获得的。某些人一方面谋取权利的利益，一方面又避开男权制推行者所经历的风险，这类人的气质就是共谋性男性气质。婚姻、父道以及社区生活经常要与女人做出广泛的妥协，而不是赤裸裸的统治或者说一不二的演示。

边缘性：边缘性是性别与其他结构，如阶级和种族的相互作用发展出的男性气质之间的进一步关系。占统治地位的男性气质与从属阶级或种族集团的边缘性男性气质之间存在关系，比如，黑人男子具有从属性，而富有的黑人明星则显示边缘性。（康奈尔，2003:104－111）

对于上述四种男性气质，吉登斯称之为"一个组织清晰的性别等级制"。但吉登斯也注意到，康奈尔反对性别关系是固定的和静止的观点，性别关系是易于被改变和受到挑战的，即"人们在不断地调整性别认同和性别观。"（吉登斯，2003:153）

一方面，上述四种男性气质是人们可能实践的四种性格类型，但是，另一方面，多元男性气质不等同于性格类型学，对男性中的性别关系的关注需要动态地分析。也就是说，四种类型不是僵死的，而是一种动态的存在。康奈尔曾说："……支配性男性气质和边缘性男性气质不是固定的性格类型，而是在变化的关系结构中的特殊情形下产生的性别实践的形构。任何有价值的男性气质理论都必须对这种变化的过程给出说明。"（康奈尔，2003:111）

吉登斯这样评价康奈尔："他的理论在社会学界特别有影响，因为他把父权制和男性气质概念结合为一个性别关系的综合理论。在康奈尔看来，男性气质是性别秩序的重要部分，不能同性别秩序或者同与之相伴的女性气质分开理解。"（吉登斯，2003:149）

三 应用与批评：在过程中成长

1.多样性男性气质理论研究的应用

20世纪90年代，多样性男性气质理论被广泛应用于对男性气质的研究。

体育社会学中便应用了多样性男性气质理论，商业性体育活动被作为观察男性气质表现的一个焦点。（Messner, 1992）此外，面对面的身体接触，以及运动情境中常见的冲突和对同性恋的排斥，都使得多样性男性气质理论的研究有了用武之地。（Messner, Sabo, 1990）

在健康社会学的研究中，支配性男性气质与从属性男性气质不仅有助于理解男性对于冒险的偏好，而且有助于理解男性对于残废和伤害做出的反应。（Gerschick, Miller, 1994:34—55）

在组织研究中，支配性男性气质概念亦对其提供了重要帮助。人们逐渐认识到官僚体制和工作场所中的性别特征，学者们追踪支配性男性气质在具体组织中的制度化，这揭示了支配性男性气质是怎样制度化，通过制度化来的机构影响行为。（Cheng, 1996;Cockburn, 1991）

不断增加的研究使支配性男性气质这一概念本身得到了延伸，这主要通过四种方式得到了丰富：通过证明支配性的结果与代价，通过揭示支配性的机制，通过展示男性气质更大的多样性，通过探索支配性男性气质的变化。

这些研究富有成效：

（1）结果与代价方面：对于代价与结果，犯罪学的研究表明了特殊的攻击模式是如何与支配性男性气质关联在一起的。这种关联，不是作为以支配性男性气质为因的机械性结果，而是通过对支配性的寻求达成的。（Bufkin, 1999:155—176; Messerschmidt, 1997）梅斯纳（Messner）揭示，在职业运动中，支配性男性气质的设定，在制造了令人难以达到的标准的同时，也使成功者在感情上和生理创伤上付出沉重的代价。（Messner, 1992）有一些研究非常醒目，如，电视体育广播中男性气质的"炫耀"；（Sabo, Jansen, 1992）再如，罗伯特称之为对社会下层群体的"责难"的社会机制，这些"责难"囊括了孩子们呼喊的非正式名字，以及对同性恋行为的罪恶化。（Roberts, 1993: 171—186）

（2）支配性的机制方面：在面对那些受到普遍责难的事物时，机制是如何使人们忽视了：其实这些事物的背后是支配性男性气质在起作用。（Brown,1999）比如，坎萨尔沃（Consalvo）考察了媒体报道的某中学大屠杀事件，他注意到，在审讯中相关人员是如何将男性气质问题淡出人们视线的，此举使得媒体无法描述杀手的真相，只有将其形容为"怪物"。（Consalvo, 2003: 27—46）

（3）男性气质的多元性：研究显示，即使在文化单一的、表面看来非常具有支配性男性气质特点的国家，如智利，也不存在一元的男性气质，阶级和代际也使男性气质有所不同。（Valdés, T., J. Olavarría,1998）在其他著名的具有支配性男性气质特点的国家，如日本，有学者考察了近代社会历史中"多样的男性气质"的出现，其中儿童抚育方式的变化是一个关键性的影响。（Ishii-Kuntz,M.,2003）甚至在如军队这样强调单一化的特殊组织中，同样也会体现不同的男性气质。（Barrett, F. J.,1996: 129—42）

（4）支配性男性气质的变化：古特曼（Gutmann）揭示了男子气概是如何获得历史性发展的，他的研究致力于表明男子气概是如何与墨西哥民族主义交织在一起的，这种交织掩饰了墨西哥男子在现实生活中的极端复杂性。他提出城市工人阶级的四种男性气质来支持他的研究，提出这四种男性气质在每天的生活中是进行持续的重新谈判,而非稳定的。(Gutmann, 1996)大量关于身体的研究也显示,男性气质不仅是不同的,而且是处于变化中的。莫雷尔(Morrell)收集了与南非种族隔离的结束相伴的社会性别的转型;(Morrell, 1998)弗格森(Ferguson)追踪了爱尔兰岛上长期存在的男性气质理想的衰落,独身的教士以及做繁重工作的家庭里的男人,他们的男性气质理想被更为现代性和市场走向的模式所取代;(Ferguson, 2001)达斯古帕塔(Dasgupta)考察了日本社会工薪阶层男人的男性气质模式的紧张,特别是八十年代泡沫经济之后,一个"工薪男性的逃亡"的文化符号出现了;(Dasgupta, 2000)多贺(Taga)考察了日本中间阶级年轻男人对变化的应对,其中包括对于与女性相处的新的观念;(Taga, 2003)穆泽(Meuser)考察了德国年际间的变化,这部分是由于男人对变化的应对而起。(Meuser, 2003)

2.对多样性男性气质理论的主要批评与回应

20世纪90年代,对多样性男性气质理论的批评主要有五种。

第一种批评是针对男性气质的基本概念的。柯林森和赫恩(Collinson, Hearn, 1994; Hearn, 1996, 2004),认为男性气质的概念是模糊不清的、不确定的,倾向于视权力和控制是不重要的,并说这最终会导致对理解和考察男性权力的忽视,并且认为多元男性气质的概念导致统计类型学。彼德森(Petersen, 1998, 2003)、柯里尔(Collier, 1998)、麦金尼斯(MacInnes, 1998),都认为男性气质的概念是错误的,因为它简化了男人的特性以及在变动的现实上强加了一个统一体。男性气质还被批评为是异性恋体系下的分类,简化了男女的不同,以及性别中的阶级差异。(Hawkesworth, 1997)

对此持不同观点的学者提出了反证。在八十年代末开始的支配性男性气质研究在社会科学和人文科学领域的繁荣,正说明男性气质的基本概念没有僵化。多元男性气质必然导致静态类型学的担心,也没有被发展的研究所证实。比如,古特曼的墨西哥人类学研究,区分了不同种类的男性气质,同时,他承认并详细地指出,这些种类的男性气质并不具有单一的身份,而总是相对的,是不断会被其他划分打断的。古特曼(Gutmann, 1996)、沃伦(Warren, 1997)对英国高中的考察也发现,男性气质的建构是受多种因素影响的,学生们的男性气质显出复杂的类型,不能够被列入简单的分类中。

对多样性男性气质理论的另一种重要批评是,这一理论在逻辑上基于生理性别与社会性别的对立，而且边缘化或驯化了身体。但事实是，男性气质与身体相互关系的研究一开始就受到重视，比如前面提到的梅斯纳（Messner, 1992）的重要研究。关于身体与男性气质的研究还有许多，比如，理论家讨论揭示了"新社会学身体"和男性气质建构的关系。（e.g., Connell,1995: chap. 2）

康奈尔也指出，为了理解支配性，我们需要理解，身体既是社会实践的目标，又是社会实践的中介。（R.W.Connell, James W. Messerschmidt，2005: 835—837）

第二种批评主要认为康奈尔对男性气质的四种分类是含糊与交迭的。马丁（Martin）指出，支配性男性气质的概念导致了一系列的不一致的运用。有时候这个概念指的是男性气质的固定的类型，有时候指的是在一个国家或者地区占统治地位的男性气质。（Martin, 1998）维瑟雷尔（Wetherell）和艾德利（Edley）也指出这个概念没有特别点明在实际中符合支配性男性气质的特征。（Wetherell, Edley, 1999）康奈尔在《男性气质》一书中作为支配性男性气质的代表提到的一名男运动员，在他的家乡的同龄群体眼里并不具备他们推崇的男子气质。怀海德（Whitehead, 1998: 58; 2002: 93）提到，对于到底谁是支配性男性气质的实践者，仍然很模糊，不同时期的标准不一样。一个固定的超越历史的支配性男性气质是不存在的。在大的地区，那些被看作是男性气质的模板会面临矛盾，在更小的地方，支配性男性气质植根于当地特殊的社会环境中。在实际运用中，支配性男性气质与共谋性男性气质有一些交叠和模糊是可以想见的。（Macan Ghaill, 1994; Thorne, 1993）

支配性男性气质不是简单地适应历史的变化，它也会接受一些来自非支配性男性气质的东西。比如，异性恋者的日常性别操演中，也会加入同性恋者的男性气质。一种男性气质可能会与其他男性气质相混淆，生产出一个混合体。这种混合可能成为支配性男性气质的"污点"，但并不会破坏支配性男性气质的支配本性。从属的和边缘的男性气质看起来是一种紧张的存在，但从来不会使支配性男性气质受到冲击。非支配性男性气质主要来自于种族的边缘、身体的残疾、阶级的不平等、被贬损的性少数人群。对支配性男性气质的理解需要有历史性的性别眼光，需要关注支配性男性群体，如同关注边缘的、从属的群体一样，需要关注社会动力。（R.W.Connell, James W. Messerschmidt，2005: 845—846）

第三种批评针对支配性男性气质的具体化问题。针对有的学者认为支配性男性气质从女性的从属中获利,与男性超越女性的支配地位相连接。(Tim Carrigan, Bob Connell, John Lee, 1987: 93)反对者提出,应该直接从女性的经验中建构男性权威的概念,而不是以女性的从属地位为基础进行建构。霍尔特(Holter, 1997, 2003)相信,我们必须区分"父权制"(对女性从属地位的长期建构)与"性别"(在现代资本主义语境中出现的明确的交换体系)。把男性气质的分层与男权社会女性的从属地位视为逻辑一致的,这样的观点是错误的。霍尔特(Holter, 1997)说,男性身份的认同并不意味着他们对暴力有同样的态度,不能直接从男性对女性的个人权力来推导出男性气质之间的关系。我们至少应该把性别不平等的机制,包括文化建构、性别与种族、阶层和地区的互动考虑进去。科利尔(Collier)看到支配性男性气质概念的一个关键性的过失——排除了对于男性来说积极的行为。绝大多数支配性男性气质包含着"积极的"行为,如挣钱养家、维持性关系、成为一名父亲。科利尔(Collier, 1998: 21)的这些评论是正确的,男人的支配与女人的从属建构了一个历史性过程,而不是一个自我复制的制度。男性的支配权可以以这种男性气质结合正在起作用的性别秩序的方式得到实现,更多的是被纳入到功能性的性别秩序中去,而不是使用暴力压迫的方式完成。

第四种批评是针对男性主体性的被忽视的,认为多样性男性气质理论对男性个体在男性气质实践中主体性的认知不够,并进而提出了男性气质建构中的话语实践分析,从而丰富了研究男性气质实践的方法。(Wetherell, Edley, 1999)

第五种批评是针对男性与女性的关系的。把男性和女性的经验二分对立起来,正如布罗(Brod, 1994)很准确地观察到的,男性研究总是倾向于人为地预设两性间各自分离的空间,不把女性看作分析的相关因素,仅仅是通过对男性和男性之间的关系的考察来分析男性。这个问题确实存在,然而是可以避免的,对研究方法的强调将弥补这一缺陷。我们认为,社会性别总是相关的,男性气质的模式是社会在与女性气质的模式的相互关系中确定的。无论这种女性气质的模式是现实的,还是想象的。研究者的目光应该集中在男性的实践会影响对女性在男性实践社会性别建构中的影响,这已经在生活史的研究中受到了很好的重视。(R.W.Connell, James W. Messerschmidt, 2005: 846—848)

女性在男性气质的建构过程中常常具有中心作用——作为母亲,同学,女朋友,性伙伴,妻子,女性劳动力,等等。我们认为支配性男性气质的研究需要更多地考虑女性的实践和女性气质与男性气质之间的历史互动。

四 发展：支配性男性气质研究的新成果

多样性男性气质理论，经康奈尔等人的努力成形之后，经历各种批评，其间，或者是批评者提出自己的理论，或者是被批评者修正与发展自己的理论，这均使得多样性男性气质理论在近几年得到了大步的发展。与以前的研究相比，现在的研究进一步表明，不同的男性气质之间建构关系的复杂性。

1.男性气质建构中的话语实践

一些学者提出了男性气质建构中的话语实践，以说明男性个人在男性气质实践中的主体性。维瑟雷尔和艾德利提出，我们应该将支配性规范理解成，一个男人在特定的环境中战略上采用的一个客观立场。如有需要，男人会采用支配性男性气质，不过在其他场合，同样的男人会战略性地对支配性男性气质避而远之。因此，"男性气质"表现得并不是特定的男人类型，而是男人通过话语实践确证自己的一种方式。（Wetherell, Edley, 1999: 335—356）

杰弗逊（Jefferson）提出男孩和男人选择那些话语的立场，可以帮助他们远离焦虑，避免无能为力的感觉。对于给定的多元男性气质，杰弗逊认为研究者应该追问"那些有着独特的传记和特殊的精神构成的真实的男人，是如何与这些多样的男性气质关联在一起的"。（Jefferson, 2002: 71）

一个很好的例子是利（Lea）和奥伯恩（Auburn）对一档性犯罪电视节目中一个强奸犯所讲故事的研究，它表明那个讲述的罪犯是如何使男性气质在谈话中被建构的，它们又是如何应用到谈话中的，并借此削弱了自己对强奸应负的责任。（Lea and Auburn, 2001: 11—33）

话语实践强调象征的维度，而支配性男性气质的概念是在对性别的多维理解中形成的。因此，话语分析可以是一个视角，但不足以成为揭示男性气质实践的重要手段。

2.德米特里论男性气质的外在支配与内在支配

德米特里（Demetriou）在批评康奈尔男性气质四种类型的基础上提出了自己的男性气质二分法。他认为，康奈尔所讲的从属的或边缘的男性气质从来没有对支配性男性气质构成冲击,更没有破坏它。支配性男性气质与其他男性气质交织在一起发挥作用,并且在谈判、转型与重新配置的持续过程中维持着统治。德米特里说,这是实现支配性的一种策略。

德米特里将支配性男性气质划分为外在支配(external hegemony)与内在支配(internal hegemony)两种。在男性气质上,外在的支配性是使男性优越于女性的社会制度,内在的支配性是使一群男性优越于其他男性的社会优势。德米特里认为,这两种支配性在以前的理论中是不清楚的,也没有明确说明。外在的支配造就了男性气质整体的支配性,而内在的支配造就了男性中精英阶层的男性气质。内在的支配只是一种"辩证的实用主义"(dialectical pragmatism),在其中,支配性的男性气质以适当的方式维持着对非支配性的男性气质的优势。(Demetriou, 2001: 337—361)

3.男性气质结构的地理学

在过去二十多年里,不同地方结构中支配性男性气质变迁的研究已经很多了。随着全球化越来越重要,跨国界舞台对男性气质的重要性被论及。这些研究无法回避下面的框架,即对支配性男性气质的研究需要三个层次:

(1)地方的:在面对面互动的场景中建构,如家庭、组织以及最亲近的社区,这方面人类学田野与生活史研究是代表。

(2)地区的:在文化和国家层次上建构,在这方面人口研究、政治研究和话语研究是代表。

(3)全球的:跨地区的、全球政治的、国际商业和传媒的,如刚刚出现的男性气质与全球化关系的研究。(R.W.Connell, James W. Messerschmidt, 2005: 849—850)

全球性的机构影响着地区的与当地的社会性别秩序,同时地区的社会性别秩序提供的文化原料被全球性的机构所采纳,并且也可能对地方的社会性别发生重要影响。但是,假设一个从全球到地区到地方的关于权力与权威的简单等级是诱人的,它会导致误导。全球性的决定力常被高估,而对它的抵制,以及我们可以称之为地区性的能力被忽视。(Mittelman, 2004)一些有限的对男性气质的全球水平的研究没有显示出超越地区性和地方性男性气质的能力。(Connell, Wood, 2005; Hooper, 2001)

有证据显示,在社会性别上全球动力的影响力在增大,而且非常清楚的是，这一过程也就是经济重建的过程、远距离移民的过程、发展议题引起的动乱对男性气质和女性气质重建的过程。（Connell, 2005; Morrell, Swart, 2005）

全球化对非西方国家男性气质的影响更受到注意。西方的男性气质，通过殖民经济、全球市场、跨国公司、劳力输出、跨国际媒体等等，对非西方国家施加着深刻影响。加入全球经济与全球文化，必然改变本国的性别现状，也导致重构男性气质。在这一过程中，不单是男性气质被重构，女性气质也被重构，而女性气质的重构也影响到男性气质的重构。（R.W.Connell, 2005: 71—89）

有理论认为全球性的男性气质的互动将成为社会性别政治中重要的研究点，这是未来支配性男性气质研究的重点。在发展中国家，全球化的进程给该地区与当地的社会性别秩序以新的压力，使他们转型，或者让不同的拥有权力的男性集体联合。全球范围内的跨国公司、传媒、安全系统、支配性的模式，仍然在发展中。这使支配性在历史变化中改变性别秩序，成为一个巨大的过程。

4.历史动力学与危机倾向

虽然男性气质建构中的历史性及男性气质的危机倾向，八九十年代的研究已经提及，但到最近几年，更加成形了。

康奈尔曾指出，男性气质总是在特定的时间和场所形成的，是历史性的。他考察了当代西方男性气质形成的历史，包括文艺复兴的影响、新教改革的影响、个人主义、殖民战争、殖民贸易、作为商业资本主义中心的城市的发展、大规模的欧洲内战，等等。"性别关系的结构是随着时间而形成和变化的。在历史记载中，这种变化普遍被认为是来自社会，性别外部——技术或阶级等动因。但是变化也会从性别关系内部产生。这种变化的动力和性别关系一样的久远。但是，在最近两个世纪中，随着性别和性的公共政治的出现，这种变化的动力已变得更加明确。"（康奈尔，2003: 112）

性别关系会随着时间而形成和变化，社会的、性别外部的（技术或阶级等动因），均会引起性别变化。"我们有必要排除在用法上将男性气质作为一个固定的、跨越历史的模式。因为它无视了性别的历史性，无视了男性气质在社会影响中不断变化的大量证据。"（R.W.Connell, James W. Messerschmidt, 2005: 838）

男性气质不能够被看作功能主义的产物，比如认为它是自我生产、自我复制、自我维持的，每一个部分都是为了再生产整体而存在的。事实是，"支配性男性气质是一个历史过程，不是自我生产的。影响它的因素从'软'的个人选择到'硬'的国际关系、安全威胁、战争……"（R.W.Connell, James W. Messerschmidt, 2005: 844）

男性气质是一种形构中的实践过程，个人的生活经历便是一种最容易发现的性别的形构实践。对支配性男性气质的研究中，生命史研究是一个重要方法，它发现了对男性气质进行建构的动力。同一个人不同时期的表现可能是不一样的。性别是在符号实践中被组织起来的，这种符号实践活动可能比任何人的生活都延续得长久，如史诗中的英雄主义男性气质的构建，医学理论中性焦虑与性变态的构建，中国男伶文化中阴柔男子形成的构建。支配性男性气质均植入了历史性的性别动力视角，这也就是为什么生命史研究成为男性气质研究中的一个重要的方法。（R.W.Connell, James W. Messerschmidt, 2005: 842）

当今西方社会，一些学者认为存在着性别危机，或者说是父权制危机。在父权制的体制下，支配性男性气质便是受推崇的男性气质。对于危机说，康奈尔提出，危机预先假设了一个紧密结合的系统的存在，这个系统被危机的后果所破坏或修补，而男性气质是一种处于一系列性别关系中的实践形构，所以我们只不过是面临着走向危机的强烈趋势。

康奈尔说，当前西方社会支配性的男性气质衍生出一系列从属性和边缘性的男性气质。这种变迁的原因，他归纳为三点："女性对性别秩序的挑战，工业资本主义中性别分化的积聚过程，以及帝国的权力关系。"（康奈尔，2003: 268）

男性气质的危机趋势呈现出三种形式：

（1）制度化危机（crisis of institutionalization）。在这一点上，康奈尔的意思是，传统上支持男性权力的制度，即家庭和国家，正在逐步瓦解。由于在离婚、家庭暴力和强奸方面的立法，以及税收和养老等经济问题的解决，男性支配女性的合法性正在减弱。

（2）性危机状态（crisis of sexuality）。在这一危机中，异性恋的主导地位不如从前了。女性和同性恋者的力量不断增长，使得传统的霸权男性气质承受着压力。

（3）利益形成危机（crisis of interest formation）。康奈尔认为，社会利益有了与现在性别秩序相矛盾的新的基础。已婚妇女的权力、同性恋运动和男性中"反对性别歧视"态度的增长，都对目前的秩序造成了威胁。（吉登斯，2003: 154）

康奈尔认为个人和群体的行动能够带来性别秩序的改变，男性气质的危机倾向可以用来消除性别不平等。他说："全球性的性别关系的巨大变化带来了实践中的极其复杂的变化，男人和女人都必须奋力把握住这种变化，没有一个人可以在这场变化中充当一个纯粹的旁观者。"（康奈尔，2003：118）

今天，多样性男性气质理论已成为学术研究界的主流，我们也可以称之为男性气质的社会建构理论。迈克·基梅尔（Michael S. Kimmel）和迈克·梅斯纳（Michael A. Messner）总结了这一理论，认为其中三个重要的部分便是：社会建构观、多元观和生命史观。（Michael S. Kimmel, Michael A. Messner, 2004: xv—xvii）

参考文献：

[英]安东尼·吉登斯：《社会学（第4版）》，赵旭东等译，北京大学出版社2003年版

[美]R.W.康奈尔：《男性气质》，柳莉、张文霞等译，社会科学文献出版社2003年版

[澳]马尔科姆·沃特斯：《现代社会学理论》，杨善华、李康等译，华夏出版社2000年版

Bufkin, J. L., Bias Crime as Gendered Behavior. *Social Justice*, 1999, 26(1)

Cheng, C., "We Choose Not to Compete": The "Merit" Discourse in the Selection Process, and Asian and Asian American Men and Their Masculinity. in *Masculinities in Organizations*, edited by C.Cheng. Thousand Oaks, CA: Sage, 1996

Connell, R.W., *Gender and Power*, London: Allen & Unwin, 1987

Connell, R.W. James W. Messerschmidt, Hegemonic Masculinity: Rethinking the Concept, *Gender and Society*, Vol,9. No,6 December, 2005

Connell, R.W., Globalization, Imperialism, and Masculinities, in *Handbook of Studies on Men & Masculinities*, edited by Michael Kimmel, Jeff Hearn, and R.W. Connell. Thousand Oaks, CA: Sage Publications, 2005

Consalvo, M., The Monsters Next Door: Media Constructions of Boys and Masculinity. *Feminist Media Studies*, 2003, 3 (1)

Cockburn, C., *In the Way of Men: Men's Resistance to Sex Equality in Organizations*. London: Macmillan, 1991

Dasgupta, R., Performing Masculinities? The "Salaryman" at Work and Play. *Japanese Studies*, 2000, 20(2)

Demetriou, D.Z., Connell's Concept of Hegemonic Masculinity: A Critique, *Theory and Society*, 2001, 30(3)

Ferguson, H., Men and Masculinities in Late-modern Ireland. in *A Man's World? Changing Men's Practices in a Globalized World*, edited by B. Pease and K. Pringle. London: Zed Books, 2001

Futoshi Taga, East Asian Masculinities, in *Handbook of Studies on Men & Masculinities*, edited by Michael Kimmel, Jeff Hearn, and R.W. Connell. Thousand Oaks, CA : Sage Publications, 2005

Gutmann, M. C., *The Meanings of Macho: Being a Man in Mexico City*, Berkeley: University of California Press, 1996

Helen Lawrenson, *Wanted: A New Modern Man*, Esquire, 1983

Humm, Maggie., *The Dictionary of Feminist Theory*. Columbus: Ohio State University Press, 1990

Ishii-Kuntz, M., Balancing fatherhood and work: Emergence of diverse masculinities in contemporary Japan, in *Men and Masculinities in Contemporary Japan*, edited by J. E. Roberson and N. Suzuki. London: Routledge Curzon, 2003

Jefferson, T., Subordinating Hegemonic Masculinity, *Theoretical Criminology*, 2002, 6(1)

Judith Kegan Gardiner, Men, Masculinities, and Feminist Theory, in *Handbook of studies on men & masculinities*, edited by Michael Kimmel, Jeff Hearn, and R.W. Connell. Thousand Oaks, CA : Sage Publications, 2005

Ken Plummer, Male Sexualities, in *Handbook of Studies on Men & Masculinities*, edited by Michael Kimmel, Jeff Hearn, and R.W. Connell. Thousand Oaks, CA : Sage Publications, 2005

Kessler, S.J., D.J. Ashenden, R.W. Connell, and G.W. Dowsett, *Ockers and Disco-maniacs*, Syden, Australia: Inner City Education Center, 1982

Lea, S., and T. Auburn., The Social Construction of Rape in the Talk of a Convicted Rapist, *Feminism & Psychology*, 2001, 11(1)

Mauss, M., Ensaio Sobre a Dadiva. Forme et razao da troca nas sociedades arcaica', *Sociologia e Antropologia*,1974, 2

Messner, M. A., *Power at Play: Sports and the Problem of Masculinity*, Boston: Beacon,1992

Messner, M. A. and D. Sabo, eds., *Sport, Men, and the Gender Order: Critical Feminist Perspectives*.Champaign, IL: Human Kinetics Books,1990

Messerschmidt, J. W., *Crime as Structured Action: Gender, Race, Class and Crime in the Making*, Thousand Oaks,CA: Sage,1997

Meuser,M., *"This Doesn't Really Mean She's Holding a Whip": Transformation of the Gender Order and the Contradictory Modernization of Masculinity,* Diskurs,2001

Michael S. Kimmel, Michael A. Messner, Introduction,*Men's Lives,* Person Education and Peking University Press,2004

Gerschick, T. J. and Miller, A. S., Gender Identities at the Crossroads of Masculinity and Physical Disability, *Masculinities*, 1994,2 (1)

Morrell, R, Of Boys and Men: Masculinity and Gender in Southern African Studies, *Journal of Southern African Studies*,1998, 24 (4)

Sabo, D. and S. C. Jansen., Images of Men in Sport Media: The Social Reproduction of Gender Order, in *Men, Masculinity, and the Media,* edited by S. Craig. Newbury Park, CA: Sage,1992

Taga, F., Rethinking Male Socialization: Life Histories of Japanese Male Youth, in *Asian Masculinities*,edited by K. Louie and M. Low. London: Routledge Curzon,2003

Tim Carrigan, Bob Connell and John Lee, Toward a New Sociology of Masculinity, *The Making of Masculinities : the New Men's Studies*，edited by Harry Brod. Boston : Allen & Unwin,1987

Valdés,T. and J. Olavarría., Ser hombre en Santiago de Chile: A pesar de todo, un mismo modelo，*Masculinidades y equidad de género en América Latina*, edited by T.Valdés and J. Olavarría. Santiago,Chile: FLACSO/UNFPA,1998

Wetherell, M. and N. Edley., Negotiating Hegemonic Masculinity: Imaginary Positions and Psycho-discursive Practices, *Feminism and Psychology*, 1999,9 (3)

男性气质实践的多种趋势分析

男性气质，按性角色理论的看法是男性的性别特质或特征，是男性所具有的普遍的、本质的性别属性。但支配性男性气质（hegemonic masculinity）这一概念提出后，关于男性气质多样性的理论则认为男性气质只是男性在性别关系中的实践，是一种多样的、无法进行狭隘定义的性别实践的过程。男性气质研究专家康奈尔指出："如果'男性气质'能够简明定义的话，那么它既是在性别关系中的位置，又是男性和女性通过实践确定这种位置的实践活动，以及这些实践活动在身体的经验、个性和文化中产生的影响。"（康奈尔，2003：97）

笔者在研究中，则提出了男性气质实践的多种趋势的论述。

一　性角色理论与多样性理论的图表呈现

在笔者看来，性角色理论的根基来自于男女生理的差异，性角色被铸造成一个僵死的容器，男人和女人被要求依据他们的生理性别进入这个容器。如果用一个图表来表示性角色理论下的男性气质，那就是如此地简单：

```
              生理性别
    ┌─────────┐  │  ┌─────────┐
    │         │  │  │         │
    │  男性气质 │  │  │  女性气质 │
    │         │  │  │         │
    └─────────┘  │  └─────────┘
```

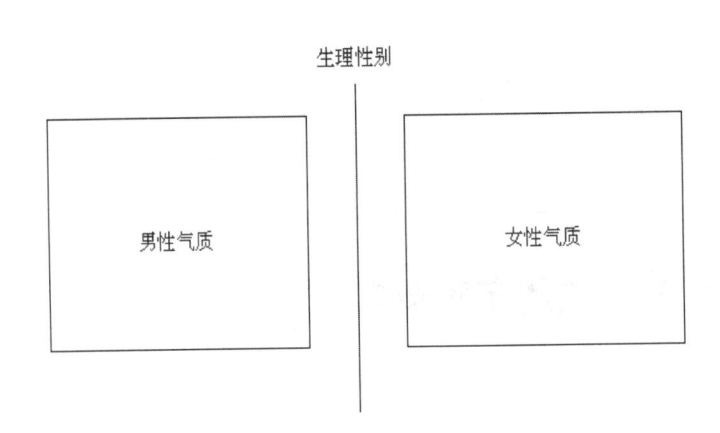

图1 性角色理论的男性气质与女性气质的二分法

在性角色理论之后，康奈尔提出了男性气质的四种类型，以说明男性气质的多样性。

对康奈尔男性气质四分法的批评非常多。在笔者看来，当康奈尔强调男性气质是在实践中建构的、男性气质是多样的这些观点的时候，我们看到了他后现代主义的一面；但是，当康奈尔将男性气质分为支配性、从属性、边缘性、共谋性的时候，无论他自己怎样强调这些均不是僵死的类型，但我们看到的仍然是其结构主义的特征。

康奈尔对男性气质的四分法，用图表来表现便是图2的样子：

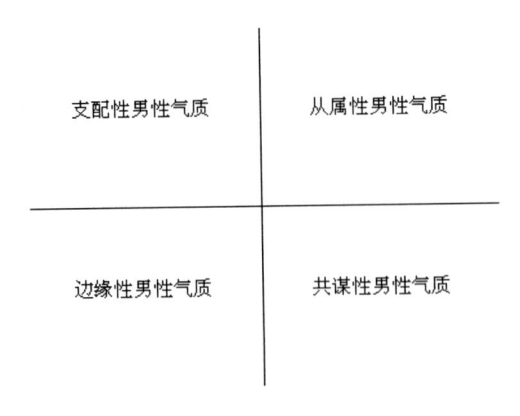

```
                    │
     支配性男性气质    │    从属性男性气质
                    │
    ────────────────┼────────────────
                    │
     边缘性男性气质    │    共谋性男性气质
                    │
```

图2 康奈尔的男性气质四种类型

二　男性气质的多种趋势及立体构成

笔者在康奈尔的论述基础上，提出了自己对男性气质多样性的分析。这就是对男性气质的多种趋势与立体构成的分析。

康奈尔描述的四种男性气质的关系中，支配性与从属性是男性气质的两极，边缘性与共谋性则处于两极的中间位置。但问题是，四分法显然无法穷尽男性气质的所有可能。如果我们确实承认男性气质是一种实践，那么，它就注定是更多样的，有多少种实践的可能，就有多少种男性气质，是无法事先分类的。四分法或其他的分类方法，都是与男性气质的这一特点相冲突的。在此项针对男性性工作者的研究中，笔者便清楚地认识到，无法简单地将男性性工作者的男性气质归入康奈尔所讲的四种类型中的任何一类，甚至无法将某一情境下男性性工作者的男性气质归入康奈尔的分类。也就是说，康奈尔对他所研究的人群得出的认识，无法推广到所有人群。总有一些人群，在一些情景下，是他的分类所无法解释的。因此，笔者试图发展出自己对多样男性气质的描述。

笔者认为，康奈尔对支配性与从属性的提法为我们提供了一种男性气质的理想类型，它们分别处于男性气质的两端。但是，与其将支配与从属视作男性气质的两种类型，不如将其视作男性气质的两种趋势。趋势不同于类型之处在于，它提供的是一种可能的发展方向，是一个动态的过程，并不是一种可以归于其中的静态的分类。某一男性气质的实践可能在某一时刻受到某种趋势的影响较多，比如我们可以说某人在实践中表现出了较多的男性气质的支配趋势，却不可以说它是支配性的男性气质。

当我们从一种男性气质的具体实践中看到如下特点，我们便可以说它体现出男性气质的支配趋势：主动的、竞争的、拥有权力的、控制的、主宰的等；相对而言，男性气质的从属趋势则具有如下的特点：被动的、服从的、没有权力的、可以被控制和被决定的等。更多的时候，具体的男性气质实践是在支配趋势与从属趋势之间建构的，是一个流动的过程。笔者将支配与从属难分伯仲的中间状态，称之为关系均衡趋势。

但笔者并不满足于这一组三种趋势的提出，又结合对中国本土男性气质研究的分析，提出了男性气质的刚性趋势、柔性趋势、刚柔相济趋势。

中国大陆已有男性气质研究文献主要是哲学界和文学界的研究，它们的特点是，没有同当代西方男性气质理论相结合，主是集中于对中国文化中男性气质表现的分析，以及这种男性气质的文化与哲学基础。因此我们可以说，这些研究不具备社会学意义，更无法与"支配性男性气质"概念提出后的西方男性气质理论进行对话。但是，其中对中国男性气质"柔化"的分析，对于本项研究具有启发性，笔者视之为具有中国本土特色的男性气质的实践。

杨雨指出，中国传统社会独特的社会文化和社会心理结构导致了两性的社会性别刻板印象的同化——"柔化"。士大夫性格的"柔化"明显地体现在中国古代文化"温柔敦厚"气质的形成上。（杨雨，2004）

范扬则讨论了"阳刚之气"在中国"隳沉"的原因。他认为，魏晋时"天下多故，名士少有全者，世风日下，由'阳刚'转向'静穆'，纵酒不与世事，每日高谈阔论，发言玄远，口不臧否人物。男子有人及时行乐，涂脂抹粉；有人隐身避世，放荡不羁。"而到了明清，"时风染上纤细、繁缛、富丽、俗艳、矫揉造作，虽百般精细而不厌腻。"（范扬，1988：4—6）

范扬指出，中国人所能奉行的最高准则并不仅仅是阳刚。法家主张入世，老庄哲学带有厌世和消极色彩，《易经》强调"阴阳合德而刚柔有体"，儒家"达则兼济天下，穷则独善其身"，构成了中国男子社会心理定势，也形成民族男性气概的主体。（范扬，1988：139）中国文化下颂扬的两性和谐模式，也不只是英雄美人，而是才子佳人。貌似美女的男子如宋玉、潘安，也是被文化所欣赏的。林骅、方刚还对贾宝玉这一文学人物形象的柔性男性气质进行了分析。（林骅，方刚，2002）

也有学者对中国男性气质的"柔性"使用另外的称谓。多贺太（Futoshi Taga）的一项研究提出，东亚性别关系与西方有很大不同，男性气质围绕文武建立。前者是精神的或文化的，后者是生理的及肉体的。在中国文化中，文强于武，学者和官员高于士兵。而在西方文化中，这是相反的。（Taga, 2005）中国台湾青年学者高颖超也在研究中提出了中国男性气质具有文武分类的论述。（高颖超，2006）

笔者认为，将中国男性气质以文武分类难以明确彰显其特点，还是"刚／柔"更能准确地与中国古代哲学中的思想及男性气质的建构相契合。因此，笔者在此提出男性气质的刚性趋势与柔性趋势这一描述，与笔者在分析康奈尔的理论时提出的男性气质的支配趋势及从属趋势形成呼应。如果说支配与从属体现的是一种关系，是男性气质具有等级性的两种趋势，那么刚性与柔性则是个人在男性气质实践中体现出来的行事风格、外表气质、个性特点等。刚性趋势具有粗犷、强硬、倔强、粗糙的特点，而柔性趋势具有温柔、和谐、细腻的特点，笔者又将兼具二者的属性、难分伯仲的男性气质实践称之为刚柔相济趋势。

刚性、柔性是中国男性气质的两个理想类型，大多数的男性气质实践同样是在这两个理想类型之间的一个变动的点。这样，我们便获得了西方与东方各自的两个理想类型，从而得以进一步发展出一个"男性气质实践的十字轴"。

笔者认为任何男性气质的实践都是一种变化中的趋势，而不是静止的类型。我们提出男性气质的支配／从属趋势与刚性／柔性趋势两个不同的判断维度，支配／从属较看重关系，而刚性／柔性则看重的是个性，二者是两个交叉而不相重合的轴。这样，我们就得到了一个对男性气质实践进行分析的十字轴，而对任何男性气质的分析均需要同时从横纵两轴着眼：

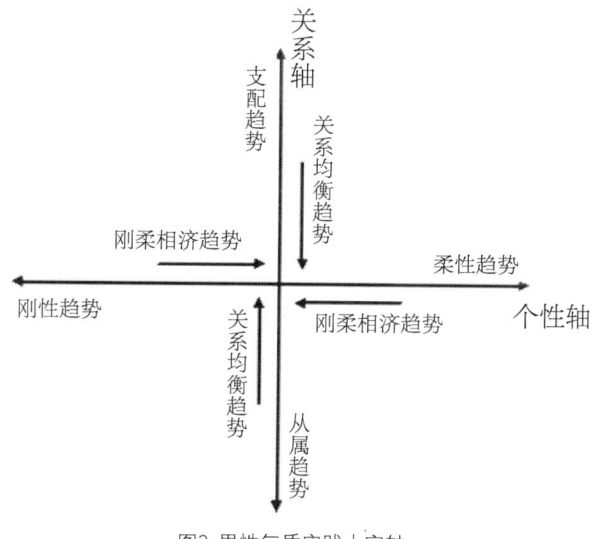

图3 男性气质实践十字轴

在这个十字轴中，纵轴是关系轴。各种关系（康奈尔将其分为权力、经济、情感三重关系）建构着位于两端的男性气质的支配趋势与从属趋势，其中间点为关系均衡。横轴是个性轴，即个人在男性气质实践中所表现出来的行事风格与外表气质，个性决定着位于两端的刚性趋势与柔性趋势，位于中间点的是刚柔相济。我们看到，六种趋势不是用六个点来表现，而是用六个箭头来表示，即突出其延续的、建构中的状态，而不是固定的位置。

高颖超曾在对军队中男性气质的研究中提出过类似的十字轴，不同在于，他是以点而非箭头来标志四端，即没有提出"趋势"这一概念，而且将横轴的两端标识为文武，主要考察文武如何被跃升或贬损到纵轴两端的支配性或从属性当中，而没有认识到男性气质实践是纵横两轴共同确定的一种趋势。（高颖超，2006: 135—147）本研究则认为男性气质实践是在纵横轴的共同影响下，从而致力于考察男性气质在六种趋势间的实践过程，以及其背后复杂的机制。

笔者认为，每一种男性气质的实践均可以从男性气质十字轴的纵轴与横轴两个维度进行分析，考察其在不同维度间的实践趋势。不同的男性气质便可以被描述为：刚性／支配性趋势的男性气质实践，刚性／从属趋势的男性气质实践，刚性／关系均衡趋势的男性气质实践，柔性／支配趋势的男性气质实践，柔性／从属趋势的男性气质实践，柔性／关系均衡趋势的男性气质实践，刚柔相济／支配趋势的男性气质实践，刚柔相济／从属趋势的男性气质实践，刚柔相济／关系均衡趋势的男性气质实践。

需要特别强调的是，上述这些只是一种对男性气质实践的趋势的描述，而绝不是分类。事实上，刚／柔趋势与刚柔相济趋势之间、支配／从属趋势与关系均衡趋势之间，均存在着广大的空间，两个维度间男性气质的实践趋势存在着无数种组合。比如同样是刚性／支配趋势的男性气质实践，便可能是刚性多一些或少一些（更接近刚柔相济），支配强一些或少一些（更接近关系均衡）。我们没有办法给每一个不同点上的男性气质实践进行命名，而且男性气质的实践过程是在这空间中的移动过程。

男性气质十字轴的重要价值在于：揭示出男性气质作为一种实践是在变化中的，它是只能描述，而不能分类的。在笔者看来，这样的分析才充分地体现了男性气质在实践中建构的特点。

另外需要强调的是，个性轴上显示的男性气质实践，和关系轴上的一样，均不是个人便可以决定的，而是处于整个社会体制中的一种社会实践，是在康奈尔所讲的三重关系中建构的，即权力关系、经济关系、情感关系。

男性气质是一种趋势的提出，使得对男性气质的研究从对静态类型的研究，转到了对动态趋势的研究。因此，十字轴不是平面的，而是立体的。

男性气质的实践是在具体情境、具体符号中的建构。同一种符号实践可能在不同的情境及符号中均具有意义，只是其建构出的男性气质实践可能是不同的。

影响男性气质实践的因素是无限多的，只有到具体的情境中才能进行分析。比如在笔者关于男性性工作者男性气质建构的研究中，便提出传统文化、地理差异、国际化趋势、集体实践，以及个人所属的阶级、性倾向、从业模式、身体实践，和在实践男性气质过程中同女性气质的互动等因素，这些都影响着男性气质的实践结果。

在上面所有这些论述中，其实已经勾勒出了一个男性气质实践的三维立体图，见图4。

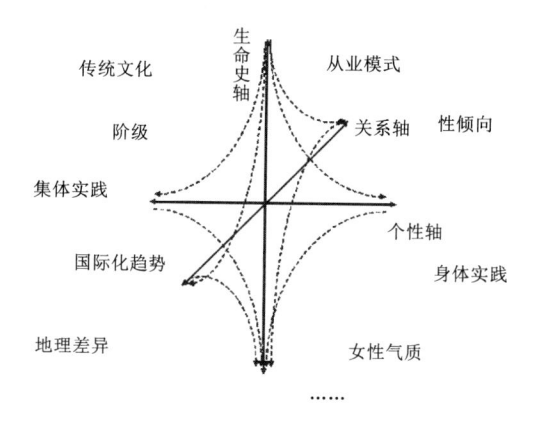

图4：男性气质实践三维图

在这个图上，关系轴与个性轴显示的是生命史某一时段的男性气质实践，两轴之间存在着无数种可能，不同情境中男性气质的实践便在这无数种可能中体现为不同的趋势，而且是变动的，彼此之间也是相互影响的。同时，生命史轴的存在，显示了生命史前期的男性气质实践会对此一阶段的男性气质实践构成影响，而此一阶段的男性气质实践也会影响到生命史后期的男性气质实践，这也就是八条虚线所显示的。此外，分布在三维图四周的传统文化、国际化趋势、女性气质、地理差异、阶级、性倾向、集体实践、身体实践、从业模式等等，表示着对男性气质实践的诸多影响因素。

在这一立体图中，笔者关于男性气质是变化中的趋势，是在多种因素影响下的立体性实践的观点，便得到了充分的呈现。

参考文献

范扬：《阳刚的赝沉——从贾宝玉的男女观谈中国男性气质的消长轨

迹》，国际文化出版公司1988年版

高颖超：《做兵、仪式、男人类：台湾义务役男服役过程之阳刚气质研究（2000—2006）》，硕士学位论文，台湾大学社会学研究所，2006年

[美]R.W.康奈尔：《男性气质》，柳莉、张文霞等译，社会科学文献出版社2003年版

林骅，方刚：《贾宝玉——阶级与性别的双重叛逆者》，《红楼梦学刊》2002年第1期

杨雨：《中国男性文人气质柔化的社会心理渊源及其表现》，《文史哲》2004年第4期

Brannon, R., The Male Sex Role: Our Culture's Blueprint of Manhood, and What It's Done for Us Lately, in *The Forty-nine Percent Majority: The Male Sex Role*, D. S. David & R. Brannon eds., MA: Addington-Wesley,1976, 11—35

Connell, R.W.,Globalization, Imperialism, and Masculinities, in *Handbook of Studies on Men & Masculinities*, Michael, Kimmel, Jeff, Hearn, & Connell, R.W., eds, CA: Sage Publications 2005, 71—89

Kessler, S. J., Ashenden, D. J., Connell, R. W. & Dowset, G. W., *Ockers and Disco-maniacs*, Syden: Inner City Education Center, 1982

Martin, P. Y., Why Can't a Man Be More Like a Woman? -Reflections on Connell's Masculinities, *Gender& Society* ,1998,12 (4), 472—474

Michael, Kimmel S. & Michael, Messner A.,Introduction, in *Men's Lives*, Kimmel, Michael S. & Messner, Michael A. eds., Peking: Person Education and Peking University Press, 2004, ix—xvii

Taga, Futoshi,East Asian Masculinities, in *Handbook of Studies on Men & Masculinities*, Michael, Kimmel, Jeff, Hearn, & Connell, R.W., eds. CA: Sage Publications 2005, 129—140

Wetherell, M. & Edley, N.,Negotiating Hegemonic Masculinity: Imaginary Positions and Psycho-discursive Practices, in *Feminism and Psychology*,1999,9 (3), 335—356

从男性气质视角看男人的性

男性气质研究是当代西方非常活跃的一个学术领域。男性气质研究的一个重要内容便是男性气质对男人的性行为与性观念的建构。

一 西方：由"支配性"到"多元性"

正如本书前面的文章中已经提到的，对男性气质研究长期发挥影响的是性角色理论。

性角色理论定义的男人的性表现，通常被归入这样的期望中：

（1）没有女人气。男人必须在任何事上远离女人，比如重情感、被动。对男同性恋的恐惧也使男性需要建构这种男性气质。

（2）成功。包括事业的成功，也包括性能力上的成功，这二者对男人同样重要。

（3）自信。在性上，男人应该强硬、自信、自我依赖，不对他们自己的性能力有任何怀疑。

（4）主动的性。在同女人的性关系中占据主动和上风，具有胆量、强力，有暴力倾向。（David & Brannon,1976: 11—35）

肯·普卢默（Ken Plummer）认为，直到性角色理论被解构之前，男性气质在性上的表现，一直被解读为应该是充满权力的、强烈的、受自然本能驱使的、难以控制的、阴茎中心的、只为了满足生理机能的，等等。男人与女人不同的性表现，便是强奸、购买性服务、鼓励性崇拜、性暴力。男人比女人更易成为性的消费者，他们购买各种形式的性：女性性工作者的性服务、色情影视、性旅游、按摩、大腿舞、电话性交、色情杂志等。男人比女人更容易在性上犯罪，男性性越轨在任何一方面都超过女人，除了卖淫者的数目。这一理论突出了男人在性上强调阴茎中心的特点。阴茎的勃起象征着权力、成就，仿佛控制世界的枪。可以说，阴茎对男人来讲是非常重要的，男人用它来建构男性气质。男人非常关心他们的阴茎的表现，总是担心它表现得不够好。性能力的强大，是男性自我认同的主要标准。但性同时也是男人的麻烦。因为男人的性又与脆弱、易受伤联系在一起，男人的阴茎会背叛他，它是男人身体中最易受伤和柔弱的器官。找医生做性咨询的男人很多，这来自于男人对自身性的不安全感和恐惧。（Ken Plummer, 2005:178—195）

20世纪80年代，通过否定性角色理论，男性气质的多样性被重视，也影响到对男人的性的看法。

肯·普卢默指出，强调男人的性的这种多元化，并不是否定支配性男性气质定义的支配性的性的存在。它确实存在，而且非常常见，但是，它不是唯一的。关注支配性的性是对的，但同时不能忽视了：男人对这种支配性的性，同样可以进行抵制与转换。男人的性是社会行动的产物，性是和社会实践结合在一起，并不只是内在动力。支配性可为性提供指导，但性不是自然得到，性也是实践建构的。性不是男人的简单的财产，不存在于社会真空中，而是和社会一起流动，在人类的相互影响中相互建构。（Ken Plummer, 2005: 178—195）

这一理论背景下，男性气质研究者对男人的性的研究有很大扩展，性不再是单纯的性角色问题。人类的性与历史、文化、政治与道德、亲密关系、通过隐喻和语言进行的实践等等联系在一起，而且一直是开放的，处于变化中的。性同样与阶级、性别、年龄、家庭结构、信仰、受教育程度、经济状况、社交群体等等都有关系。对性的理解，只能在一个人的具体的关系中进行，而不能简单地说，男人怎么样，或女人怎么样。如果把支配性男性气质的性作为一极，将性角色理论下的女子气质的性作为另一极，那么绝大多数的男人和女人是共处中间地带的。性表现对于男人和女人来说并非完全不同、针锋相对。

一些基于多样性男性气质理论的关于男人的性研究，如：迈克·梅斯纳（Michael A. Messner）研究了体育运动中是如何强调和塑造异性恋，贬损和抵制同性恋的；（Michael A. Messner, 1999: 104—110）罗伯特·斯特普尔斯（Robert Staples）研究了关于黑人男性作为"性强者"的刻板印象是如何影响他们的性行为，以及伤害他们和女性、家庭的关系的；（Robert Staples, 1986）托马斯·阿尔玛格（Tomas Almaguer）分析了同恋者的自我认同和性行为是如何被男性气质的传统定义所影响的；（Tomas Almaguer, 1991）苏珊·科克伦（Susan D. Cochran）和薇琦·迈斯（Vickie M. Mays）研究了社会因素是如何影响HIV在黑人男同性恋和双性恋者中传播的；（Susan D. Cochran and Vickie M. Mays, 1988）彼得·雷曼（Peter Lehman）论述了传媒（影视、小说）是如何通过谈论阴茎的大小来使小阴茎成为"不可宽恕"的；（Peter Lehman, 1998: 123—137）理查德·冯（Richard Fung）分析了色情录影带（毛片）中是如何通过谈论阴茎大小使小阴茎成为"不可宽恕"的；理查德·冯（Richard Fung）分析了色情录像带中通过对白种人和有色人种的不同性行为展示，所进行的对男性气质的定义，（Richard Fung, 1995）等等。

对于跨国跨种族商业性行为中的男性气质，有颇多学者涉及。嫖娼亦是体现男性气质的一种方式。嫖客喜欢寻找不同种族、国家和阶级的小姐来嫖。（Shrage, Laurie, 1994:142）戴维森（Davidson）和杰奎琳·桑切斯·泰勒（Jacqueline Sanchez Taylork）对"性旅游"中的男性气质进行了分析。（Davidson and Jacqueline Sanchez Taylork，1999）

茱莉亚（Julia）和杰奎琳（Jacqueline）考察了男性气质在到异国嫖娼行为中的作用。白人男子对非洲、亚洲和拉丁美洲小姐的需要，可以在一定程度上被解释为种族幻想的作用，而这种种族想象可能又与社会塑造的白人女子相对在性上纯洁有关。他们提出，跨种族的性产业是一种后冷战时代的权力和主宰的关系，不只是为性，也是为了对其他种族的控制。这同时使得性别、种族、经济和性一起发生。卖淫使女性气质受损，却无损男性气质。跨国性旅游可以使白人男子在第三世界国家获得对性、种族和经济权力的主宰；他们可以经历性而不会被女人拒绝，他们可以不受社会舆论关于性对他们年龄和身体的影响，他们可以违反社会对性的管制而不会影响他们的社会地位，他们可以完全无视他人的存在……（Julia O'Connell Davidson, Jacqueline Sanchez Taylor, 2004: 454—466）

这让我们想起福柯的论述，性的一个重要意义是表达权力关系。远在古希腊罗马时期，性就成为权力的象征，性活动的伴侣不是分为男女两方，而是分为统治方与服从方。

二 中国："羞耻感"与"罪恶感"

与西方有些人对性欲、性行为等有罪恶感相比，有学者认为，中国人怀有的是性羞耻感，而不是犯罪感。中国古代对性基本持肯定态度，古代性观念强调两种价值：阴阳和合，节制欲望。采阴补阳，采阳补阴，延年益寿。采补说并无解剖学依据，是一种文化、信念、行为规范。要理解中国人的性观念，这非常重要。所以，中国文化对性关注的重心放在节制性欲上，讲究中庸之道、慎独、过犹不及。中国从宋代开始对性变得越来越否定，此前认为任何性行为都是可以接受的，只要不过度挥霍生命精力，都是有益于健康和人伦的，因而也是自然的事。

具有"中国特色"的男性气质表现，更是引人关注。与西方文化将同性恋的罪化、病化相比，中国文化对同性恋一直持高度宽容态度。明清社会同性恋盛行，特别是在达官显贵中，一度以拥有同性性伙伴为荣。崔荣华对其原因这样归纳：传统性文化对同性恋"姑息听任"，宗室家庭对同性恋的放任，社会思潮对理学禁欲主义的叛逆反动，明清法律对异性恋的严禁、对同性恋松懈的不同态度，京师戏剧业的兴盛，梨园男旦体制的改变等等，均是"男风"盛行的原因。（崔荣华，2004）

在性能力上，卢玲认为，中国古人曾认为女性优越于男性。"从远古时期起，红色在中国一直象征着创造力、旺盛、欢乐、光明、潜能……远古春宫画中，是按'男白女赤'来画裸体的。"（卢玲，2004:224）中国古代著名的《素女经》《玄女》《采女》等作品中，女性均是性的引导者。诗章当中，如张衡的《同声歌》，司马相如的《美人赋》等，也表述了女性在性上对男子的引导。

然而，我们不能简单地说，中国古代文化赞同男子在与女子性关系中放弃"支配性"。高罗佩考察中国古代性文化的《中国房内考》《秘戏图考》便强调了男性气质的支配性，费侠莉指出，这种支配性正是中国古代男人性话语的再现。（夏洛特·福斯，1994:323—347）

杜芳琴通过对《大乐赋》《千金方》《游仙窟》这三个著名性事文本中性事、情欲、健身话语的分析，提出虽然史学家曾有唐代男女交往中存在"性自由"与"性开放"、女性地位高的观点，但她发现在建构性关系中的"男人气和女人气"（男性气质与女性气质）时，唐代并没有什么两样。男人的性仍被建构为阳刚与主宰的，阴茎具有主动性、进攻性、征服性的特点，房中术是征服、驾驭女人的技术与能力，支持这种男性气质的是男性的地位和权势。而女性在性事上的体现，则是被动的、受支配的，在性事准备过程中，她们通过被娶、被挑选或被购买进入男家，在性事活动中是被观看的、被摩挲的、被激起

的、被插入的，是被迫接受种种房术技巧以快意于男人的听话的性伙伴。（杜芳琴，2002:129—150）

从男性气质出发，对中国文化下男性的性行为与性观念进行研究，仍然大有可为之处。

参考文献

崔荣华：《明清社会"男风"盛行的历史透视》，《河北学刊》2004年第5期。

杜芳琴：《性事、医学和情欲中的社会性别》，载于《妇女学和妇女史的本土探索》，天津人民出版社2002年版

卢玲：《图说中国女性》，团结出版社2004年版

夏洛特·福斯：《中国传统医学里的性与生殖——对高罗佩的反思》，李小江等主编，《性别与中国》，三联书店1994年版

David, D. S. & Brannon, R.(eds.), *The Forty-nine Percent Majority: The Male Sex Role*, London：Addison-Wesley, 1976

Davidson and Jacqueline Sanchez Taylor, Fantasy Islands: Exploring the Demand for Sex Tourism, in *Tourism and Sex Work in the Caribbean K. Kempadoo*, Lanham(ed.), MD：Rowan and Littlefield,1999

Ken Plummer，Male Sexualities, in *Handbook of Studies on Men & Masculinities*，edited by Michael Kimmel, Jeff Hearn, and R.W. Connell，Thousand Oaks, CA: Sage Publications, 2005

Michael A. Messner, Becoming 100 Percent Straight, in *Inside Sports*, Jay Coakley and Donnelly(eds.), Routledge Copyright, 1999

Julia O'Connell Davidson, Jacqueline Sanchez Taylor, Fantasy Islands: Exploring the Demand for Sex Tourism, in *Men's Lives*, Michael S. Kimmel ,Michael A. Messner, Person Education and Peking University Press, 2004

Peter Lehman, *Men and Masclinities*, Sage Publications, 1988

Robert Staples, Stereotypes of Black Male Sexualities: The Facts Behind the Myths, *Changing Men*, 1986

Richard Fung, Looking for My Penis, the Eroticized Asian in Gay Video Porn, in *Asian American Sexualities: Dimensiona of Gay and Lesbian Experience*, Russell Leong(ed.), Taylor & Francis Routledge, 1995

Tomas Almaguer, Chicano Men, A Cartography of Homosexual Identity and Behavior, *A Journal of Feminist Cultural Studies*, 1991, 3(2)

Susan D. Cochran and Vickie M. Mays, Epidemiologic and Sociocultural Facets in the Transmission of HIV Infection in Black Gay and Bisexual Men, in *Sourcebook of Gay/Lesbian Health Care*, M. Shernoff and W.A. Scott(eds.), Washington, D.C.: National Gay and Lesbian Health Foundation, 2nd ed,1988

Shrage, Laurie, *Moral Dilemmas of Faminism*, London:Routledge, 1994

阳刚与阴柔之间
——一场男子选赛中男性气质实践的分析

一 研究背景、方法与理论

1.事件背景

"2006大众汽车深圳先生年度评选"是由《南方都市报》主办的一次选赛。2004年及2005年，该报已经举办了两届"深圳小姐"年度评选。2006年5月大赛组委会正式发布"先生评选"报名启示，同时接受参赛选手和女性评委报名。大赛的一个独特之处是规定决赛评委全部为女性，从自愿报名的深圳女性市民中产生100名。7月1日，大赛举办了海选，产生前20强。7月30日，举办决赛。决赛产生"深圳先生"前三名，并产生"智慧先生"、"魅力先生"、"性感先生"等专项的"先生"。

虽然深圳先生选赛的策划人不认为这是一项"选美"活动，而将其定义为一场男性素质的全面比赛。但是，任何选美都有才艺的表现，而不是单纯容貌或肢体的比赛，所以深圳先生选赛无疑也具有选美的特点。

目前世界上重要的男子选赛，有如下一些：世界先生大赛从1996年开始举办，由世界小姐组织来主办，两年一次。环球先生大赛，1998年开始举办。地球先生大赛，2003年在巴基斯坦举办第一届比赛，主办者同时也是地球小姐的主办者。加勒比国际先生大赛和加勒比地区男子选赛，旨在树立来自加勒比地区不同文化下的正面男性形象，鼓励选手展示他们文化丰富的历史与多样性。此外，还有各种国际男模特大赛，在一定意义上也具有选美比赛的特点。20世纪80年代中国曾兴起"选美热"，主要是女子选美，个别比赛中也有男性选美作为点缀。"中国先生大赛"曾于2004年举办，但后来不了了之。

所有男子选赛的一个特点是，较女子选美比赛更难拿到赞助。获奖者得到的好处也远远无法和女子选赛胜出者相比，他们的知名度是短暂的。这些比赛中往往会强调男子的身体强健。

深圳先生大赛主办机构的策划人是男性，但由评委全部是女性这一安排可以看出，主办者在有意突显"男人的美因为女人而存在"的理念。事实上，是强调女性审美视角下的男人的美。因此大赛的结果，在一定程度上体现的是女性对男性美的认知。再加上女评委的选择，主要是大都市的、知识层的、年轻的、中产阶级的女性，所以，她们的审美观在一定程度上代表着当前主流社会认可的男性美。

2.调查方法

在大赛组委会的支持下，笔者以男性气质研究的背景，对大赛中体现出的社会性别角色意识与男性气质的呈现，进行观察与分析。7月1日，笔者到深圳先生大赛海选现场，对当日的海选进行了全程的参与观察。

观察海选的意义在于，可以看到报名者最原生态的呈现，同时通过对被筛选过程的观察，体会何种男性气质受到推崇，为何被推崇。

此次大赛前后，多家电视台均有男子选赛的节目播出。但这些对外播出的电视节目，或者其选手已经经过筛选了，或者其节目经过事先安排，或者录制后进行了剪辑，即使是现场直播也会因为摄影师及编导的好恶而在镜头上有所取舍。所以，均不能称作原生态的真实呈现，因此也就无法像笔者观察的海选这样呈现出男性气质实践被建构、筛选的过程。

深圳先生大赛海选，所有报名参赛者均受邀参加。海选分"自我介绍"与"才艺表演"两项，除对时间进行规定外，自我展示方式与内容不受任何约束。因此可以说，笔者对此次海选观察所获得的信息，最真实地展现了报名参加男子选赛的所有选手所呈现出的男性气质。

海选有五位女性评委，三位为《南方都市报》的编辑，两位为广东广播电台南粤之声的主持人。海选过程中，笔者左手邻着一位评委，右手则是主办方的策划人（男性）。这使得在海选过程中，我得以随时就感兴趣的问题同相邻的评委和策划人进行交流，而其间几次休息及午餐，更得以听取其他评委对参赛选手的私下交流。

选手进行自我介绍及才艺展示后，评委通常会对其进行提问。少数时候，我亦请坐在我身边的评委向选手提出我感兴趣的问题。我希望通过这种提问进一步了解选手对男性气质的理解。

海选前后的相关报道，亦为此项研究所参考。

因此，此次对海选的观察成为一次立体的观察，不仅观察到选手在海选中呈现的男性气质，同时得以注意到评委、策划人与选手的互动中对男性气质的建构。需要说明的是，虽然策划人在海选现场只是旁观，但是他的个人理念无疑从活动策划开始，到海选评委的确定，到部分提问的设计，均有体现。

本文通过对海选过程的观察，对男性气质实践的过程进行讨论。

本研究可能会被问及的一个伦理问题是：既然笔者是受主办方的邀请进行这项研究的，那么本研究是否仍然可以保持独立的学术思考。需要说明的是，一方面，大赛的主办方邀请笔者现场观察时，并未提出任何要求，也未要求完成一篇论文，更未要求注明此研究由他们资助。笔者只是在现场观察后接受了主办方记者的采访，对大赛发表观点，便算完成了主办方交给的"任务"。另一方面，笔者在事件过去将近一年之后，才开始撰写此论文，也是为了拉开时空，以便进入更独立的思考境界。

3.男性气质理论

相关理论在本书前面的章节中已经详述，这里从略。请参考前面的章节。特别是《男性气质的多种趋势及立体构成》一文。

本项研究，便是以上述理论为依托，对男子选秀活动中的男性气质实践进行的一次分析。因为在深圳先生海选现场，选手的展示更多是单方面的，缺少与他人的互动，所以本项研究也主要是分析他们个性层面上的男性气质实践，即刚性趋势与柔性趋势的呈现。

二 海选前相关报道分析

对海选之前媒体报道的分析，是为了判断这些报道是否引导了某种男性气质的价值取向。一个基本的假设是，如果媒体报道极度鼓吹某种趋势的男性气质实践，贬损另一种趋势的男性气质实践，那么这种提倡与贬损，便会对报名选手进行了间接的筛选，因为不符合被引导的男性气质的男子在决定是否参赛时便会慎重许多，从而影响到参赛者的组成。即使参赛，他们的现场展示也必然会受这种引导的影响，从而做出某种男性气质的表演。

另外，据我对大赛策划人的了解，他个人是鼓励阳刚之气的。那么，他个人的喜爱是否影响以及在什么程度上影响了大赛？

笔者对深圳先生大赛海选前媒体的观察，主要针对主办者《南方都市报》上的报道，以及大赛官方网站上的报道。二者上发布的文章重合性很强。

本次大赛的口号是"力量所在，先生夺人"。这一口号通过"力量"、"夺人"这样的字眼，突显了阳刚之气。那么，仅"力量所在，先生夺人"，是否可以影响报名者对这次大赛提倡的男性气质的判定呢？需要注意的是，大赛的宣传招贴，是两个裸着上身的男人，但给我的第一感觉并不是对肌肉与阳刚的强调，而恰是一种柔美的气质。我拿给一位女性看，她甚至说："怎么像是同性恋的感觉？"姑且不考虑她对男同性恋者是"阴柔"的这一误解，可以肯定的是，此次大赛口号的阳刚与图片的阴柔，形成一种矛盾。对这种矛盾的解读是不一样的，在我看来可能达成一种平衡，即：既不过分强调阳刚，也不鼓励阴柔。从这一点看，似乎不足以影响参赛选手的报名。

大部分的选手来自健身教练职业，我与身边的海选评委之一讨论何以如此。她将其解释为"力量所在"这样一个大赛口号的提出。但同时需要注意的是，选手中也有许多时装模特儿，而他们在T台上的职业表现并不总是实践支配／刚性趋势的男性气质实践的。

除了宣传招贴之外，具体报道中对男性气质的涉及，也均可以看出支配／刚性趋势与从属／柔性趋势的相互掺杂的强调。

让我们先看一看2006年5月31日《南方都市报》D叠头版的一组关于大赛的标题："男人的责任，挡风扛雨""深圳先生永不停电""探索城市最深层男性力量"。这其中，我们可以看到对支配／刚性趋势男性气质的强调为主，但也有"先生们，请自然点、幽默点"这样的表述，这显然是属于权力均衡／刚柔相济趋势的男性气质实践的。在文章中，受访者也在说"深圳先生的创业精神是城市主旋律"，这一表述也极具权力均衡／刚柔相济趋势的男性气质特点。但是，此期报纸同时配发了一篇对我的专访，我在其中大谈先生大赛应该体现男性气质的多元化，包括柔性趋势的男性气质。在二三版，有六位参赛选手的照片和介绍，其中三位的照片是赤裸或半裸上身，炫耀肌肉性感的，但另三位则无这种对刚性趋势的明显强调。综合观察，此期报纸虽然对支配／刚性趋势男性气质的强调为多,但是,仍然呈现了多元化,对于媒体受众的影响不是偏颇的,而应该产生"仁者见仁,智者见智"的效果。

6月7日的《南方都市报》D叠头版通栏照片是六位先生合影,其中穿露肩的挎栏背心者两人,还有三人也不同程度露胸,标题则是"'先生'预备队,面朝美女,贴身肉搏"。这些半裸照片传达的信息,并不都是肌肉猛男型的阳刚,而多有白皙、性感的"男色"。该版的一篇文章中写道,该报曾有"深圳俊男"版,但到2005年,"深圳先生"取代了"深圳俊男"。"成熟取代了稚嫩,大我取代了小我。2006年,男色大张,男人们身上饱满而健康的阳刚之美照亮了深圳的天空。""俊男"更多体现柔性趋势的男性气质实践,但"先生"也并非一定就是"刚性","男色"大张与"阳刚之美"则看似一种对立关系,前者无法照亮后者的天空。这期报纸关于先生大赛的文字给我的总体感觉是,在暧昧的基础上更突显了矛盾。

6月28日的《南方都市报》,我则惊奇地看到有明显张扬从属/柔性趋势男性气质的符号。该期报纸D叠的四、五版是专题"植物美男芙蓉魂魄杨柳颜",提出一个"植物美男"的概念,文章写道:"植物性美男身上永远没有'猛'的元素,没有压力,从不强势。他们的眼神总让人感觉到宁静,他们的笑容让人温暖平和。他们的血液里天生没有侵略的分子,从来不力图争抢,不会走极端;即使走的话,方式都显得极为温婉。"受访者"木子小生"的照片显示着他十分柔美,他穿着花衬衫,手持鲜花。该文章的题目就是:"是的,我就是软肉男"。另外还配有社会学者对植物美男的分析,称之为"随着时代变化而出现的性别角色的转变"。

通过以上观察,无法得出这次男性选赛主办者致力于弘扬某种男性气质,贬损另一种男性气质的印象。纵观海选前各期报纸,看到的更多是传达着男性气质多样性的符号。可以说,大赛的主办方并未以自己的意志引导受众,并未左右参赛的选手组成和海选中的表现。

进一步讲,如果我们没有证据说明海选中呈现出的男性气质实践是大赛主办者引导的结果,那就只能更多解释为当前文化潮流的影响。或者可以说,是当前主流文化鼓励的男性气质的一种呈现。

但我并不认为主办方的这种"公正"表现是一种基于对男性气质多样性有充分认知基础上的有意而为的"公正"。相反,这应该是一种复杂的矛盾心态的呈现。正如前面所述一些标题与内文中体现出的矛盾冲突,从一定意义上讲正是因为面对这个时代（至少是深圳）男性气质多元存在的复杂情绪的体现。一方面可能更欣赏刚性趋势（或曰阳刚）的男性气质，另一方面又充分认识到柔性趋势男性气质的普遍存在不应该受到蔑视与排斥。

三 海选中男性气质呈现的分析

海选中，选手呈现的男性气质同样是多样的，处于变化中的，难以完全归类的。只是为了表述的方便，本文在此以三种"理想类型"进行描述。

1.阳刚之气的狂欢

深圳先生大赛的海选现场，给我最强烈的印象，仍然是阳刚之气的狂欢。而阳刚，也便是我所讲的刚性趋势男性气质的典型特征。

在海选选手资料表上，"特长"一栏中约有五分之四的人注明了包括典型的弘扬阳刚之气的内容，如：健身、运动、功夫、赛车、篮球、武术、跆拳道、登山、散打、攀岩、飞机跳伞，等等。

1号选手，40岁。他讲自己热爱滑翔等运动，因为年龄较大所以称自己是最"勇敢"的选手。他的才艺表演是诗朗诵，诗歌内容为歌咏黄河长江的，嗓音洪亮，显得超级阳刚。

13号穿着自己设计的一件薄透的吊带衫，身上的肌肉毕现。他在才艺表演中跳着非常阳刚的舞蹈，跳的过程中突然用力撕掉衬衫，甩手扔到地上。评委问他为什么设计撕扔衣服的动作，他支支吾吾。评委问："你希望通过这动作来提升力量感吗？"他表示认可。评委问他认为自己参赛的优势何在，他说："好身材。"有评委问："身材与其他各方面的优秀相比，分别占百分之多少？"他说："好身材占百分之七十。"评委又问："大多数肌肉男无脑子，你如何看？"选手否认这一说法，但没有给出有分量的回应。在我看来，13号选手对阳刚之气的强调是有意识的，薄透的吊带衫展示肌肉，阳刚的舞蹈展示动作的力感，撕衣服展示粗犷并进一步展示肌肉，这些均是对阳刚之气的明确强调。

50号选手则更进一步，干脆就没穿上衣，光着上身就进场了。有评委问他为什么没有穿衣服来，他说是因为听说有人做了无上装的表演，而他自己对身材自信。

17号选手在自我介绍时骄傲地说"本人是雄性的",18号选手展示硬气功,裸着上身用砖头狠砸。

19号选手自我介绍拿过三年河南省的拳击冠军,现在一家健身俱乐部做拳击助教。他说自己打架最厉害的时候,是和朋友喝醉酒后打的。他说习武是要有武德的,但有时没有办法控制自己,接着讲述了自己在火车站"见义勇为"的行为。即使从字面上有表示对"打架"的歉意的话,但他说时的语气和神态中却透着一股自鸣得意。有评委说:"女孩子喜欢外刚内柔,你现在内外都刚,能不能表演一些柔的一面?"19号选手便努力给评委抛出一个温柔的眼神,但这眼神在我看来仍然很强悍。对于女评委的提问,他几次强硬地反驳,语气中甚至透出愤怒,以至于一位评委责问他:"难道你想打我一下吗?"因为海选中选手更多只是单方面的展示,缺少与他人的互动,而19号选手同女评委的这段互动,则清楚地展示了他在两性关系中试图谋求支配趋势的努力。

20号选手说自己来参赛的目的是让更多人注意健身,他说自己是武术散打手,他穿着紧身上衣,展示着每块肌肉的曲线,他还表演了倒立。

21号选手说自己热爱运动、酷爱武术,他以豪放的歌声演唱了自己作词的歌曲:《我们是真的男儿》。歌词句句均在弘扬阳刚之气,全文如下:"抱抱拳,处处礼为先;举起手,托起一片天;挺起胸,接受一切挑战;谈笑间,男儿本色展现。站起来,像五岳三山,壮志满怀豪气万千;坐下去,若长江黄河,笑傲人生义薄云天;动起来,如疾风闪电,钢筋铁骨柔情无限。我们是真的男儿,我们是真的男儿。责任从来自己承担,目标明确放在心间,努力一直带在身边,激情把力与美诠释,完美把胆识与智慧演绎。从容不迫、勇往直前、坚持到底、绝不放弃,笑看成功和那失败,我们是真的男儿!"男人就是这样被强调为像山、像天一样,钢筋铁骨力无穷的。

22号选手说自己的理想是当警察,更想当军人。他说自己有正义感,还可以为时尚代言,因为他有"活力和健康",接着便表演了一段虎虎生威的拳脚。警察、军队等,在社会的职业构成体系中,处于支配的位置,其职业特点更是强调阳刚之气。对这类职业的向往本身,便是一种对阳刚之气的认同与弘扬。

42号选手从事的职业是发型设计师,这一职业因为对美丽的推崇而显得不够"阳刚"。42号选手留着胡子,外形上颇为阳刚。他上场时,几把剪刀像几把长短枪一样挂在腰间，自我展示部分表演了一段"发型秀"：双手快速地挥舞着剪刀展示疯狂的剪发动作，身体也是腾转挪移，看得人眼花缭乱，仿佛不是剪发而是在挥舞着刀与看不见的敌人在进行搏斗，突显出一股杀气。有评委问："你的腰有些弯，是职业造成的吗？"42号挺直了腰板，答道："男人站起来的感觉很重要。"外表（胡子）、表演、答问，42号显示的阳刚之气远远超越了他的职业留给人的感觉。

值得一提的是42号选手留的胡子，显得他很阳刚。现在的男人很少有留胡子的了，但深圳先生选赛现场留胡子的选手还不只他一个。有评委问另一位选手："你的络腮胡子是特意留的吗？你认为这样可以增加你的性感指数吗？"选手回答："它使我显得阳刚，我在生活中很阳刚。"可见，许多男性都充分认识到留胡子对于展示阳刚之气的意义。

针对公众对自己职业的柔性印象努力做出弥补的，还有一位参赛的服装设计师。他展示了他的男童装设计，虽然服装本身色彩艳丽，但是胸部是一个著名球星的号码：23号。画中的男孩子双手叉入口袋，歪着脑袋，邪着眼睛，一脸不屑的样子。可以想到，如果刻画的是一个女孩的服装，图中的女孩子一定是温柔乖巧，绝不会是这样叛逆的。

一位选手在才艺表演中要展示气功，他将一支筷子顶着喉咙，向里面扎，女评委们感到揪心，连策划人也担心地悄声说："他有没有基础呀？！"这位选手对硬汉风格的强调显然深深地刺激了评委，我身边的女评委悄声对我说："我骨子里还是惧怕硬汉……"

竟然有七八位选手不约而同地带着足球出场，着实令我大跌眼镜。有三位选手的才艺表演就是颠球。其中一位说："我的特长就是踢球，我踢了十多年了，我上班都穿运动服去……"

体育，尤其是足球，属于对阳刚的强调，多位参赛者坦然地说，自己没有来得及太做准备，因为昨天晚上看球了。来参加比赛而不认真准备，是一种明显的不重视，当然，也可以理解为对"我不准备也可以做的这样好"的强调。但被解读为前者的风险还是非常大的，而在强调"昨晚看球了"的过程中，经由对足球这一阳刚之气的载体的热爱，似乎一切都可以获得谅解。也就是说，许多选手选择通过强调喜欢足球来展示阳刚之气。

在海选现场极力展示、炫耀自己阳刚之气的选手远不止上述这些，这里选择加以描述的约略可以体现几类最常见的展示阳刚的方式。如对力量的强调，对肌肉的炫耀，对特定职业的推崇，等等，而这些也都是以往西方男性气质研究中曾揭示过的用来追求"支配性男性气质"的方式。

2. 阴柔的弱势呈现

如果说阳刚是刚性趋势男性气质的典型体现，那么阴柔便是柔性趋势男性气质呈现出的特点。

我们前面提到过的18号选手，他展示了硬气功，展示了向裸着的上身狠砖砸头之后，突然拿出自己女朋友的照片，说女友得了重病，正在住院，他请评委逐一在照片后面签名，说要拿给女朋友，女朋友会因为他的表现而感到幸福。

45号选手在自我介绍中说："我生活在一个没有爱、只有争吵的家庭，父母离异……"

海选当天，有五六位选手在自我介绍时主动谈到自己不幸的经历，如从小父亲早亡、父母离异、亲人重病等。

有女评委问我："对这种悲情牌怎么看？"我回答说，我不知道选手是否是有意识这样出牌，但至少没有打动我。

评委敏感地意识到这是"悲情牌"，而且在对我的问话中透露出不以为然，在我看来就是对这些选手实践的男性气质的一种评价与选择。因为，悲情似乎是女性气质的表现，是属于女人的，这种柔性趋势的男性气质实践与现场中普遍弘扬的阳刚之气背离太远了。

当然，深圳先生大赛中阴柔的表现远非仅是悲情牌。

一位翻译，被认为是这一天海选中最"女性化"的选手。有评委问他："有没有人说你没有男子气概、太偏女性化？"他轻声地回答："有的，但个性形成了，没有办法。但我觉得我自己很野性的，只是一时展示不出来而已。"

评委问："你羡慕过那些很阳刚的男人吗？像我们今天的许多选手。"

选手答："羡慕。我也去健身中心办了卡，但总是坚持不下来，我每天要做很多翻译工作，我没有时间健身。"

我们看到，评委的问话中均已具有明显的倾向，假定了"没有男子气概"、"偏女性化"是一种不足。在这样的问话下，也就构建出选手体现着自我贬损的答话。

评委问他对自己的评价，他说："60分。"但我怀疑这种对自我的低评价，是在经过上述对话之后，在那种整体的话语压力下被建构出来的。如果这位选手平时也一直认为自己只是60分的话，我们就无法理解他为什么会来参加这样的选赛，他存心要自取其辱吗？显然不是。每位参赛者都认为自己至少很有希望胜出。

这位选手的上述表现也再次证明，男性气质实践是一个变化中的过程。当他刚出场的时候自然地实践柔性趋势的男性气质，而在女评委一个又一个倾向明显的问题之下，他也努力在向刚性趋势的男性气质实践靠拢了。这便是情境、话语、符号对男性气质实践的影响。

对于这位翻译，我身边的女评委小声对我说："如果这样的人在我身边，我会死的。"可见，过于阴柔的男性气质，或者说极度柔性趋势的男性气质实践，至少在这位女评委这里是受到特别贬损的。

3.刚柔相济：女评委欣赏的男性气质

海选的五位女评委，对于不同选手的评价有着非常强的一致性。我个人不认为这是一种简单的巧合，而视之为都市的、白领的、知识的、主流的女性对于男性气质选择的相近。显然，这种选择的相近至少在一定程度上也代表了社会主流的选择。

一个证据是，最后进入大赛前三甲的三名选手，在海选中均被女评委看好，海选得分便属于最高一级。

402号选手是一位牙医，他的风格也可以用"斯文"二字来概括，既不阴柔，也不阳刚，而是一种柔性的刚，刚性的柔。这位选手答问时也非常机智，谈吐风趣诙谐，惹得评委和旁观者多次发笑。他的海选得分非常高。他在最后的决赛中获得第二名。

52号选手是一名20岁刚出头的年轻警察，他上场后先向评委敬了一个礼，自始至终既有职业的端庄又有小青年的随意与轻松，可谓刚柔并存了。他说来参赛是为了使生活多姿多彩，"虽然工作严肃，但生活应该是轻松和多彩的"。海选评委私下交流时，均对他给以肯定。他后来在决赛中获得了第三名。

在决赛中获得第一名的是一位商人，他的外表与表现均无明显的阴柔，但与前面的猛男相比，又太斯文了。我试探地悄声问身边的女评委："你是否觉得他不够阳刚？"女评委说："阳刚有许多种表现，可以是很柔和地表现，可以融在时尚里面，不一定是要通过肌肉来体现。"她给了这位选手最高分："他阳光，时尚，有青春活力，有文化味，有亲和力，而且台风最好。"

从这三位选手身上，我们大致看到，刚柔相济趋势的男性气质最受青睐。

另一位得分较高的是175号选手，他在自我介绍时提到自己是最年轻的进入专家库的高级工程师，无疑是在说明自己拥有智慧与学识。与此同时强调自己专业健身教练的业余身份，出场时也身穿迷彩裤，这些均突显着阳刚之气。他的才艺表演是笛子演奏《笑傲江湖》，可谓文武兼具。有评委问："你有智慧，为什么参与这种娱乐性活动？"选手答："给人生多些色彩，老了有回忆。"这位选手自我呈现的这种对专业知识、阳刚之气以及多才多艺的文艺才能的同时强调，获得了评委们的一致认可。而这一种男性气质，也更多属于刚柔相济趋势的。

可见，虽然在海选现场阳刚之气得以狂欢，阴柔之风受到同情，但这两种过于鲜明或极端的男性气质实践均无法得到普遍的认同。一位女评委在给一位表现非常粗犷的选手打了60分之后，对我说："我喜欢聪明的男孩子，粗犷与刚强是不重要的。"

对于一位相貌英俊、肌肉突出、身材公认最棒的健身教练，一位女评委对我说："作丈夫不可以，作情人可以。"

对刚柔相济趋势男性气质的普遍认可，到底是面对男性气质多样性的一种折中，还是中国传统文化中男性气质柔性趋势与西方支配趋势的一种综合，抑或具有更深层的意义？这些均无法通过对表演表面的观察获得，如果有机会对选手和评委进行生命史的深入访谈，或许可以有所揭示。

4.情境符号不确定状态下的男性气质实践

本书前面已经多次提到，笔者主张：男性气质是在不同情境的符号中的实践，个人进入一个情境后学习、了解此一情境中关于男性气质的符号，从而实践相适应的、不同趋势的男性气质。这往往需要一个过程和时间，而深圳先生海选现场的一个特别之处是，每次进场只有五个选手，外面等候的人很少能够了解到场内的互动。所以，这就使得选手在海选现场的男性气质实践难以建立在对此一情境中符号的把握上，而更多的是基于他们进入此一情境之前的想象。不同人的生活经历与接触人群的不同，生活于其中的情境与符号也不同，因此就可能较多将其以前最主要接触的符号想象为海选现场的符号，从而实践其男性气质。那些健身教练在海选现场突显的刚性趋势男性气质便是一例。但是，这也就难免需要就现场具体情况、符号做出某种调整。

412号选手，身穿非常薄透、突出肌肉的挎栏背心出场。有评委上来便直截了当地问道："你认为展示肌肉很重要吗？"这位选手有些尴尬地说："不是，平常习惯于这样穿，天气热。"天气热显然不是这样穿衣的充分理由，因为不是所有人在天气热时都这样穿。选择了这样穿衣，就选择了对阳刚之气的炫耀。但是，为什么当评委问时却退缩了呢？理由很简单：第一，评委的问话本身具有挑剔的味道，从而对选手形成一种心理压力；其次，作为较后进场的选手他可能已经间接了解到一些同样弘扬阳刚之气的选手并不太受欢迎。可见，在他来参赛之前的假想中，男子选赛是一个弘扬阳刚之气的情境，但是，当注意到与之相违背的符号的存在，便立即对自己的表现进行重新解释，减弱其男性气质实践中的刚性趋势，试图将"阳刚"定义为与男性气质无关（天气热）的表现。

一位选手在答问时便这样说："我本来不想来了，因为自己没有强健的肌肉……"我对这句话的解读是：决定来，但曾经担心过此情境是弘扬阳刚之气的，来之后看到确实有阳刚之气的狂欢，但也存在不同的符号，所以就进来了，但还要通过上面这句话来表达自己的立场，同时至少潜意识里试图暗示评委："没有强健的肌肉也不应该被歧视。"

海选比赛的另一特别之处在于，它的形式在一定意义上就是一场表演。因此"表演"理应被视为比赛中的一种常态。一位现为服装模特儿、曾为军人的选手，上场后先表演了女步的时装模特儿走台，非常柔媚，用一位评委的话说是"比女人还女人"。一位评委让他表演男步的时装模特走台，他立即一转身，整个变了一个人，很阳刚地大跨步走了过来。评委问他为什么自己选择了走女步，他说："因为我身材柔，适合表演女步。"评委又问他，表演女步是否有损男性气质，他回答道："没有，艺术是有很多种的。"可以想象，这位选手平时更多走女步，所以他以自己最擅长，而且在他的工作情境中肯定获得符号支持的女步出现在选赛中，但一旦符号转变，评委要求其有不同的表现，他也能够立即表演得出神入化。

一位评委说："你以前是军人，一定也会砍人，表演一下吧。"这位选手立即完全变了一张脸，面露狰狞，展示了一套很凶残的用刀砍杀人的动作，非常生动，以至于让我有一丝紧张，不由得向椅背上靠了靠。

在这样一场以阳刚之气的狂欢为主导的选赛中，作为参与观察者的笔者也明确感觉受到了影响。其间我二次起身上卫生间的时候，不自觉地挺直了腰板，步履也刚健了许多。我忽然意识到，我也在被那情境中呈现的话语和符号所建构着。

另外一个事例是，一位才艺表演为武术的选手，在舞台上自始至终显示阳刚之气，但女评委提醒我注意：当他走出海选大厅，出门掀帘子的时候，手翘莲花指，腰身扭动，非常阴柔。女评委说："我真怀疑哪个是真实的他，怀疑到底有多少真实。"

在我看来，选手们自始至终都是真实的，他们只是在不同符号的影响下，实践着不同趋势的男性气质而已。比如这位翘莲花指的选手，当他掀起门帘跨出那道门的时候，便是从他理解的强调刚性趋势男性气质实践的情境中，返回到他平时习惯的、支持柔性趋势男性气质实践的情境中。一道门帘，两个情境，不同符号与话语，就可能是完全不同的男性气质实践了。

四 总结与讨论

本研究通过对一次男子选赛前期的媒体报道，以及海选现场的观察进行分析，讨论了男性气质实践在海选中呈现的不同表现，以及最受主流文化欢迎的男性气质实践趋势。同时，对情境符号不确定情况下男性气质实践的特点进行分析，在一定意义上进一步补充了笔者关于男性气质是在情境与符号中实践的不同趋势的论述。

笔者认为，下面两个视角有助于我们进一步深入地理解这次海选前后呈现出的男性气质实践：

1.消费主义的影响

长期以来，男子的美仍然被主流社会看作一种特殊的、边缘的美，但在消费主义的鼓动下，对男性美的强调开始突显，比如男性美容市场得到了极大的发展，这预示着男性追求美的声音也将越来越明确，从而必然使男性气质呈现多样化。深圳这个城市，一方面接受着西方文化中男性气质的影响，另一方面又深受消费主义的左右，这均使得男性追求美、男性选美、多元男性气质的实践拥有了更为深厚的土壤。大赛总决赛评委们对冠军获得者的评语是这样写的:"每次出场,红色宝马、古龙香水、精心搭配的衣着,25岁的商人涂诺似乎是财富的象征……"我们从中不难看出消费主义的影响力。

2. 男性气质危机趋势的影响

是否存在男性气质的危机趋势,是一个有争论的话题。认为存在这一趋势的学者实际上是在"支配/刚性趋势"的意义上谈男性气质的,他们认为父权制已经出现危机,"支配/刚性趋势的男性气质"(或用康奈尔的分类是"支配性男性气质")便存在解体的危机了。当深圳先生大赛海选中的女性评委普遍看好刚柔相济趋势的男性气质实践的时候,在一定意义上预示着传统的支配性的男性气质一统天下的地位的解体。但是,正如本文分析中已经提出的,这一现象到底是中国传统文化的影响,还是女评委个人背景的影响,或者是男性气质危机的真实呈现,是需要进一步分析的。

此外,本研究也存在可以进一步完善的地方。比如,对大赛媒体报道可以进行更深入的文本分析。

但本研究最大的缺憾还是缺少对不同类型选手与评委的生命史的深入访谈。报名而未参赛的选手、海选中即败出的选手、最终获胜的选手、努力弘扬阳刚之气与尽情显示阴柔气质的选手……这些均将有助于我们更深入地了解男性气质实践的背景与规则,也能够帮助我们解决如前面提到的刚柔相济趋势的男性气质为什么最受青睐的问题。而如果能够对大赛从策划到最后决赛各个环节,比如资金筹集过程等进行全程参与研究,甚至对决赛后获胜选手的命运进行跟踪研究,则有助于我们深入理解在当前中国的文化背景下围绕男子选赛所可能呈现的种种社会建构。

男性气质多元化与"拯救男孩"

一　问题的提出

一个"拯救男孩"的概念流行起来，无论其始作俑者的本意为何，公众更多关注的，仍然是所谓"不像男子汉的男孩子"。这也难怪，在其提出者的书中，便大量充斥关于性别角色的刻板印象，还专有一节论述"培养男子汉"，甚至有这样逻辑混乱的论述："男孩的天性决定了他必须与运动相伴终生。没有运动就没有男孩，更没有男子汉。没有运动的男孩一定是问题男孩。"除了逻辑不通外，此论断还显示着作者对"问题"概念的无知，以及对"男人喜欢运动"这一社会刻板性别模式的顽强固守。

作者全书的立论均是基于生理性别差异基础上的二元划分，书中写道："在生理方面，男孩的不同首先表现在性激素方面，男孩体内含有比女孩高十多倍的雄性激素，另外一个方面就是大脑差异。在某种程度上，是雄性激素和大脑造就了男孩，使得男孩不同于女孩。""雄性激素就像男孩的动力推进系统，它使男孩表现出更高的活力，更愿意寻求刺激，更爱冒险。"（孙云晓等，2009）这些论调体现出的是生物决定论的背景，而生物决定论早已经被学术界普遍质疑和颠覆。

作者进一步认为"分性别教学"有助于"拯救男孩"："既然男孩与女孩在诸多方面存在差异，那么分性别教学是一个自然而然的想法。"作者还以北京一些中学体育课的男女分班为例，说初中以上的学生开始进入青春期，在体育锻炼上存在性别差异，女生侧重柔韧性的运动，如舞蹈，而男生更喜欢一些对抗性运动，如篮球等，采取男女分班教学能使男生和女生得到更有针对性的锻炼。但是，作者显然不知道，这正是塑造性别刻板模式的一种形式。我们后面会讨论，这种基于生理性别差异的"教学"早不是什么新鲜事，而且已经被社会性别研究者批评了半个多世纪。

同样，作者仍然是基于生理差别来强调男人的责任，书中写道："男孩，意味着更大的责任。""当危险到来时，人们自然会想到：男人在哪里？在灾难面前，男人承担更大的责任，他要首先把生的机会让给妇女和儿童。在战争之时，男人更要承担起保家卫国的责任，这是他们义不容辞的义务。"重要的是，作者进一步说："男性承担更大的责任和义务，这是他们的生理优势所决定，是人类长期进化的结果，是近代文明发展的必然结果。"（孙云晓等，2009）这些论述在强调一个"男性责任"标准的同时，也在强化男性的支配性角色与性别特权，并对不符合这一标准的男人进行了无情的贬损和打压，进而也贬损女性在社会中承担的责任。

所以，"拯救男孩"的概念从社会性别视角看，其理论基础是对支配性男性气质的推崇，以及对男性气质生物决定论的认同，并且构成了与性别平等追求的对立。

下面，我们便依据社会性别理论，主要是男性气质理论，对"拯救男孩"这一概念进行分析与驳斥。

二 男性气质理论与多元男性气质

正如本书前面提到的，关于男性气质，在20世纪80年代之前，流行的都是性角色理论，它的核心在于基于生理差别的对男女不同角色的强调。性角色被铸造成一个僵死的容器，男人和女人被要求依据他们的生理性别进入这个容器，而不管他们在行为或态度上多么不适合这个容器。这种理论不具有文化普遍性，因此不能够帮助我们理解男性气质与女性气质的变化，也不能帮助我们理解个人如何针对性别期望的设定来调整他们的角色。

随着男性气质研究的扩展，1982年"支配性男性气质"概念的提出，男性气质不是单一的了；康奈尔也论述了男性气质的多样性。此时，男性气质已经是需要检验的，不同的男人建构了不同的男性气质。社会建构的机制与过程，进入了男性气质研究的视野。

笔者主张，任何男性气质的实践都是一种变化中的趋势，而不是静止的类型。男性气质存在多种趋势，包括刚性趋势、柔性趋势、刚柔相济趋势、支配趋势、从属趋势、权力均衡趋势等。（方刚，2009:258—269）

无论康奈尔对男性气质是一种实践的强调，还是笔者关于男性气质多种趋势的分析，都是基于社会决定论的视角，对生物决定论的反对。从这一理论出发，既然不存在唯一的男性气质，也就不存在需要在性别角色方面被"拯救"的男孩子和男人。不同的男性气质之间没有高低贵贱的等级划分。如果一个文化规定了支配性男性气质是正确的，其他的男性气质表现都是"不足"的，需要被"拯救"，那这个文化便不是开放的文化。那些呈现了阴柔之气的男孩子，那些不够"男子汉"的男孩子，只不过是在实践着属于他们自己的男性气质而已。一个社会对人的个性的充分发展，如果采取敌视或"拯救"的态度，我们会认为这个社会才是需要去"拯救"的。

三　从学校教育看性别塑造

"拯救男孩"的提出者，曾谈到对"分性别教学"的支持，而这恰恰是社会性别研究者多年来致力于批判的。

学校是社会化的重要场所，同样也是对男女两性的性别差异进行塑造的重要场域。正是他们生命史中在学校度过的时光，使男性和女性的某些性别差异被强化了。这种对性别差异的强化，被认为是有碍性别平等和性别气质的自由发展的。我们的社会中，从教材的编写、插图，到课程的设置、学业的期待，都充斥着对社会性别角色刻板模式的强调。（史静寰，2004:14—22）

"拯救男孩"者提到了体育上的性别差异。但我们要说，男女学生在体育上表现的不一样，被关于性别的刻板认识，包括对支配性男性气质的推崇，进一步强化着。女生被认为更不喜欢运动，她们的体质比男生更差。但是，另外一个有意思的现象是，一些女生远远比一些男生要喜欢运动，她们的体质也比一些男生强。这本身就说明，男女在体育上的差异同样并非天生的，而是后天塑造的。而各级学校的体育课，就是塑造男女两性在体育上差异的一个重要工具。比如让男生踢足球、打篮球，却让女生跳绳和舞蹈；即使同样是玩篮球，也安排男生投篮，安排女生托球。美其名曰这是呼应男生的竞技精神、顺应女生的合作精神，而男生对竞技的强调，女生对合作的强调，不正是在这样的"分性别教学"中被进一步塑造了吗？

一方面男女学生在运动上被差异对待，另一方面，针对被形塑了的女生特点的体育课却非常少，体育课仍然是满足男生运动模式的需要的。这使得女生更加被边缘化。

关于体育能力的性别刻板印象，使老师对男生期待高，男生承受期待过高之苦，女生承受能力被低估之苦。教学中，老师对女生偏袒，对男生期望高而训练较严格，无形中传递着：女生不如男生，女生比较柔弱的偏差性别观念与价值。（方刚，2010:239—242）

针对体育课的问题，有学者便提出，应该建立积极、正向或中性的体育运动学习环境。教师在课程设计时应该排除传递"运动是男性化学习领域"的刻板印象，包括教科书和图书的性别角色、教师的期待、教师的教学方式和教学环境的设计等，避免削弱女学生学习体育的兴趣与自信心。家长也应该改变对体育运动性别刻板印象和性别差别对待。教师应该鼓励女学生重视体育的学习。（滕德政，2005）

可见，"拯救男孩"所倡导的理念，均是与这些社会性别平等的理念背道而驰的。当倡导男女性别角色泾渭分明的对立之时，也就在进一步强化着两性的差别，通过文化建构着两性间的距离，使得追求性别平等的人类理想更加遥不可及。

四 支配性男性气质的毒害

如前文所述，"拯救男孩"提出者主张："男性承担更大的责任和义务，这是他们的生理优势所决定的，是人类长期进化的结果，是近代文明发展的必然结果。"貌似在谈论男人的责任，其实背后在强调男人"生理优势"决定的社会"优势"，而且想当然地贯之以"文明发展的必然结果"，使这种社会优势具有合理性、合法性、科学性。

对男性"更大责任和义务"的强调，背后仍然是对支配性男性气质是唯一的男性气质的认可，而无视男性气质的多样，以及男人的多样。支配性男性气质鼓励"责任"的另一面，是鼓励男人在两性关系中居于主导、支配的地位，而这是造成两性不平等关系的重要原因。

与此同时，支配性男性气质也伤害男人自己。本书后面《从支配性男性气质的改造到促进男性参与》一文，对此有非常详细的论述，请参考阅读，此处不再赘述。

五 以社会性别视角看"拯救男孩"

我们看到,"拯救男孩"的理念,与社会性别研究的主流是相冲突的,与我国"男女平等"的基本国策是相冲突的,与全球范围内对"男性参与"的倡导也是相冲突的。

在笔者看来,"拯救男孩"的论调与企图,至少体现着主张者对当今世界主流社会性别理念的无知,更甚之,是对男孩子的健康成长、全面发展,对社会的性别公正的一种伤害。

所谓"拯救男孩",所谓"像个男人",在性别方面强调着传统的阳刚之气,试图将男性规训到"大男子汉"的模式中。当男孩或男人变得阴柔一些,妩媚一些的时候,有些人便跳出来大叫"拯救"了。需要拯救的,是这些人的社会性别意识。

人类犯的最大错误之一,便是仅以生理的差别将自己分为男人和女人。而更大的错误,是赋以男人和女人不同的社会性别角色要求。这一要求,把几十亿丰富多彩的人,都纳入了一个僵死的框框当中。对于不符合这一框框的,我们要么试图"治疗"他们,要么便试图"拯救"他们。在这一过程中,我们无视人的多样性,更无视每个人都有权利选择自己的生活方式,选择自己社会性别操演方式的权利。

正如男性气质研究所指出的:男性气质不是僵死的、单一的,而是变化中的、多元的。有多少个男人,就有多少种男性气质。相反,一直被主流文化鼓励的"支配性男性气质"或"大男子汉男性气质",不仅对男人构成着伤害,也对女人构成着伤害,是社会性别不平等的根源之一。在一个以"性别平等"为基本国策的国家和社会中,我们恰恰是要反对这样单一化的男性气质。即使你不谈论学术,作为一个现代人,也应该明白每个人都有充分发展自我的权利和机会,而不应该被装到一个僵死的套套里。装在套套里的人,才是需要被拯救的。

与鼓吹"拯救男孩"相反,我愿意鼓吹"兼性气质"。我认为,理想的人应该兼具男性和女性的性别气质中的优点,而不应该做性别的划分。如果是美好的品格,比如刚强、温柔,又何必分男女呢?但如果这品格走向极端,变成专横或无条件的顺从,那男女都不应该要。

古希腊神话中，人原本就是男女同体的。这种人非常强大，众神之王宙斯害怕他们威胁到自己的统治，便将其从中分开为男女。我们看到，人在"男女同体"时，连神都害怕。而中国道家，一直在强调阴中有阳，阳中有阴。当代性别心理学的研究更显示，兼具男女两性气质的人，他们在职业中，以及家庭生活中，更加游刃有余，更加受欢迎，注定将成为21世纪更具有成功潜质的人。（方刚，2010:329—335）相反，那些"大男子汉气质"非常强的男人，内心更加脆弱，更难以协调和异性的关系，在婚姻和家庭中更具有主宰性，而较少关爱配偶和孩子，更不用说"男性参与"了。不符合支配性男性气质的男人，曾被骂作"娘娘腔"和"二尾子"，这个时代应该结束了。

认为需要"拯救男孩"的人，理论上应该是传统的大男子主义者，信奉刻板的性别标准，无法容忍他人的"离经叛道"，无法宽容人类的全面而多元的发展。他们面对今天社会上传统的社会性别刻板模式正在破碎的现状，进行反扑，也就有了所谓"拯救男孩"的说教。事实上，今天这些需要"被拯救"的男孩子的出现，恰恰是社会性别平等运动推动的结果，恰恰是多元性别理念普及的结果，恰恰是社会宽容与进步的结果。

面对变革，我们应该检讨自己，跟上时代，而不是以"正统"自居，将不符合规范者污名化，定义为"堕落"而后欲"拯救"之。

让我们为那些不符合传统社会性别规范的男孩子们欢呼，给他们最真诚的祝福！

参考文献：

方刚：《男公关：男性气质研究》，群众出版社2009年版

方刚主编：《性别心理学》，安徽教育出版社2010年版

[美]R.W.康奈尔：《男性气质》，柳莉、张文霞等译，社会科学文献出版社2003年版

孙云晓等：《拯救男孩》，作家出版社2009年版

滕德政：《我们都是这样玩大的——三个运动与游戏的性别议题反省》，《性别平等教育季刊》2005年2月第30期

史静寰主编：《走进教材与教学的性别世界》，教育科学出版社2004年版

第二章 男性气质视角下的男性参与

男性参与的意义、现状与推动策略

'95世妇会的《北京宣言》中曾强调了男性参与对于促进性别平等的意义。20年过去了，中国社会促进性别平等的努力取得长足进展，但是，仍然存在很多不足。笔者认为，未能充分唤起男性参与，是阻碍性别平等充分实现的原因之一。

在'95世妇会召开20周年之际，再次明确男性参与的意义，思考男性参与的策略，无疑会对弘扬"95精神"，推进未来中国的社会性别平等工作具有重要价值。

一 男性参与的重要越来越受到国际社会重视

1994年，"男性参与"的概念在开罗国际人口与发展大会上首次被正式提出，此次大会通过的《行动纲领》专门对男性参与生殖健康做了论述："应做出特别努力，强调男子应分担职责，促使他们积极参与负责任的生育、性和生殖行为，包括计划生育、产前和妇幼保健；防止性传播疾病，包括生殖道感染；防止非意愿妊娠和高危妊娠；共同管理和创造家庭收入，共同致力于子女的教育、健康和营养；确认和促进男女儿童的平等价值；防止对妇女的暴力。"

1995年的北京世界妇女大会上，男性参与的概念得到了进一步的强化，《北京宣言》第25条明确呼吁："鼓励男子充分参加所有致力于平等的行动"。

'95世妇会之后，男性参与推进性别平等的意义越来越受到国际社会的重视。"男性参与"被用于推动发展中国家的生殖健康运动中，及反对家庭暴力等实践活动中，它被诠释为两重意义：一是男性既是其中的受益者，也是其中重要的推动者，是局内人。二是推动实现社会性别平等是男性和女性共同的事，男性和女性在不断的对话中、理解中，才能打破传统的社会性别刻板角色定性与分工，重新建构一种新的平等关系。

男性参与一词最早是在生殖健康行动中频繁使用，基于人们认识到生育活动中的责任主体不仅是女性，还有男性。将男性从生殖健康的"合作伙伴"变成"行动主体"，推动男性参与。在我国，男性参与一词最早出现在计划生育政策落实行动中，同样，也被用到了反对针对妇女的家庭暴力行动研究中。

在2004年，联合国妇女地位委员会第48届会议呼吁政府、联合国组织、公民社会从不同层面及不同领域，包括教育、健康服务、培训、媒体及工作场所，推广行动以提升男人和男孩为推进社会性别平等做出贡献。

在2005年2月28日至3月11日联合国妇女地位委员会第49届会议上，联合国秘书长的报告中，"呼吁男子充分参与所有实现性别平等的行动"。其中特别重申了《北京行动纲要》的内容："强调男女在家中、在工作场所和在更广泛的国家和国际社区中共享权力和分担责任的原则，并强调男女平等是社会化进程的一个不可分割的部分的原则。"《纲要》着重指出，性别平等只有在男女以伙伴关系携手合作时才能实现。具体的建议着重鼓励男子平等分担育儿和家务劳动，并促进教育男子和使男子能够承担其预防艾滋病毒、艾滋病及其他性传播疾病的责任的方案。

在推进男性参与中存在许多障碍。其中包括："持续存在的性别陈规定型观念，这种观念不足以鼓励男子兼顾专业和家庭责任，使男子没有充分分担家庭和社区内的照顾任务和责任；由于男女之间的权力关系不平等，妇女往往没有权力坚持安全和负责任的性行为；男女之间对妇女的健康需要缺乏沟通和了解。"

秘书长报告提出，建设"能够向大批男子进行宣传的环境，例如男性主导的机构、行业和协会。其他的建议着重通过家庭教养和教育进程等手段改变社会文化风气，以实现性别平等。"报告还认为："与男子和男孩一起促进性别平等的工作尚在早期阶段。"

2005年8月31日通过的《北京+10宣言》第25条也写道："关注男性的社会性别属性，承认其在男女平等关系中的地位和作用，承认其态度、能力对实现性别平等至关重要，鼓励并支持他们充分平等参与推进性别平等的各项活动。"

联合国大会第六十一届会议秘书长报告《关于侵害妇女的一切形式的暴力行为的深入研究》第347条提到,男性在参与推动性别平等方面承担着重要责任,促进男子反对基于性别的暴力是性别平等社会化进程中不可分割的部分。

在2009年联合国妇女地位委员会第53届会议上,进一步呼吁男女平等地分担责任,尤其是照护者的责任,以实现普遍可及的社会性别平等。

同年,联合国秘书长潘基文成立了"联合起来制止针对妇女暴力运动男性领导人网络",突显了对男性参与社会性别平等运动的重视。

联合国还发起了"预防伙伴计划"。"预防合作伙伴致力于针对男孩和男性开展工作,采取措施增进沟通以促进社会变革,进行能力发展,加强研究,以开展政策倡导,从而达到预防针对妇女暴力的目标。预防合作伙伴建议在以下领域开展工作以实现变革。第一,认知:认识问题症结所在,并了解男性应采取怎样的行动来阻止针对妇女的暴力;第二,能力:强化吸引男孩和男性参与政策公共服务提供者采取的干预措施的能力;第三,政策:在如何通过公共政策预防暴力方面建立更广泛的理解。"(James Lang, 2012)

2014年,联合国发起"他为她"(He For She)运动,致力于倡导男性参与;同年11月,第二届全球男性参与大会在印度德里召开,这是继五年前里约会议之后,世界范围的又一次最高级别的男性参与大会,会议呼吁男人和男孩致力于终止性别暴力,促进性别平等。

二 男性参与的必要性与可行性

男人有责任和义务参与到促进性别平等的工作中。长期以来的父权文化,建构了不平等的性别制度,男性更多是不平等制度的受益者。男性责无旁贷,有责任从自己做起,投身于追求平等和公正的事业。

事实上,男性参与具有必要性。男人就在那里,你没办法回避他们,他们存在于社会生活中,存在于家庭中。反对性别暴力、促进性别平等的任何一项工作,都不可能无视他们;离开人类社会中一半的成员谈性别平等,不可能成功。'95世妇会后,中国20年的性别平等努力,一直都是女性在推动,很少见到男性的身影,无疑影响了许多性别平等政策的推进与落实。

男性参与还具有可能性。男性并不是铁板一块。男性气质是多样的,每个男人的生命史都不同,他们对性别差异的态度也不同,男性主流仍然是向往平等和谐的亲密关系的。男人也有权利和使命参与到反对性别暴力、促进性别平等的工作中，为社会带来正能量。

男性参与是用男人手中的权力。男人控制着体制中的权力，必须借助这种权力，使之转化为促进性别平等的力量。如果有一个男性的领导人，男性的意见领袖甚至宗教领袖，在呼吁和致力于性别平等，必将影响到更多的人，特别是男人。这远比处于弱势地位的女性单方面的努力要更有效。男性参与性别平等，有助于体制的改变。

男性参与从改造个人做起，再到改变体制和社会。男人是一个个独立的个体，当男性参与运动使得越来越多的个体成为促进性别平等的力量时，社会就会发生改变。男性参与本身就是改造男性的榜样行为，当一个个男性成为促进性别平等的活跃分子时，男性参与的社会号召力便会呈现出来。

三　中国男性参与的现状

相比于聚焦于女性的研究，目前中国针对"男性参与"促进性别平等的研究与行动起步很晚，非常缺乏，而且存在许多争议。也正是在争论与思考的基础上，男性参与的重要性、定位，以及策略，变得日益受关注。2007年之后，一些较成熟的男性参与论文开始发表，男性参与研究受到正视。

在男性参与的理论研究方面，笔者提出从改造男性气质视角推进男性参与。因为男性气质是受多种因素影响处于变动中的，改造非支配性男性气质、促进男性参与成为可能。（方刚，2007）

促进男性参与的一些具体研究，也有少量发表，比如：讨论如何通过男性研究在教育领域的介入推动性别平等教育的深入发展；（黄河，2008）如何通过影响男性气质促进参与型父亲的形成；（方刚，钟歆，2010）应该通过公共政策促进男性参与；（罗晓娜，2010）反对家庭暴力立法中应该具备的男性气质视角；（方刚，2011）等等。2011年，联合国人口基金资助进行了中国首次男性气质与性别平等的大型定量调查。

在推进男性参与的公共政策与社会行动方面，中共中央党校李慧英教授多年来积极推进"男性侍产假"政策；2002年，北京"反对针对妇女的暴力，促进社会性别平等"男性志愿小组成立；2005年，"男性解放学术沙龙"成立，倡导男性参与；2010年，"白丝带反对性别暴力男性公益热线"开通；2012

年，有学者组织"男性反对性别暴力承诺活动"；2013年，中国白丝带志愿者网络正式成立。笔者亦受联合国秘书长潘基文之邀，于2012年成为他亲自领导的"联合起来制止针对妇女暴力运动男性领导人网络"成员，是目前中国唯一的该网络成员，使命便是致力于推动中国的男性参与，特别是在反对性别暴力领域的行动；同年底，中国白丝带志愿者网络宣布成立，自我定义为全球性的男性参与运动"白丝带运动"的一部分。

总体而言，中国男性参与研究和行动已经萌芽。但是，从事男性参与研究的学者非常少，虽然已经有一些零散的关于如何推进男性参与的研究，但尚缺少全面系统的论述。许多重视并希望推动男性参与的人也时常感到力不从心，不知道如何在制度与实践等层面推动与落实男性参与。

四 推动男性参与的策略

联合国及国际社会已经将"男性参与"视为推进社会性别平等的重要策略，'95世妇会20年的经验也显示，需要我们在未来的工作中高度重视男性参与。

基于当前中国男性参与研究与行动的现状，笔者在此提出从理论到实务推动男性参与的策略，希望对男性参与的进一步落实提供可操作的建议。

1.加强男性参与的理论研究

社会性别理论、男性气质理论，将为推进男性参与提供重要的理论支持。

女权主义的社会性别论述，认为父权制是不平等的性别关系的基础。男性在父权制中扮演什么角色，男性是否可以参与到反对父权制的运动中来，这些问题的讨论对于男性参与具有重要的意义。笔者认为，男性既是父权文化的受益者，也是受害者，这决定了男性参与的必要性；男性在追求男女平等的过程中，可以获得自身的解放，这决定了男性参与的可能性。（方刚，2006:3—24）

男性气质研究同样为男性参与提供了重要的理论支持。长期以来人们一直认为男性气质是支配的、阳刚的、主宰的，在这样的男性气质之下，男性参与几乎是不可能的。直到有学者揭示了此前所定义的单一的男性气质，实际上是一种"支配性男性气质"，此外还有各种各样的男性气质。（Kessler,S.J., D.J.Ashenden, R.W.Connell, G.W.Dowsett, 1982）非支配性的男性气质，是推动男性参与、促进性别平等的基础。

长期以来，许多女权主义活动家以道德倡导、女权理论来呼吁男性觉悟，促进男性参与。这没有错，但效果未必好。我们的主张是：要从男性自身的需求唤起男性参与的意愿，反思支配性男性气质对男人的伤害；让男人知道，他参与推进性别平等，不只是为了女人和孩子，他自己也从中受益。

男性气质理论可以用来研究男性参与在不同层面、不同领域的具体推进、操作策略。可惜目前这样的研究还非常缺少，对2006—2012年中国知网的文献进行检索，讨论男性气质与男性参与关系的论文，只有六七篇。因此，需要格外加强。

2.进行男性参与的现状与经验研究

在推进中国男性参与的过程中，一定要汲取国际社会男性参与成功的经验，总结国内男性参与不足的原因，对现状进行分析，从而为男性参与具体策略的提出做准备。

瑞典是推动男性参与最受推崇的国家，自20世纪70年代社会民主党执政起，瑞典政府出台了一系列公共政策，推动男性参与，同时配合着大量的舆论宣传、民间倡导、社会服务，从而使得男性参与的政策与每个人的日常生活相结合。瑞典的成功经验被世界上许多国家所汲取，并且有了各自的发展。瑞典的经验是推进中国男性参与时必须进行认真学习的。

2014年第二届全球男性参与大会上，许多国家都展示了本国的男性参与经验与成果，这些都可以成为中国未来推进男性参与的借鉴。

在加拿大，"白丝带"运动为全球的男性参与提供了典范，积累了推进男性参与的非常丰富的经验。"白丝带"已经成为男性参与的象征性符号，对此经验进行学习，将直接推进中国的男性参与。

考虑到男性参与同中国本土文化的结合，中国的台湾、香港地区的男性参与经验，同样是研究的重要内容。两岸三地文化背景相似，在男性参与上也有一些成功的经验，可以成为推进中国大陆男性参与的参考。

在了解国际及港台经验的基础上，结合中国大陆以往的男性参与尝试，对于提出本土化的男性参与策略具有重要帮助。

3.在法律与公共政策领域推动男性参与

男女平等是基本国策。所谓基本国策，属于公共政策的第二个层级，第一个层级是元政策，第三个层级是具体政策。基本政策承上启下，是各项具体政策制定的依据。联合国倡导"社会性别主流化",强调的是将社会性别平等纳入到国家的法律与公共政策当中。我们强调从男性参与角度促进男女平等基本国策的落实,同样也要将男性参与的推进体现到国家的法律与公共政策的制定中。

笔者一直主张,男性参与应该从制度和个人两方面入手。制度便是相关鼓励男性参与的相关法律与公共政策的制定,个人方面便是从帮助男性认识到父权制、支配性男性气质对男人和女人的伤害,从而使男性参与成为男性的自我要求。在强调个人改造的同时,不能忽视体制的改变,二者是相辅相成,在过程中互相促进的。(方刚,2008:165—172)这两个方面,制度是根本,但个人方面的改变,也离不开法律与公共政策的推动。

在现有的法律与公共政策中,存在对支配性男性气质进行鼓励的情况,这不利于男性参与。比如,在离婚案件中,法官多数将孩子判给母亲抚养,背后的假设是男性不如女性适合抚养孩子;男性较女性晚退休五年的规定,假设女性承担更多家务劳动,男性更不适合承担家务;等等。即使仅仅从推进男性参与的角度看,这些法律及政策也是需要修改的。我们需要全面检讨中国现有法律、公共政策中阻碍男性参与之处,同时提出可以促进男性参与的建议。如反家暴法正在全国征询意见,笔者主张,其中应该明确纳入鼓励男性参与反对家庭暴力的内容;推动出台"男性侍产假"制度,以促进男性参与照顾婴儿、抚育孩子;呼吁设立"男性参与日"这一国家的公共假日,作为倡导男性参与的契机;推动在政府中设立"性别平等部";等等。

妇联系统作为推进性别平等的重要组成,有必要在日常工作中加入推进男性参与的内容。

4.在学校教育领域推动男性参与

学校教育是社会化的重要过程,男女平等的意识和能力必须从各级学校开始培养。从幼儿园到大学,都可以成为促进男性参与的课堂。

在学校教育中,应该遵循反对社会性别刻板印象、反对性别气质二元划分的教育,反对支配性男性气质的教育,反对"拯救男孩"、"阳刚男生"、"贤淑女生"式的教育,而鼓励性别气质的自主、多元发展。这样的性别教育,可以通过教材、教学等不同方式来落实。

在教材方面,检讨现有教材中阻碍男性参与的内容,比如一些小学教材的插图,都是女性在做家务、照顾孩子;为编写新教材提供尽可能多的全面建议，增加鼓励男性参与的内容，比如父亲与孩子玩耍、做家务，男性从事传统上由女性从事的工作等内容。

在教学方面，如体育课上，男生和女生从事同样的运动，男生也可以跳绳，女生也可以踢足球；增加男性幼儿园教师的比例；从幼儿园到小学均增加社会性别平等教育的内容；等等。

在其他方面，如教师鼓励父亲来开家长会，检讨并改善公共空间（如卫生间）的性别配置，等等。在高等教育中，男性参与的教育可以浸透到几乎所有的人文社会科学专业中。

5.在大众传播领域推动男性参与

媒体是进行男性参与、男女平等教育的重要工具，在这个过程中，互联网等新媒体形式应该受到充分重视。

我们可以做的是：调查、检省不同媒体节目中阻碍男性参与的内容，对于促进媒体内容的男性参与提出尽可能全面的建议；制定对媒体从业人员进行男性参与培训的内容框架；对于男性参与的事件给以关注和报道；鼓励媒体推出男性参与的标杆式人物，媒体进行宣传倡导，使公众具备学习的典范；鼓励多元男性气质的节目。如广告中男性可以从事传统的女性活动，女性可以成为领导但并不被"男性化"；等等。

中国白丝带志愿者网络在2014年组织了10位具有性别平等意识的男人在全国四城市进行了"讲故事"的活动，分享性别经验，倡导男性参与，经由媒体报道，出版和发行该活动的纪录片和专著，也实践了在大众传播领域的男性参与倡导。

6.在社会服务领域推动男性参与

香港地区的经验是，社会工作组织在推动男性参与方面扮演了非常重要的作用。在中国大陆，社会工作体系正得到快速发展，因此应该非常重视社工在男性参与中扮演的作用。因此，我们有必要提出一整套社会工作中如何推进男性参与的具体建议。

心理咨询师从业者在中国大陆正在快速增多，这也是一个潜在的进行男性参与教育的团体。我们应该针对心理咨询中如何体现社会性别意识，如何促进男性参与及男女平等进行研究。

反家暴法草案中有对预防与矫治施暴行为的规定，男性参与可以在家庭暴力的预防、处置等许多环节贡献力量。男性辅导师更容易与男性施暴者建立合作关系，许多女性受暴者也希望听到来自男性专业人员的意见，男性参与反家暴的工作也有助于自身性别觉悟的提升。

西方一些国家的男性参与组织，组织"好爸爸好父亲"培训项目，极大促进了男性角色的改变。

国际社会的经验是，NGO组织的社会行动一直在促进男女平等、男性参与方面扮演重要作用。今天中国大陆的性别平等NGO组织也非常活跃。在推进男性参与的过程中，应该结合国际经验，提出NGO组织推进男性参与的策略。比如，作为男性参与象征标志的白丝带运动，已经在全世界80多个国家和地区展开，中国也有了作为NGO组织的白丝带志愿者网络，为了更好地让这一网络在男性参与运动中扮演更多的建设性作用，需要认真思考和实践。

总之，男女平等的实现离不开男性参与，男性可以，而且能够成为促进男女平等的重要力量。弘扬"95精神"，推动性别平等，需要我们从各方面更加重视和推动男性参与。

参考文献：

方刚：《从男性气质的改造到促进男性参与》，《妇女研究论丛》2007年第6期

方刚：《男性要解放》，山东人民出版社2006年版

方刚：《男性研究与男性运动》，山东人民出版社2008年版

方刚：《钟歆，父亲类型研究与促进男性参与》，《中华女子学院山东分院学报》2010年第4期

方刚：《反家暴立法应有男性气质视角》，《妇女研究论丛》2011年第6期

黄河：《男性研究对性别平等教育的意义》，《妇女研究论丛》2008年第2期

罗晓娜：《论通过公共政策促进男性气质的改造与男性参与》，《中华女子学院山东分院学报》2010年第6期

James Lang：《与男孩和男子合作，防止针对妇女的暴力（摘要）》，转肖扬主编《中国反对针对妇女暴力的研究与行动》，社会科学文献出版社2012年版，第347页

Kessler, S. J., D. J. Ashenden, R. W. Connell, & G. W. Dowset, *Ockers and Disco-maniacs*, Syden: Inner City Education Center, 1982

从支配性男性气质的改造到促进男性参与

男性参与的概念在1994年的开罗国际人口与发展大会上首次被正式提出时，更多集中在生殖健康领域，但是它的意义不仅在于充分让男性在生殖健康、抚养子女和家务劳动等方面与妇女共同承担责任，更在于要促进在私人生活、家庭和社会生活的各个方面实现男女平等，发挥男性在家庭和社会中的作用，使男性和妇女在公共生活和私人生活中成为平等的伙伴。

但是，男性参与给人的感觉仍然是，女性在大力强调，而男性自身的参与意愿仍然非常不够。男性在这个过程中是被动的。如何鼓励男性积极主动参与，笔者认为，应该从制度和个人两方面入手。制度便是相关鼓励男性参与的相关政策的制定，个人方面便是从帮助男性认识到父权体制、支配性男性气质对男人和女人的伤害，从而使男性参与不只是男性的义务和责任，同时认识到男性通过参与可以获得自身的成长，使男性参与成为男性的自我要求，而不是女性研究者的"要求"。

一 男性气质多样性是推动男性参与的基础

在男性气质的多样性观点被提出之前，男性在性上的表现，一直被解读为应该是充满权力的、强烈的、受自然本能驱使的、难以控制的、阴茎中心的、只为了满足生理机能的，等等。男人与女人不同的性表现，便是强奸、购买性服务、鼓励性崇拜、性暴力对男性气质的强调，突出了男人在性上强调阴茎中心的特点。阴茎对男人来讲是非常重要的，男人用它来建构男性气质。（Julia O'Connell Davidson, Jacqueline Sanchez Taylor, 2004:454—466）

从生殖健康的视角看，这样阳刚之气的男性气质鼓励男人在性行为上粗暴、占有，以自我为中心；戴安全套不仅影响了自我中心，也和支配性男性气质关于男人性的"难以控制"、"自然本能"等定义相冲突；能够多生孩子，便是性能力成功的一种表现；输精管结扎会损害阴茎中心的神话；在生活中照顾孩子、做家务，在性行为中关注女性的健康与需要等，都显得有损支配性男性气质关于男人在性上主动、支配的定义。

但当支配性男性气质提出之后，在性与男性气质的研究中，性不再被认为是只由生理性别决定的，它不再是单纯的生理问题。人类的性与历史、文化、政治与道德、亲密关系、通过隐喻和语言进行的实践等等联系在一起，而且一直是开放的，处于变化中的。性同样与阶级、性别、年龄、家庭结构、信仰、受教育程度、经济状况、社交群体等等都有关。对性的理解，只能在一个人的具体的关系中进行。而不能简单地说，男人怎么样，或女人怎么样。

强调男人的性的这种多元化，并不是否定支配性男性气质定义的支配性的性的存在。它确实存在，而且非常常见，但是，它不是唯一的。关注支配性的性是对的，但同时不能忽视了：男人对这种支配性的性，同样可以进行抵制与转换。男人的性是社会行动的产物，性是和社会实践结合在一起的，并不只是内在动力。支配性可提供一种理想模式，但不是自然产生的，也是实践建构的。性不是男人的简单的财产，不存在于社会真空中，而是和社会一起流动，在人类的相互影响中相互建构。

这些给我们的启示便是：既然男人的支配性的性，是可以被抵制与转换的，那么男性在性领域对女性的支配、主宰，如性骚扰、性暴力等，也是可以改变的。

二 从男性气质角度看"男性参与"

在讨论男性参与的时候，笔者的观点是：用"反对父权体制"的话语教育普通男性，过空过大，难以立竿见影；以具体实践中的某项责任要求男性改变，只能做到改变形式却无法做到男人的根本改变，换个情景男人可能仍然是老样子；以法律和制度要求男人改变，也仅是一种被动的约束。因此，笔者认为，通过启发男人从男性气质的改变做起，是一个可见的、较易被理解和接受的视角。但这只是一个从个人方面推进男性参与的策略，并不意味着要放弃对父权体制的批判和改造。

梅纳斯认为任何对男性气质的探讨都必须同时考虑男人的制度性特权、为男性气质所付出的代价，以及男性之间的差异和不平等三个因素。美国的八种男性运动就可以根据他们与此三因子的关系为三角形三个顶点的男性气质政治领域里。基本上，三角形下方比较强调男性利益，男人希望借由组织来获取对于生活的控制权利。而三角形的上方则强调如何消解男人对于女人的制度性特权（王雅各，2006）。图5便显示了男性气质的政治领域（毕恒达，2003:4—5）：

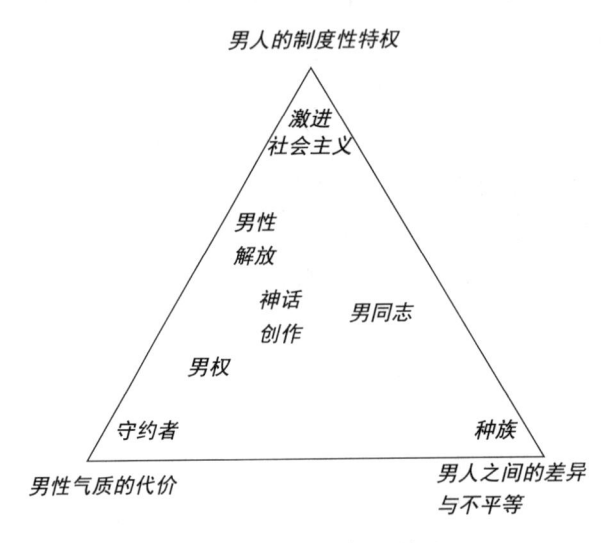

图5 父权文化下的男人处理

在笔者看来，不平等性别体制的改变需要男性的参与。否则一直是女人在那里喊解放，而男人在那里捍卫既得的东西，世界怎么可能改变？不改变男人，只能使男女对抗继续甚至加剧。改变男人才可能改变两性关系。但怎么改变男人？如何改变男人？

绝大多数的女性研究者在号召男性参与的时候，更多从男人的责任与义务角度入手，强调男性是性别文化的受益者，既得利益者，所以男性参与应该落足于反对性别文化对女性的压迫这一点上。这些诉求都没有错，我完全同意，但是，男人是否可能只因为"赎罪"的心态就真正积极地、普遍地"参与"了呢？靠道德或政治诉求，是否可以说服绝大多数男人长期参与呢？我看是很难的。

从社会心理学关于说服及态度改变的观点来看，人的改变欲求来自需要，相信改变之后会对自身有利才能提高改变的动机。因此，如果能让男性认识到自己和女性一样，都在受着现有性别文化和体制的伤害，将更好地鼓励他们参与进来。

那么，性别文化对男性的伤害在哪里呢？如何使男性认识到这一点呢？前述的支配性男性气质理论在此正得其用。支配性男性气质鼓励男人在两性关系中居于主导、支配的地位，是造成两性不平等关系的重要原因，但这种男性气质也在伤害着男人自己。所以我们需要帮助男性认识到支配性男性气质对男性、女性共同的伤害，帮助男人行动起来，从反思、挑战支配性男性气质做起。

举例来说，支配性男性气质（或称阳刚之气）对男性的塑造，最核心的便是"刚强"二字，由刚强演绎出硬汉、强者、粗犷、勇敢、事业成功、健壮等诸多概念，一方面使男人在和女性的权力关系中占据上风，伤害着女人，但另一方面也伤害着男人自己。

想成为强者，一个男人就要无止境地追求"事业成功"，男人为使自己活得"像个男人"，就要不断拼争，承受越来越大的压力，牺牲健康，包括平常生活的快乐，他和家人、孩子在一起的时间几乎全部被剥夺。男人便演化成一个工作的机器，而不是一个活生生的个人，作为人的生命价值，受到贬损。一些女性研究者指责男人不做家务，很少时间关爱孩子，如果不认识到男人这样的表现其实是支配性男性气质对男性伤害之一种，而单纯停留在这种表现对女性之伤害上，便是从表面现象看问题，无助于唤醒男性的参与意识。

支配性男性气质在强调男性强者形象时，还要求男性勇敢，粗犷，凌驾于女人之上。当男人无法通过事业成功及其他方式做到这一点的时候，他实际上被父权文化贬损为"不像一个男人"了。家庭暴力本质上是为了维持"硬汉"形象的一种表现，实施家庭暴力的男人潜意识深处埋藏着对"不像一个男人"的深深恐惧，他以暴力来显示自己的强者形象，从而使女人蒙受伤害。我们当然要严厉惩处这样的男人，但是，如果我们只停留在惩处的层次，而不同时去检省、变革造成这一现象的支配性男性气质，家庭暴力的彻底根除便显得遥遥无期。要教育实施家庭暴力的男人，帮助他们发掘潜意识深处的症结所在，意识到支配性男性气质是如何指使他们实施家庭暴力的，同时也意识到，家庭暴力伤害了他们和家人、女性的关系，他们自己也是受害者。

支配性男性气质还要求男人有烦恼有心思都要闷在心里自己消化,而不能像女性那样倾诉,这不仅阻碍了男性的情感表达,也影响了和女性的交流,给双方造成很多误解;支配性男性气质诱导男性轻视健康,扮演硬汉,有病也撑着,从而也给家庭生活中的女性带来苦恼和负担……

我们看到,如果挑战了支配性男性气质的霸主地位,男性才能不受伤害,女性也才能从所受伤害中解放。

当男人从支配性男性气质的模式中解放出来之后,女性解放所追求的一些目标有望更快地实现。单就家庭关系而言,摆脱支配性男性气质奴役的男人将有更多的时间和家人在一起,更多的时间做家务,更多的时间分担女性的劳作,更坚决地拒绝家庭暴力,更注重生殖健康等领域女性的感受,使女性可以从性别体制的压制下解放自己。

对支配性男性气质的挑战,推动的不仅是男人个体个性的多元发展,且也必然带动两性权力结构与主体空间的切实改变。可以说,不挑战支配性男性气质,男性参与不可能实现,性别平等也不可能实现。

正是基于以上的理念,笔者提出"男性觉悟"、"男性解放"、"男性觉悟二重性"等概念。

我们提倡男性觉悟,就是要让男性觉悟到性别文化、支配性男性气质对他们的性别模式塑造,表面上使他们成为强者、成功者,实质上使他们也成为受害者。

在推进性别平等的过程中,男性具有的不仅是责任,而且也是权利。性别平等不仅造福女人,也造福男人。因为放弃支配性男性气质的男人,在和女性平等友好相处的过程中,也将体验到生命的种种快乐。

所谓男性解放,是"在男性觉悟的基础上,男性向这种体制提出挑战,从我做起,放弃既得权力,为改变不平等的性别文化做贡献,包括改变这种文化加在男性身上的伤害"。

在笔者看来,男性觉悟是男性解放的一个步骤,男性解放是男性觉悟的目标。男性觉悟与男性解放,前者更多强调个人的自我觉醒,而觉悟之后就会有行动。从这层意义上讲,男性参与是男性觉悟之后,解放的一个步骤。(方刚,2007:39—45)

笔者提出"男性觉悟的二重性",即认为男性觉悟应该同时觉悟到父权文化和体制对男性和女性共同的伤害。只强调觉悟到现在性别体制和文化对女人的伤害，便无法从男性的视角提供反对这种体制和文化的动力，无法令男性普遍地、主动地、积极地参与；但是，只觉悟到性别体制和文化对男性的伤害，就无法真正认识到这种体制和文化的本质，意识到女性是更深的受害者，从而难以建立两性和谐。（方刚，2005:3—32）

在男性觉悟的过程中，提倡从对支配性男性气质对个人的影响做起，观察性别文化和体制是如何在日常生活中影响我们的。但这并不是说，体制和文化的改造就不重要了，相反，我认为对个人生活的反思，不仅不违反改造体制的总体目标，而且是改造体制的一个有效策略。我们应该既努力推动制度的改变，也努力推动个人思想的改变。

这个过程中的关键在于：让男人觉悟到支配性男性气质是如何伤害男性的。男性参与，是在觉悟到自己也受害的情况下参与，是在认识到自己和女性有着共同的利益的情况下参与，而不是以"赎罪者"和"道义先觉者"的姿态参与。

在这个过程中，我们同时也要警惕：过分夸大男性受性别文化伤害的一面，而无视其更是现有性别文化和体制既得利益者的一面。男性觉悟的过程中要经历"弃旧权"与"赋新权"的过程，首先是"弃旧权"的过程，即放弃旧的既得不平等权力的过程；同时，又是"赋新权"的过程，即获得追求自身充分发展和自由成长的权利的过程。

三 男性气质与生殖健康

我们提到，男性觉悟／解放最终使男性认识到现有性别文化和体制（父权文化和体制）对男性和女性均有压迫，并且起来反思和改造这种文化和体制。这自然就会涉及所有与性别不平等相关的方面，其中也包括计划生育领域。

支配性男性气质要求男人在性上表现强者之风，将男性刻画成性机器，也为他们在性关系中对女性的侵犯与伤害提供文化上的背景；能生、多生是男人性能力强的标志之一；阴茎在支配性男性气质的话语中具有重要的符号意义，针对阴茎的手术便受到抵触；支配性男性气质鼓励男人在性行为中以阴茎为中心，以自我感受为中心，这也增加了在推广安全套等方面的挑战。所以只有颠覆支配性男性气质，男性在生殖健康领域的参与才有可能。

只是挑战了"阴茎中心"还是不够的。我们反思、质疑支配性男性气质的过程，也是挑战男人唯我独尊、唯我独大的过程，让男人认识到只有当他们放下支配性男性气质的束缚，和女人享有平等的关系，才更可能充分享受生命的赐予。因此，这就鼓励他们在家庭中多承担责任。也可以说，当男人放弃支配性男性气质的束缚之后，他们才有可能自如地表现柔性的一面、关爱女性和家庭的一面，才会更多地做家务，更多地照顾孩子，在计划生育方面也一样才能不能回避责任，在安全套的使用与结扎等问题上更有自觉性。毕竟，当男人拒绝使用安全套与结扎的时候，是只基于对自己快乐的考虑，而没有考虑可能带给女性的麻烦和痛苦。

对支配性男性气质的挑战，还直接挑战了男尊女卑的性别文化。支配性男性气质要求男人作强者、硬汉、成功者、主宰者、支配者，同时将女人作为对立的参照物，要求女人是弱者、服从者、被支配与主宰的对象。"男主外女主内"的思想是影响男女平等的一种表现，而"主外"正是支配性男性气质对男人的要求，即使哪个男人渴望家居的生活、渴望带孩子做家务的生活，也是被支配性男性气质及文化所排斥的。

支配性男性气质同男尊女卑的思想是一致的。对生男孩子的重视与执着，如果不考虑制度的缺陷，正是因为支配性男性气质下将所具有的男尊女卑的观念使然。再加上父权体制，男性在家庭事务中具有的决定权，以及女性对支配性男性气质及其文化的认同，成为造成出生性别比失调的一个原因。当我们认清支配性男性气质对男人和女人共同的毒害之后，我们颠覆这种男性气质的过程也就是建立性别平等与公正的过程。

也就是说，颠覆支配性男性气质，将有助于颠覆男尊女卑的思想。在生殖健康领域，也有助于改变对生男孩子的执着，有助于改变女童的弱势处境，这和"关爱女童"的目标是一致的。

这里要特别强调的是：我在这里所讲的，均是从改造个人的角度入手的，但这绝不是说，只改造个人就足够了。我们现在已经有的国家政策、法律法规是对制度的改造。当个人的改造和制度的改造联合起来时，才可能彻底地改变文化。也就是说，我们的性别平等运动可以在两个层面上同时进行，一个是个人的层面，一个是制度的层面。比如农村的土地权等问题，如果不从制度上改变，单纯谈个人层面的支配性男性气质的改变是解决不了问题的。

即使是这里对个人层面的这些讨论，仍然有纸上谈兵之嫌，需要更多的研究，拿出具体的可操作性的方案，才能落实到实处。这需要大家的共同努力。

男性气质的学术研究在欧美一些国家渐成气候，但在中国仍然可以说是空白。与之相关的男性运动，更是缺失。现在许多女性研究所关注的话题，以男性气质研究的视角，同样可以从男性的角度进行反思与观察，这样就可以避免女性研究内部自说自话的局面，而形成男性和女性的互动。比如，当女性研究关注下岗女工在家庭中的处境与再就业问题时，男性研究同样可以关注支配性男性气质对下岗男工的多重歧视；当女性研究关注孩子缺少与父亲共处的时间对孩子成长的心灵影响时，男性研究同样可以关注男人被职场压力夺去与孩子相处的时光对男人亲情的伤害；当女性研究关注职业女性仍然无法摆脱家务劳动的束缚时，男性研究也可以关注支配性男性气质是如何通过将居家男人定义为"小男人"而使男性对居家生活、家务劳动望而却步的……

男性研究与男性觉悟／解放的主张面对的压力也非常大，虽然在我看来男性研究和女性研究的目标是一致的，但一直伴随着来自女性研究者内部的批评和质疑。我个人分析有两个主要原因：一是许多女性研究者对男性也受性别文化和体制伤害的说法无法接受，二是担心男性研究会和女性研究抢夺社会资源，进一步巩固男性的既得利益。在我看来，这都是基于对男性研究推进性别平等的宗旨缺少真正透彻的了解和理解所致，这样的分歧使得本应该团结与合作的男性研究和女性研究无法合力，不能不说是一个遗憾。

参考文献：

毕恒达：《男性气质的当代观点》，刘建台、林宗德译，女书出版社2003年版

方刚：《男性运动与女性主义：反父权文化的同盟者》，《中国女性主义》第5卷，南宁：广西师范大学出版社2005年版

方刚：《男性觉悟／解放释义》，《中国女性主义》第8卷，广西师范大学出版2007年版

王雅各：《新世纪的男性研究与男性运动》，男性与性别平等：多元对话与研讨会论文集，2006

Julia O'Connell Davidson, Jacqueline Sanchez Taylor, Fantasy Islands: Exploring the Demand for Sex Tourism, in *Men's Lives*, Michael S. Kimmel, Michael A. Messner, Person Education and Peking University Press, 2004

父亲类型与男性参与

父亲研究在西方学术界已经积累了很多的成果，但目前中国的父亲研究仍然非常缺少。父亲有多种类型，在鼓励男性参与的过程中，促使并帮助男性成为一个"好父亲"，是重要的一环。在对父亲类型及其形成有充分认识的基础上，我们才可以讨论如何促使男人成为"好父亲"，如何推动男性参与的实现。

一 关于父亲研究

多年以来，儿童领域的研究者们一直倾向于关注母亲与孩子，父亲领域的研究则受到忽视。迈克尔·兰姆（Michael Lamb, 1975）发表文章，指出对于父亲—孩子关系方面进行研究的重要性。另有研究者称，如果忽视父亲在孩子生活中的重要性和责任，那么真正的男女平等是难以实现的。从20世纪六七十年代至今，有关父亲的研究取得了实质性的进展。

父亲对孩子的影响是不容忽视的，但是并不是所有的父亲都对孩子的成长有着积极的作用，也并不是所有的父亲都伴随了孩子的整个成长过程。由于父亲与父亲之间存在着个体差异，各种因素交互作用影响了父亲们的表现，因而使得父亲也有好坏之分，有称职与不称职之分，有受喜爱和不受喜爱之分。我们从不同的视角可以将父亲划分为不同的类型，这些不同父亲类型的形成有着历史的渊源，也受到个体背景的影响。

研究个体和家庭的美国专家罗伯·马考维茨（Rob Palkovitz）曾经谈到，成为父母是一个长期的、累积的过程而非现存的研究中所说的是一种短期的调整，（N. J. Cabrera, 2003:250—258）因而父亲类型的形成也应该是一个复杂而精细的过程。本文便希望通过归纳出不同的父亲类型以及影响这些不同父亲类型形成的可能因素，对塑造好父亲的方法进行探索。

父亲有很多种形式，例如，亲生父亲、继父、养父、同性恋父亲等。本文所要讨论的对象是传统意义上的婚姻关系中为孩子提供基因的男人，即孩子的生物学意义上的父亲，也就是孩子的亲生父亲。

二 父亲的类型

1.依据父亲的参与方式进行划分

美国学者罗兰·马克斯（Loren Marks）和马考维茨提出了四种父亲类型：新的、参与型的父亲；好的养家者父亲；游手好闲的爸爸；父子关系自由的男人。

类型一：新的、参与型父亲（New, Involved Fathers）。这类父亲被认为是"好父亲"的一种，他们参与到孩子生活中的许多方面里，他们会积极主动地照料、养育孩子以及料理家务等。这类父亲使用一种更亲密的和更富于表达的方式来参与到养育孩子当中，与他们的父辈相比，他们在他们孩子的社会化进程中起到了更多的作用。

类型二：好的供应者父亲（The Good-provider Father）。所谓供应者父亲，指的是通过工作来为孩子和家庭提供经济供应的父亲。这类父亲许多都是低等或中等收入，并且受教育水平也较低，这就使得他们必须为了生计为了供给家庭而做出努力。然而仅仅是挣钱养家是不能够被称作"好父亲"的。克里斯琴森（Christiansen）和马考维茨（Palkovitz, 2001）认为，父亲供应孩子应该是父亲参与的一个因素，而不是与父亲参与相对立的。这一点实际上是对供应者父亲提出了更艰难的挑战，要做一个好的供应者父亲，他们不仅要担负起挣钱养家的责任，还要在孩子的其余许多方面（比如照料孩子生活起居、对孩子进行道德教育、陪同孩子游戏等等）进行参与。

类型三：游手好闲的爸爸（Deadbeat Dads）。这类父亲被认为是"坏父亲"的一种，他们通常是吝惜花时间与自己的孩子在一起，或者是吝惜将自己的钱花在孩子身上，或者是在精神上没有与孩子进行足够的交流，或者是离婚以后对养育孩子所应承担的一些基本责任进行逃避，等等。从某种意义上来说，这类父亲是在逃避他们作为父亲的这一角色，而事实上父亲角色对孩子来说是他们成长中最基本的需要之一。

类型四：父子关系自由的男人（Paternity-free Manhood）。这个类型中的部分男人不愿意要孩子但由于各种原因最后却有了孩子。马西利乌斯（Marsiglio, 1998）认为，这类男人原本在内心里是不愿意履行财政职责、不想要孩子的，但是在婚姻中他们感受到了自己作为伴侣的这一身份，这使得他们拒绝说出自己最初的意愿，也就是说他们的伴侣身份压倒了他们自己原本的意愿，最终他们有了孩子。这类父亲也被称为"不感兴趣的父亲"（The Uninterested Father），这应该说是一种最不稳定的类型，因为他们隐藏的初始意愿随时有可能在孩子出生后因为一些摩擦而引发甚至爆发出来，这对孩子和整个家庭来说都是一种危机和灾难；但另一种可能的情况是，孩子的出生改变了这类父亲的最初意愿，改变了他们对养育孩子的看法，他们在伴随孩子成长的过程中将自己塑造成了"好父亲"。（Loren Marks & Rob Palkovitz, 2004:113—129）

2.依据"回应度"进行划分

在另一项美国的研究中，根据"回应度"将父亲分为了三种类型：低回应度父亲，中回应度父亲和高回应度父亲。父亲回应度是指父亲对他们的妻子和孩子的需要表示认可和关注的程度。（D.Shawnmatta &C.Martin, 2006:19—37）

这种划分方式中，父亲的回应不仅仅是针对孩子的，也同时体现了他在何种程度上对待自己的妻子。比较以上这两种划分父亲类型的方式，在第一种划分方式中，父亲是占主导的，即父亲是行为的发出者；而第二种划分方式中，父亲是行为的反馈者，即妻子和孩子发出需要，他对这种需要进行回应。

3.依据父亲的作用进行划分

德国学者瓦西里沃斯·费纳克斯在他的问卷调查中得到了关于父亲的作用的四种回答，即养家作用、工具作用、社会作用，以及把自己的事业放在孩子的利益之后。其中工具作用指的是对孩子进行认知和全面发展的教育；社会作用指的是对孩子的成长保持一种开放接纳的态度，并提供必要的帮助。根据父亲的这四种作用，父亲类型被分为了两大类，一类是养家型父亲，一类是教育者型父亲。养家型的父亲主要履行他的养家作用，这类父亲有更多的外在生活目标；而教育型的父亲主要履行他的工具作用和社会作用，这类父亲有更多的内在目标。把自己的事业放在孩子的利益之后，这一条比较特殊，它显然不是养家型父亲的特点，然而它也未必就一定是教育型父亲所具有的特质，只能说它是这类父亲中的某些人所遵从的信念。研究显示,年龄大的男人比年轻男人更愿意把自己的事业放在孩子的利益之后。(瓦西里沃斯·费纳克斯,2003:42—60)

4.依据父亲对子女职业的影响进行划分

美国临床心理学家斯蒂芬·波尔特根据父亲对子女的职业生涯产生的影响而将父亲类型划分为五种:功成名就型、定时炸弹型、心态消极型、漫不经心型和富于同情心或导师型。

功成名就型的父亲永远看上去风光、自信,他们的成就很容易给子女带来压力,使其在职场中表现出一种"受阻性",在事业上可能不会取得太大的成就。

定时炸弹型父亲是指那些常常在家中突然大发脾气、暴跳如雷的父亲们。拥有这种父亲的人通常善于在职场中察言观色,知道如何去摸清周围人的脾气和心情。

心态消极型的父亲往往忽视子女的情感需要,他们可能会给子女带来两种职业障碍:缺乏进取心和害怕失败。

漫不经心型父亲缺乏对子女的情感照顾,他们的行为在无形中让孩子产生拒绝和放弃心理,他们的子女在职场中往往不知道如何应对权威人物,但这类父亲对子女们的职业发展也有好的一面,即他们可能会自发形成更自主的性格特征。

富于同情心或导师型父亲对子女教导有方,对孩子的内心想法和情感给予回应,他们也不会满腹牢骚,这类父亲对子女的健康人格的塑造起到了影响,他们的子女在职场中能够有较好的人际关系。

5.依据幼儿的喜好进行划分

国内的一项研究通过对幼儿园孩子进行访谈,总结出幼儿最喜欢的六种父亲行为以及最不喜欢的六种父亲行为,这些不同的行为无形中就将父亲划分为了12种类型。(方建华,黄显军,2007:86—89)

幼儿最喜欢的六种父亲类型依次为:玩伴型(占45%),爱劳动型(27.5%),给我买东西型(10%),微笑型(2.5%),良好习惯型(2.5%),喜欢在家看书型(2.5%)。

幼儿最不喜欢的六种父亲类型依次为：不良嗜好型（32.5%），暴力倾向型（25%），在家不理孩子型（22.5%），在外忙碌型（10%），懒惰型（5%），在家不外出型（2.5%）。（方建华，黄显军，2007:86—89）

6.依据父亲对待孩子的方式进行划分

在国内，还有人通过自己的观察思考将现代家庭中的父亲划分成了四种类型：不管型、严管型、包办型以及朋友加师长型。（周小平，2001:37）

这完全是根据父亲对待孩子的方式进行的划分，这四种类型的父亲是还未经过研究考察的，因此可以说这种分类还有许多有待商榷的地方。

7.特殊的父亲类型——父亲缺席

"父亲缺席（Father Absence）"是指孩子在成长过程中很少得到父爱或父亲在子女教育中参与得很少甚至孩子没有得到父爱或父亲没有参与的状况。据报载，当代社会中父亲缺席现象已经成为一种全球化的现象：34%的美国孩子不和自己的父亲住在一起；香港父亲每天与孩子待在一起的时间平均只有6分钟。少部分家庭是由于父母离婚或父亲去世而被迫形成父亲缺席的状况，但在不少父母双全的传统家庭中由于父亲工作忙碌或其他原因，使得孩子不得不长期在父亲"存"而"不在"的环境中成长。（李霞，2007:639—640）

三 影响父亲类型形成的因素

父亲的类型的形成，与男人在成为父亲之前的经历是相关的，也就是说存在着一些因素来影响男人向父亲的转变以及他们会转变为什么样的父亲。父亲的类型是多样化的，而影响父亲类型形成的因素也是多样化的，并且是交互作用的。本文挑选其中三种最主要的因素进行分析，这三种因素是：个人因素，家庭因素和社会因素。

1.个人因素

个人因素是影响父亲类型形成的最直接的一个因素。一个男人在向父亲身份转变的过程中，他的年龄、心理状况、男性气概的强度、健康状况、个人爱好、受教育程度、工作，以及宗教信仰等等都对他将成为的父亲类型产生影响。

在男人向父亲转变的过程中，他们的心理是动态变化的，在这个时期他们会变得很敏感、脆弱，他们期望得到心理上的支持和慰藉，但是他们的这种需要往往被忽略，从家庭到社会各界几乎都将关注和关怀给予了怀孕女性，而这种现实又鼓励了她们的伴侣去忽视自己的内心感受，而使他们完全来关注妻子的需要。然而这样一来，男人的心理需要实际上是没有得到正常发展的，一旦外界信息与内心的需要发生了冲突，那么他们就会做出不安或不满的反应，他们对外界的信息做出的反馈会比平时强烈。英国的一项研究显示，在研究样本中，即将做父亲的男人在参加产前课程时都对课程内容表示了不满，他们认为这些课程对父亲们采取了一种居高临下的态度和方法，有的男人认为自己在课堂中被忽视了而没有得到尊重。（E.Bradley, M.Mackenzie &E.Boath., 2003:45—47）

将做父亲的男人会本能地对他们在这个阶段的经历进行思考，把即将面临的生活与自己过去的生活做比较。研究发现，有的男人认为孩子的出生将会给他的生活带来剧变，而有的男人认为孩子的出生是与他以往的生活相一致和相匹配的。对于前者来说，孩子将打乱他们以往的生活结构；而对于后者来说，孩子将是他们原有生活中的一个新的成分。（E.Bradley, M.Mackenzie & E.Boath, 2003:45—47）那些认为孩子将成为原有生活中的新成分的男人，他们在思想上对于接受孩子将出生这个事实是更成熟的。而对于认为孩子的出生将会带来剧变的男人，则又可以分为两类，一类是认为这种剧变是好的，一类是认为这种剧变是糟糕的。其中认为这种剧变是好的这类男人，他们对孩子出生是持有积极态度的，但他们不是以自己的生活为主导，将孩子纳入自己原有的生活，而是以孩子为导向来打乱和重建自己的生活，这类男人在今后很有可能以孩子为中心来生活，他们在养育孩子中要么成为很好的参与型父亲，要么可能会将孩子宠坏。认为孩子出生带来的剧变是糟糕的这类男人，他们很有可能没有做好要孩子的准备，那么他们在今后很有可能成为"游手好闲的爸爸"或者"父子关系自由的父亲"。

澳大利亚的一项研究考察了在妻子怀孕前期男人对胎儿的感受和想法以及他们对自己将要做父亲的感受。这项研究提出了"父亲—胎儿联结"（paternal-fetal bond）这个名词，指的是即将做父亲的男人与孩子的情感结或心里联结。同时在研究报告中使用了麦考尔（McCall）和西蒙斯（Simmons）的身份理论（identity theory）为理论基础，认为与其余的身份相比（如工人、丈夫、朋友、兄弟等），一个男人越是看重他将要做父亲的这个身份，那么他与胎儿的联结就越紧密。个体对他的某个身份的重要性的看法称作"身份显著性"，研究显示，将要做父亲的这一身份的显著性（以下称"父亲身份显著性"）越高，那么他越有可能实施与父亲角色相关的行为，研究者认为，在怀孕初期，这种行为以精神活动为主，而精神活动的一个方面就是"父亲—胎儿联结"。研究通过数据分析，验证了研究者们提出的假设，即"父亲—胎儿联结"与父亲身份显著性之间是成正相关的。（Cherine Habib & Sandra Lancaster,2006：235—253）这项研究仅聚焦在将做父亲的人身上，而没有对这些准父亲进行进一步的追踪研究，因此没有得知这种"父亲—胎儿联结"是否在今后成为父爱的源泉，或者这时的父亲身份显著性是否在今后养育孩子的过程中得到延续或是否影响父亲类型的形成。

  但是瓦西里沃斯·费纳克斯在他研究中指出，父亲的参与度可以通过他在妻子怀孕时表达的对孩子的渴望来预测。因为这些表达反映了他对做父亲最初的态度。对成为父亲的情感反应也对后来的父亲参与度有着预测性。（瓦西里沃斯·费纳克斯，2003:42—60）我们可以据此推测，成为何种类型的父亲在妻子怀孕阶段就初见雏形了。

  男性气概是影响男人向父亲转变以及会向什么样的父亲转变的另一要素。诺克（Nock, 1998）说，成年男人更希望从有一个孩子这件事上得到男性气概的满足，成为家庭和孩子的养护者和保护者。如果男人失业，或收入不足，他们就很难觉得自己是一个好父亲，因为男性气概中的支配性是很重要的。（Bowman, Sanders,1998；Christiansen, Palkovitz, 2000）而金钱能够带来权力，男人需要足够的收入来促进他们的父亲角色认同、父亲身份实践，以及家庭安排，这样他们就可以在对家庭的贡献当中实践他们的男性气概。这一点能够解释为什么有的父亲会在行为上着重履行他们的挣钱养家的功能，男性气概的支配性在他们转变为父亲之前就牢固地附着在他们身上了。但是可以判断的是，并不是所有的男人都拥有这种支配性的男性气概并且在生活中让其占主导，成了父亲的男人既可以以支配性的男性气概行事，也可以在日常生活中颠覆这种男性气概。（W.Marsiglio, J.H.Pleck,2005:249—269）有的男人在气质上就偏向于女性化，他们的男性气概的力量弱小，他们比其他男人更容易激发起像女性那样的养护能力和兴趣。这些男人转变为父亲之后，也许能够在养育孩子的过程中更多地参与。贝利（Bailey）指出，偏女性化的父亲有更多的时间与患病的孩子在一起待在家里，他们陪同孩子去医院的次数也相对更多一些。类似的是，一个认同于大男子主义的男人，他们会要求自己独立于女人，回避做家务活，拒绝看护孩子，甚至逃避经济责任。另一方面，一个男人如果持有新的男性气概观，就可能尝试和他们的孩子进行互动，会认为这将增加他们的性吸引力。（Segal, 1990）

对双收入家庭的休闲研究显示，对许多男人而言，与孩子出生前相比，在孩子出生后家庭和休闲之间的界限便变得有点模糊了，休闲成了以孩子为中心的活动，这是"类似于休闲"而不是"纯粹的休闲"，他们作为父亲参与到养育孩子中，在这个时候他们的身份是以休闲为基础的父亲身份，即充当孩子的玩伴或教练。男人成为父亲之后，伴随而来的是休闲中的一部分自由和自主的丧失。（Elizabeth Such, 2006:185—199）男人若是肯为孩子牺牲自己的这种自由和自主，那么他将很有可能会成为一个受孩子喜欢的"玩伴型父亲"。

此外，年龄稍大的父亲在对学龄前孩子的日常照顾上参与度更高，对孩子的行为有更高的期望。但在一项对美国黑人父亲的研究中，结果却相反，即年龄与父母参与度有负相关。（王莉，2005:290—297）

2.家庭因素

在拥有孩子之前，男人在家庭中接触最紧密的是自己的伴侣，因此夫妻的婚姻状况势必会对孩子的出生和成长产生影响。另外，有相当一部分家庭除了夫妻两人之外还有其他的家庭成员与他们共同生活在一起，这就使得家庭构成出现了多样化，家庭中的事情就不单单是夫妻两人的事情，很多时候这些其余的家庭成员也会参与进来。家庭因素是影响父亲类型的又一重要因素，这个因素中除了包括刚才提到的婚姻和家庭构成之外，还有其余的成分，如父母的影响、孩子的影响、家庭变化、家庭阶层、家庭收入等。

心理学家斯腾伯格在1997年提出了爱情三元理论，即成熟的爱应该包含亲密、承诺和激情三个成分。有研究者认为，在婚姻关系中发展这三个成分有助于建立和维持关爱的、有责任感的父亲身份。一个人在照顾孩子时所表现出的依恋风格与他在爱情中的表现是相似的。成年人的依恋反映出他对自己和对他的亲近关系所持有的信念。（Fraley &Shaver, 2000）在婚后，爱情中的亲密、承诺和激情转变为了婚姻中的亲密、承诺和激情，可以说转变后的这三个成分是转变之前的延续，本质上没有发生改变。虽然爱情中的亲密与父母和孩子间的亲密有质的不同，但是也有共同点，比如，互惠和暴露。（Fehr, 1993）爱情中的承诺有助于促成夫妻相互的满意感，（Noller, 1996）从而带来"个人奉献"，（Stanley,Whitton and Markman, 2004）这种个人奉献有助于发展一个人自身的配偶身份，也能够使他对自己的伴侣保持一种敏感和亲密的态度。这种承诺是一个人对他的下一代投入更多的关怀的基础。爱情中的激情与亲密联系最紧密，夫妻生活中性是激情的一个最主要方面，有研究显示，夫妻性生活的频率和快感与父亲能力是有关系的。（Heath, 1976）

研究显示，在家庭生活的转折时期，父亲类型可能会发生改变。在向做父亲转变以及第一个孩子从幼儿园到小学的转变中，约18%将成为父亲的人或26%学前儿童的父亲分别从倾向于"父亲作为养家者"转变为倾向于"父亲作为教育者"，或者反向转变。而这些个体变化可以通过婚姻质量、特别是夫妻之间的沟通质量来预测。当婚姻质量转折之前很好时，更有可能从"父亲作为养家者"向"父亲作为教育者"变化；当婚姻质量在转折之前很糟时，这种变化可能就是相反方向的。反过来，父亲类型的变化也影响着婚姻质量，当父亲类型走向"教育者型"时，婚姻质量会提高；当父亲类型走向"养家者型"时，婚姻质量会下降。（瓦西里沃斯·费纳克斯，2003：42—60）

夫妻之间除了爱情和婚姻能够对父亲类型产生影响之外，妻子的支持也能够影响丈夫在做父亲时的表现。如果妻子在实际生活中鼓励和支持丈夫参与到家务和教育孩子的活动中来，那么这将有效地提高丈夫在做父亲时的参与度。

另外，与父母的关系以及父母所产生的影响也会影响男人对做父亲的想法，以及影响他会成为什么样的父亲。在马考维茨的一个研究样本中，许多男人报告了他们对他们自己的父亲的负性的感觉，并且承诺他们要对自己的孩子比父亲对自己更好。（N.J.Cabrera, 2003:250—258）另外，前面提到的德国学者西里沃斯·费纳克斯在研究中指出，自己与父亲关系很差的成年男子通常会在养育孩子中以对"社会作用"的高度重视来补偿。（瓦西里沃斯·费纳克斯，2003:42—60）

孩子的特征是影响父亲的表现从而影响父亲类型的又一直接因素。一般来说，孩子情绪稳定、不执拗等有助于提高父亲的参与度。（张虹，2004:6—7）

家庭收入也会对父亲类型的形成产生影响，可以推测的是，低收入家庭的父亲更容易成为冷漠的挣钱养家者和孩子们所不喜欢的"在外忙碌型父亲"，或使得孩子处在"父亲缺席"的环境当中。马考维茨研究中的男人们报告了他们"想做更多的工作来供养家庭"和"想做更少的工作以便能花更多时间和他们的孩子在一起"这两者所带来的压力。(N.J.Cabrera, 2003:250—258)同时,男人作为供应者不仅要确保他的家庭现在能够在经济上富足,还要确保他的家庭未来也能够在经济上富足,男人在平衡现在的需要和未来的需要时也面临着压力。在男人向父亲转变的过程中,低收入家庭中的男人对他们的经济问题必定是要进行思考的。孩子的出生会更加加重他们的家庭经济负担,那么他们将来必定不能够兼顾孩子和工作,而要在这两者之间进行选择,如果做更多的工作那么他们就会成为少参与的父亲,如果多参与,则整个家庭的运转就会因为经济问题而受到影响。

3.社会因素

从某种意义上来说,一个父亲不仅仅是他自己孩子的父亲,他也是社会中父亲群体里的一员。从宏观上说,父亲类型的历史衍变是受到社会环境的影响和驱动的,社会期望对父亲在孩子身上所付出的时间、金钱和精力的投入产生了直接的影响,社会期望也推动即将做父亲的男人们向某种占主导地位的父亲类型进行转变。比如从20世纪初至今,社会对父亲的普遍期望是花更多时间与孩子在一起,那么参与型的父亲就会越来越多地出现,他们在照料、陪伴、养育孩子的过程中积极参与进来。在日本情况却有所相反,也许是由于日本社会期望男人花更多时间投入到工作中,目前的数据表明日本的父亲也许正在经历一个从"养育的父亲"向"缺席的工作狂父亲"的转变。(M. Isshii-Kuntz,1994:30—48)

社会支持、社会思想的发展变化等等也影响着父亲类型的形成。

在20世纪的大部分时期,社会思想基本上都遵循传统的父权至上的观点,认为好父亲就是好的挣钱养家者,这使得父亲逐渐在家庭生活中被排斥。在六十年代中后期,女性越来越多地走出家门开始工作,伴随这种女性运动而来的女权主义向男人至高无上的思想发出了挑战,提倡男女平等,要求父亲与母亲进行合作,分担家务。从此,许多父亲开始料理家务和养育孩子。还有一些父亲在支持父亲参与和反对父亲参与的两种不同思想中寻求平衡,比如他们利用体育运动这一情景来满足人们对于父亲参与的期待,他们在孩子进行体育运动中进行参与,为孩子选择教练、选择俱乐部、选择体育队,但又回避了参与家务所带来的男性气概的"折损"。

四 塑造好的父亲类型

如果一个父亲同时具有参与型和供应型父亲的特质，或者同时具有养家型和教育型父亲的特质，再加上较高的回应度，较好的个人习惯、性格和品行等等，则可以称为比较理想的父亲类型。但是在现实生活中理想的父亲几乎是不存在的，然而好父亲是存在的，他们不需要具备上述的所有优秀特质，但是他们必须具备其中的一些。好父亲是可以进行塑造的，推进男性参与是可行的，本文在下面便提出了一些可能的方法来塑造和促成好父亲。

第一，法律和相关政策的制定可以从制度层面推动父亲的改变。比如，法律可以给父亲一段时间的育儿假，使他们能够在家中照料新生的孩子和妻子，同时进行他们自己的身心适应和调整。又如，雇佣机构可根据实际情况制定"亲职假"，鼓励父亲们去学校参加家长会，而不把它只当作母亲的事情。甚至还可以考虑规定，父亲带孩子去公园、旅游场所，门票减免等措施，以鼓励父亲更多地和孩子在一起。

第二，通过男性气概的改造也可促进产生好的父亲类型。前文中提到，具有支配性男性气概的父亲倾向于通过挣取更多的金钱来巩固他们在家中的权力，而这带来的后果是与孩子在一起的时间匮乏，只注重履行了他们作为父亲的养家作用，却没有发挥社会作用和工具作用，成为孩子所不喜欢的"在外忙碌型父亲"。这样的父亲通常可能会比较顽固，但也并不是不可以改变的。正如前面所谈到的，成为父亲的男人既可以以支配性的男性气概行事，也可以在日常生活中颠覆这种男性气概，成为好的参与型父亲。方刚认为，可以通过鼓励男性改变他们的支配性男性气概，从而促进他们的参与。具体说来，就是要帮助男性认识到支配性男性气概中所鼓励的男人在两性关系中居主导、支配地位这一点是造成两性不平等关系的重要原因，帮助他们认识到这种男性气概其实也在伤害着他们自己，从而使得男人们主动行动起来反思和挑战支配性男性气概。例如，让男人认识到支配性男性气概强迫自己过多投入工作而牺牲与孩子在一起的时间不仅对孩子是一种伤害，对他们自己也同样是一种伤害，因为他们既面临了工作的压力又遭遇了亲情的缺失。（方刚，2008:165—171）

第三，通过媒体宣扬好父亲形象。媒体是当今人们获取信息的最主要途径之一，也是推动个人改变的重要外在助力。媒体应该积极推动男人成为"好父亲"，促进男性参与。比如，多多呈现和塑造男人温柔体贴的正面父亲形象。此外，媒体对跟父亲有关的内容进行突出宣传也是促成好父亲的一种有效手段，比如表彰好父亲个案，利用父亲节宣传男性参与，等等。

第四，父亲类型的转变可能发生在"通过仪式"中的阈限阶段，因此把握住孩子成长中的每一个转变的契机来塑造好父亲形象不失为一个好办法。例如邀请经常缺席的父亲去参加孩子的升学典礼，这将使得这类父亲对自己的孩子有一个难得的近距离的接触。仪式的一些环节可以人为进行设计，把孩子对父亲的期望融入进去，比如让被父亲冷落的孩子朗读一篇写自己父亲的文章，这必定会对他在场的父亲造成心灵的触动，从而对自己的行为或自己关于父亲身份的标准进行反思，将自己从"坏父亲"拉回到好父亲行列。

参考文献

方刚：《男性研究与男性运动》，山东人民出版社2008年版

方建华，黄显军：《父母行为特征及其对幼儿的影响》，《幼儿教育（教育科学版）》2007年第7期

李霞：《父亲角色在孩子人格发展中的作用探析》，《法制与社会》2007年第6期

瓦西里沃斯·费纳克斯：《重新界定父亲的角色及其对教育和家庭政策的含义》，《华东师范大学学报（教育科学版）》2003年第21（2）期

王莉：《国外父亲教养方式研究的现状和趋势》，《心理科学进展》2005年第13（3）期

张虹：《父亲的角色及其对儿童成长的意义》，《幼儿教育》2004年第1期

周小平：《现代家庭教育中的四种父亲类型》，《幼儿教育》2001年第4期

C.Habib, Sandra Lancaster, The Transition to Fatherhood: Identity And Bonding in Early Pregnancy,*Fathering*,2006,4(3):235—253

D.Shawnmatta,C.Martin, Father Responsivity: Couple Processes and the Coconstruction of Fatherhood,*Family Process*,2006,45(1):19—37

E.Bradley, M.Mackenzie, E.Boath, The Experience of First-time Fatherhood: A Brief Report,*Journal of Reproductive and Infant Psychology*,2003,22(1):45—47

E.Such, Leisure and Fatherhood in Dual-Earner Families, *Leisure Studies*,2006, 25(2):185—199

K.Bradford, A.J. Hawkins:Learning Competent Fathering, A Longitudinal Analysis of Marital Intimacy and Fathering, *Fathering*,2006,4(3):215—234

L.Marks,R.Palkovitz., American Fatherhood Types: The Good,the Bad and the Uninterested,*Fathering*,2004,2(2):113—129

M.Isshii-Kuntz, Paternal Involvement and Perception Toward Fathers' Roles: A Comparison Between Japan and the United States,*Journal of Family Issues*,1994, 15:30—48

N.J.Cabrera, Their Own Voices: How Men Become Fathers,*Human Development*,2003,46:250—258

W.Marsiglio, Fatherhood: Contemporary Theory, *Research and Social Policy*, California:Sage,1995

W.Marsiglio,J.H.Pleck, Fatherhood and Masculinities,in *The Handbook of Studies on Men and Masculinities*,edited by Kimmel et al.,Thousand Oaks,CA: Sage,2005

"反家暴"立法应有的男性气质视角

推动反对家庭暴力的立法工作,越来越受到重视。

家庭暴力,目前普遍认为包括身体暴力、精神暴力、性暴力与经济控制。最高人民法院在《关于适用〈中华人民共和国婚姻法〉若干问题的解释》中,对"家庭暴力"做了如下规定:"家庭暴力是指行为人以殴打、捆绑、残害、强行限制人身自由或者其他手段,给其家庭成员的身体、精神等方面造成一定伤害后果的行为。"

在思考家庭暴力问题,以及制定反家暴法的过程中,笔者认为,不能忽视男性气质的影响因素。

在研究家庭暴力的时候,男性气质提供了一个重要的分析视角。从20世纪中叶开始到现在都有英文的文献论述这一关系。这些理论对于我们理解男性气质与暴力之间的关系有很大的启发性。男性气质与暴力的研究可以被看作社会科学界对父权文化的一次反思。但中国以往关于家庭暴力的论述中,较少看到明确从男性气质视角进行分析的文章。

一 刚性/支配趋势男性气质是家庭暴力存在的重要背景

有学者指出:"男性暴力为男性气质理论提供了真正的课题,因为男性暴力和男性气质之间是有相互关联的。"(Hearn,1998)

常见的一种论述中,简单地将男性气质等同于暴力的支持因素。如有的学者提出:暴力可以被认为是创造自己性别资本(gendered capital)的一种方式。(Anne Campbell,1999: 248—255)

梅塞施密特（Messerschmidt）也提出："男性在他们所处的社会环境中获得男性气质……不同的暴力行为对于不同的社会背景的人来说是一种实践男性气质的合适资源"。（Messerschmidt, 1993:119）暴力行为可以表现出一些男性特征，如坚韧、敢于面对危险。

怀特海德（Whitehead）用"男性气质焦虑"（masculine anxiety）来描述男性在面对自己的男性角色面临瓦解的时候产生的情绪。当面对男性气质焦虑的时候，当事人会组织或重新组织他的认知、行为及记忆来支持其理想男性气质。在这种焦虑中，当事人的道德推理能力和对受害者的同情心都可能被存在性恐惧所压倒。（Whitehead, 2000）这也是其可以无自责地实施暴力的原因之一。

这些论述本身没有错。但是，缺失在于忽视了男性气质的多样性。在笔者看来，准确的说法是：暴力是建构刚性/支配趋势男性气质的重要途径，或者说，刚性/支配趋势男性气质为暴力的实施提供支持。男性气质不是单一的，而是有不同趋势的。不同趋势的男性气质与暴力的关系是不一样的。

男性气质的学术研究早已经指出，男性气质不是僵死一块的，而是具有差异的。凯斯勒（Kessler）等人揭示，影响男性气质的因素可分为许多种层次，包括性倾向的、阶级的、年龄的、种族的，等等，它们共同参与了男性气质的建构。因此，男性气质是多样的，而不是单一的。（Kessler, 1982）

如本书前面所论述的，任何男性气质都是具体情境中的实践过程，而非僵死的状态；都是一种变化中的趋势，而不是静止的类型。笔者提出，在分析男性气质的个体差异时，应该具有支配/从属趋势与刚性/柔性趋势两个不同的判断维度，支配/从属趋势较看重关系，而刚性/柔性趋势则看重的是个性，二者是两个交叉而不相重合的轴。每一种男性气质的实践均可以从男性气质十字轴的纵轴与横轴两个维度进行分析，考察其在不同维度间的实践趋势。不同的男性气质便可以被描述为：刚性/支配性趋势的男性气质实践，刚性/从属趋势的男性气质实践，刚性/关系均衡趋势的男性气质实践，柔性/支配趋势的男性气质实践，柔性/从属趋势的男性气质实践，柔性/关系均衡趋势的男性气质实践，刚柔相济/支配趋势的男性气质实践，刚柔相济/从属趋势的男性气质实践，刚柔相济/关系均衡趋势的男性气质实践。（方刚，2011:18—19）

刚性/支配趋势男性气质要求男性作强者，要勇敢、粗犷，在和女人的关系中居主导和支配地位。家庭暴力实际上是被这种男性气质及其文化支持的，它通过暴力的方式维持"硬汉"形象，实施家庭暴力的男人潜意识深处埋藏着对"不像一个男人"的深深恐惧。

由男性气质的不同趋势，我们可以看出：并非所有的男性气质都鼓励暴力，只有刚性/支配趋势的男性气质明显地需要通过暴力来强化，而其他不同趋势的男性气质，与暴力的关系更为复杂。

因为职场失意，如下岗、无法晋升、被领导训斥等等，都可能带来针对自身缺少刚性/支配趋势男性气质的"男性气质焦虑"，也都可能转而向配偶和孩子施以暴力，在施暴的过程中展示其刚性/支配趋势男性气质的一面，以解决其男性气质焦虑。但是，柔性/从属趋势的男性气质、柔性/关系均衡趋势的男性气质等等，都不需要通过暴力来获得。

以往一些针对家庭暴力原因的分析，虽然没有使用男性气质的概念，但是，仍然可以清楚地看出，某些"原因"的背后就是刚性/支配趋势的男性气质在起作用。全国妇联权益部的"针对妇女的家庭暴力行为状况调查研究"数据表明，被访者认为家庭暴力产生的原因首位便是"男尊女卑传统的影响"（41.7%），而"男尊"，便是刚性/支配趋势的男性气质所鼓励的支配性。

这项研究提出的其后几位家暴原因，依次为：酗酒赌博婚外恋引发（35.8%）、夫妻双方的素质较差（33.1%）、女性太啰唆男性太冲动（23.8%）、没有专项法律来管制（23.5%）、男女的社会地位不平等（21.8%）、女性有错误男性才会动手（9.9%）、男性当事人有心理障碍（5%）、妇女地位太高男性易失控（4.7%）等。（全国妇联权益部，2008）

其中，"酗酒赌博"是建构刚性/支配趋势的男性气质的典型方式，男性在酗酒的过程中彰显其"阳刚"之气，而赌博同样是一种展示"豪爽"的方式，一掷千金，大赢大输，在这个过程中建构着"男子汉大丈夫"的"豪情"。"男性太冲动"，仍然是刚性/支配趋势的男性气质的体现，"冲动"正是"刚性"的表现。"男女的社会地位不平等"，更是明确指向"支配"与"服从"的不平等的性别权力关系，这种关系正是"支配"的男性气质的背后动力；"女性有错误男性才会动手"，通过动武来"纠正"女性的"错误"，既是"刚性"的，又体现"支配"的一面；"妇女地位太高男性易失控"，因为女性地位高挑战了男性要"支配"、"主宰"的角色……我们不难看出，绝大多数的家暴原因都可以从男性气质的视角进行解读。整体而言，当男性对女性施加暴力的时候，就是主流的刚性/支配趋势的男性气质在发挥作用的时候。暴力的典型特征，便是刚性与支配。

明确了刚性/支配趋势的男性气质实践与家庭暴力的紧密关系，也就清楚，越是远离这种男性气质的实践，与实施家庭暴力的可能性也就越远。既然不同的男性具有不同的男性气质实践，而且同一个人的男性气质实践也是在具体情境中变化的过程，这就启发我们，要采取开放的、多元的视角，来看待男性、男性气质与家庭暴力的关系。

二 性别气质的多样性决定男性也可能成为受暴者

清楚了男性气质的多样性，也就不难理解，一些男性气质的实践对家庭暴力的实施提供支撑，但另外一些男性气质的实践是反家庭暴力的，甚至可能与家庭暴力的受害者联系在一起，比如柔性/从属趋势的男性气质。

虽然少见对女性气质进行分类的研究，但是，显而易见，女性也存在个体的差异性，并非所有女性都扮演着"柔顺、服从"的被动角色，那么，女性气质的实践也一定是多样的。在个体的男性气质与个体的女性气质互动的过程中，有的男人甚至可能成为家庭暴力的受暴一方。

通常认为，女性针对男性的暴力，非常少，主要是反应性的。统计学数字上可能是这样的，但是，如果简单以男性、女性区分受暴的多少与性质，则无异于在重蹈生物决定论的覆辙。

阳刚/支配趋势的性别气质实践更多与权力关系携手，或者说，拥有权力的一方，更多有可能实践阳刚/支配趋势的性别气质，而无论TA是生理男人还是生理女人。

2002年全国妇联的一项调查表明，在中国2.7亿个家庭中约30%存在不同程度的家庭暴力，其中施暴主体九成是男性。也就是说，有约10%的情况是女性在实施家庭暴力。面对暴露出来的男性受家庭暴力比例小的情况，我们仍然需要从男性气质的角度进行分析。

主流社会倡导的刚性/支配趋势男性气质，使许多男性不敢说出自己受暴经历，因为这会使他们"不像一个男人"。这不仅有损他们的"男性尊严"，而且，在男强女弱的社会性别总体态势下，他们也担心没有人会相信他们的报案。正是在这种男性气质文化的压力下，他们即便受到暴力对待，无论是肢体的还是精神的，也大多会不得已地选择深深地压抑，而不是说出来。

如果说承受家庭暴力的人是弱者，那么，男性受暴者便是弱者中的弱者，他们不仅更容易被忽视，而且更无法维护自己的权益，他们是普遍噤声的人群。

如果我们认可家庭暴力在某种意义上是权力关系的体现，那么我们就要以发展的眼光来看待家庭暴力。在社会性别角色实践越来越趋于多元的今天，女性地位开始改变，女性的性别角色实践如男性的社会性别角色实践一样，也趋于多元化。具有刚性／支配趋势性别气质实践的女性，会如具有柔性／从属趋势性别实践的男性一样，越来越常见。这也就意味着，从性别气质多元发展的角度，从潜在的性别气质影响的角度看，男性受暴者不仅现在不一定少，而且还有不断增加的趋势。这一点，其实已经在中国台湾的相关调查中显示出来。

中国台湾家庭暴力数据库统计，有关家庭暴力事件通报男性受暴者比例：2005年为10294人（占总数约17%），2006年上升至11763人（占总数18.5%），2007年上半年已近7000人（占总数21%）。该数据显示男性受暴人数逐年增加；不过，女性受暴人数仍占八成左右。（华夏经纬网，2007）

台北市的男性遭家暴数字近年也以每年七个百分点的速度增加。（找法网，2011）

家暴不再是只有女性承受，有愈来愈多男性受害。根据中国台湾"司法院"统计，2010年1月至4月，申请保护令的女男比例约六比一。中国台湾"家庭暴力防治法"实施十二年来，男性因家暴求助的比例逐年增加；2011年台北市就增加至一成六，高雄市也有一成三。（李娜，2010）

报告反映出来的中国台湾受家暴的男性人数的增加，与中国台湾社会中的性别文化的发展有关系。一方面，由于中国台湾社会性别气质实践的多元化较强，女性对男性施以家庭暴力的情况有所增加；另一方面，以往中国台湾男性更多基于"爱面子"，实则是掩饰缺乏主流倡导的刚性／支配趋势男性气质，而更少报告受家庭暴力对待的情况，而随着中国台湾对性别气质多元化接纳程度的加深，越来越多的男性敢于站出来报告了，敢于维护自己的权益了。这期间，也由于中国台湾社会为受家暴男性提供了申诉渠道，男性报案意识提升，因此降低了男性受家暴的"黑数"，数据自然逐年增加。

社会性别气质多元化的发展，已经在中国大陆的发展中显示出趋势。可以预期，未来报告男性受家暴的数字，也一定会增加。因此，在考虑反对家庭暴力的立法过程中，必将将这一因素考虑进去。

虽然在文化建构下，目前受暴男人与施暴女人所占比例很小，但很小并不可以成为忽视的理由。如果反家暴的相关立法，没有考虑进男性同样会受暴，而且可能未来报告的数字会更多，那么，就有可能在致力于保护受害者的同时，又构成新的伤害。

所以，笔者个人主张，某一性别受家暴严重、普遍的程度，不应该影响立法时对其他性别的忽视。同样，男性受暴比例的多少，也不应该影响在立法、管理、执行中，同等地考虑到不同受暴者的权益，包括女性、男性、老人和儿童。

这同时涉及反家暴法由哪个机构来推行的问题。目前比较多的学者主张，由国务院妇女儿童工作委员会来牵扯头推动。但是，这可能进一步掩盖真相，使人觉得这一法案将男性排除在外了，仿佛男性不会成为受暴一方，只有"妇女儿童"会成为受害者。而且这也将进一步促使受暴男性不敢说出自己的处境，不敢求助。正如"反性骚扰"的相关立法被纳入《妇女权益保护法》时，曾引起的普遍争议，如果针对家庭暴力的立法由妇儿工委牵头，也难免面临同样的争议。由妇儿工委牵头推动反家暴法的执行，虽然起到突出重点（目前显示多数受家暴者是女性）的目的，但是，更加弱化了少数。我们要警惕在保护弱者的同时，制造新的弱者。

三　防治家庭暴力，需要借助男性气质改造

反对家庭暴力的关键在于预防。我们一旦认识到家暴的发生不只是法制观念不强，而是价值观，包括男性气质的影响，就可以，而且应该强调"教化"的作用。也就是说，反家暴法应该重在拯救与改变，而不是惩罚，目标在于保障人权，既要保护受害者的人权，也要保护施害者的人权。对少数极端恶劣者的惩罚，同样是为了促进其他人的改变。反家暴法属于公法，但不应该成为管理法，而应该成为"服务法"。所以，预防、教育、改造的环节非常重要。

对于实施家庭暴力的人，我们要看到，他们既是我们要谴责的暴力的实施者，又要看到整个社会体系在他们的背后提供着支持。我们不能脱离社会整体性来谴责个人。这些个人，同样是受害者，是父权制文化所倡导的阳刚／支配趋势男性气质的受害者。他们与家人的亲密关系被破坏了。

笔者曾经提出，男性气质是在情境当中的建构，因此男性气质是可以改造

的。即使同一个人的男性气质也会因为年龄、情境等因素，处于变化中。这就为我们思考家庭暴力问题提出了新的启示：既然男性气质是变化中的趋势，是可以改变的，那么，我们就应该引导、改造那些支持家庭暴力的男性气质，向反对家庭暴力的男性气质发展。（方刚，2007:5—10）鼓励、促进反对家庭暴力的男性气质的增长，是关注家庭暴力问题时的一个可用策略。无论是潜在施暴者教育环节，还是施暴者改造环节，都应该有男性气质的分析视角。

家庭暴力的预防中，应该强调社会教育，包括针对男性整体的社会性别教育，其中要包括反对阳刚／支配趋势男性气质的内容，也要包括对于有暴力倾向者和暴力实施者进行教育，启发其自我觉悟。帮助男性成长，其中重要的一个环节是反思男性气质。让男性放弃导致家庭暴力的刚性/支配趋势男性气质，需要从觉悟到这种男性气质带来的伤害做起。

事实是，如果我们对家庭暴力的实施只停留在惩处的层次，而不同时去检省、变革造成这一现象的刚性/支配趋势男性气质，家庭暴力的彻底根除便显得遥遥无期。如果通过教育，帮助男人们自觉意识到刚性/支配趋势男性气质导致的家庭暴力，不仅伤害了女性和孩子，也伤害了男性自己与家人的亲密关系，甚至伤害了他们整个人生中可能的幸福，那么，男性就会有充分的理由放弃这种男性气质，从而家庭暴力也能够得到根本的改变。

莫舍（Mosher）和汤普金（Tompkins）建议将那些"超男性气质"（可以理解为刚性/支配趋势非常强的男性气质）的男性犯人送去做心理治疗，从而让他们发现"'低等的'、女性化的情感是可以接受且有益的"，从而让他们思考一个男人的真正定义是什么。从某种意义上，也是在谈柔性/从属趋势男性气质可以给男人带来的益处。（Mosher, Tompkins, 1988:60—84）

四　强调男性气质影响因素，不应忽略施暴者和体制的改变

当然，在我们讨论通过改造男性气质来预防家暴发生的时候，还要警惕对施暴者与体制的忽视，比如聚焦于男性气质而忽略施暴男性，强调个人改变而忽视体制改变。

虽然我们前面强调了男性也是刚性/支配趋势男性气质的受害者，但这并不等于为施暴者个人开脱。我们同样强调："男性气质"不是一个自主存在的"独立物"，我们应该警惕将"男性"和"男性气质"相分离，将男性、男性

气质与"男性行为"相分离。对于男性暴力来说，这种分离是危险的，因为假如我们将原因全部都归结于"男性气质"，我们就可以把所有的指责都投向男性气质，而可能忽视了那个具体实施暴力的男人。男性气质与男性的分离会对作为单个施暴者的男性和作为社会群体的整体男性产生深刻的影响。

笔者曾一再强调：对刚性/支配趋势男性气质的挑战，推动的不仅是男人个体性别气质的多元发展，其目的更是带动两性权力结构与主体空间的切实改变。在这个过程中，我们同时也要警惕：过分夸大男性受性别文化伤害的一面，而无视其更是现有性别文化和体制既得利益者的一面。男性放弃刚性/支配趋势男性气质的过程中要经历"弃旧权"与"赋新权"的过程，首先是"弃旧权"的过程，即放弃旧的既得不平等权力的过程；同时，又是"赋新权"的过程，即获得追求自身充分发展和自由成长，建立与女性亲密关系的权利的过程。个人性别气质的改造，需要与父权体制的改造相结合。（方刚，2008:165—172）

男性气质的理论家必须检查个人和政府在转变性别和性别政策中所扮演的角色。政府的政策和个人的转变是相辅相成的。如果仅仅有政策而不注意个人的改变，则不能形成现实中男性与女性的平等关系；如果只注意个人的改变而忽视对政策的关注，常常导致过多的社会资源流向心理方面，从而降低了对男性的政治措施。（Bob Lingard & Peter Douglas, 1999:49—50）

我们社会的责任，是通过政策、法律、舆论倡导，促进刚性/支配趋势男性气质的改变。既然男性气质可以在社会中形成，那么通过一定的社会改造手段，我们也一定可以在很大程度上减少暴力。同时，政策、法律、舆论对刚性/支配趋势男性气质的改变，本身也将直接挑战、颠覆到父权体制。这是一个相辅相成的关系。

参考文献：

方刚：《从男性气质的改造到促进男性参与》，妇女研究论丛2007年第6期

方刚：《男性研究与男性运动》，山东人民出版社2008年版

方刚：《男公关：男性气质研究》，群众出版社2011年版

全国妇联权益部：《反家庭暴力立法与保护弱势群体健康权益政策研究》，2008

Anne Campbell, Female Gang Member`s Social Representations of Aggression, in *Female Gangs in* America, edit by Meda Chesny-Lind and John H. Hagedorn,. Chicago: Lakeview Press, 1999: 248—255

Bob Lingard & Peter Douglas, *Men Engaging Feminisms: Pro-feminism, Backlashes and Schooling*, Buckingham: Open University Press, 1999: 49—50

Jeff Hearn, *The Violences of Men: How Men Talk and How Agencies Respond to Men's Violence to Women*, London: Sage Publications Ltd, 1998

James w. Messerschmidt, *Masculinities and Crime: Critique and Reconcentralization of Theory*,Lanham, MD: Rowan and Little Field, 1993

S. J. Kessler, D. J.Ashenden, R. W.Connell & G. W.Dowset, *Ockers and Discomaniacs*, Syden: Inner City Education Center,1982

Tomkins Mosher, Scripting the Macho Man: Hypermasculine Socialization and Enculturation. *The Journal of Sex Research,* 1988:60—84

A.Whitehead, *Rethinking Masculinity: A Critical Examination of the Dynamics of Masculinity in the Context of an English Prison*, University of Southampton, 2000

华夏经纬网：《岛内家暴男性被害人渐增 女性受暴人数仍占八成》，2007年10月16日（http://news.sina.com.cn/c/2007-10-16/080312734681s.shtml）

找法网：《男人遭家暴 比例暴增》，2011年1月17日（http://china.findlaw.cn/info/hy/jiatingbaoli/143748.html）

李娜：《台湾男性家暴比例增多 台北县议员遭妻儿联合殴打》，2010年6月23日（http://www.chinanews.com/tw/tw-mswx/news/2010/06-23/2357961.shtml）

男性觉悟与男性解放

2005年,我倡导男性运动,提出了"男性觉悟""男性解放"的概念,并且围绕着它做了非常多的论述。这些论述,后来都陆续收到《男人要解放》《男性研究与男性运动》(山东人民出版社,2006、2008年版)两本书中。

现在回头来看,"男性觉悟"也好,"男性解放"也罢,最核心的都是在倡导男性参与。但是,我更多地从唤醒男性自身改变的欲求着手,而这种改变的欲求,又来自父权制、支配性男性气质对他们的伤害。这在当时受到一些批评,批评者主要认为,谈父权制伤害男性有些无厘头。男性是父权制的受益者,怎么成了受害者?男性解放的概念更是引发许多争论:妇女解放是因为妇女受压迫,男人解放什么?

现在回过头来看,当年的论述缺少对男性气质的深入分析,但父权制压迫男性的论述,并没有错。父权文化与支配性男性气质是一体的,支配性男性气质对男人的伤害已经很清楚了,而且我们也反复论述了:如果不改造支配性男性气质,男人不会改变,性别平等不可能到来。

此文,摘编自当年我关于"男性觉悟、解放"的论述,有助于我们从另一个角度理解男性参与。

一 男性觉悟:从二重性到三重性

所谓男性觉悟,是男性自觉地认识到父权文化的存在伤害着女性和男性。我进一步提出"男性觉悟的二重性"的概念,即强调成熟的男性觉悟应该包括两个属性:

第一，男性觉悟到父权文化和体制对女性的伤害，进而帮助女性获得平等自由的生存空间；

第二，男性觉悟到父权文化和体制对男性的伤害，进而行动起来反抗这些伤害。

在男性觉悟的过程中，缺少任何一者，都是不完整的，都有可能走入偏途。

只强调觉悟到父权文化对女人的伤害，便无法从男性的视角提供反对父权的动力；只觉悟到父权对男性的伤害，就无法真正认识到父权文化的本质，意识到女性是更深的受害者，从而难以建立性别和谐。

二重性是同时存在，相互作用的，我们在思考父权文化对人的压迫时，要避免厚此薄彼。

男性觉悟是一次思想运动，觉悟之后，便是行动，即男性解放。

美国学者小哈德罗•莱昂这样理解"男性解放"："至于男性解放，我认为就是把身为男人的我们从强悍、男子气概等虚构的社会形象中解放出来，让我们允许自己把我们所有人深藏内心的温柔释放出来。强悍，是一层为了在充满敌意的社会环境中求生存而发展起来的保护壳，并不是我们的理论所在。相反，使我们强大起来的，是我们的温柔。强悍不是力量，温柔也不是软弱。……我知道，男性解放和女性解放都是通往更丰富、更统一的意识途中的步骤。在男性和女性解放之间和两者周围，有一块广袤的、尚未勘测而激动人心的认识领域。这里，我们寻求的解放正是我们的人性，而不是什么男子性或女子性。人类的心是没有性别的。"（小哈德罗•莱昂，1989:6）

胡晓红则解读说："这里所要解放的'男人'和'女人'正是被传统的性别文化所束缚和压抑的部分。因而，男性解放，就是要纠正性别文化对男人性别角色的塑造，彻底打破男性生活模式的限制，使每个男人能够自由地选择自己喜欢的生活方式。从这个角度上来看，男性解放与女性解放又有所不同，如果说女性解放的目标是向性别的平权迈进，那么，男性解放的目的则在于超越性别文化及社会建构的种种限制，按照自身的期望和心灵的渴求来进行自我定位，以此获得完整的人性本质。"（胡晓红，2005:172）

另外两位美国男性研究专家普莱克（Pleck）和索耶（Sawyer）则在他们的《男性与男性气质》一书中指出："作为男人，我们希望能要回我们完整的人生。我们不再希望汲汲营营、出人头地，以符合一个不可能达到、具有压迫性的男性形象——坚强、沉默、冷静、英俊帅气、喜怒不形于色、功成名就、主宰女人、鹤立鸡群、有钱富裕、聪明干练、身强体壮……"（Joseph H. Pleck and Jack Sawyer, 1974:173—174）

正如妇女解放的对手不应该是男人而应该是父权文化一样，"男人解放的对手不是女人，而是文化。旧的文化是男人和女人共同的敌人。男人解放不是简单地喊累，而是要对传统性别角色进行反省。"（方刚，1999:2）男性解放与妇女解放在此便成为一枚硬币的两面，正因为女性的不平等地位仍然根深蒂固，男性解放才更显出其必要性。在性别携手之下，父权文化有望更快被颠覆。需要特别强调的是，对于男性解放来说，它所需要的，"不仅是个人化的柔性表述，而是性别权力结构与主体空间的切实改变。"（赫伯•戈德伯格，汉瑞特•布莉卡，1989:5）由此，男性解放指向了传统的性别文化。

中国台湾学者毕恒达与洪文龙认为："当我们希望男人能听听女人的经验之前，也要有点机会让男人说说他自己的经验。不管我们以什么样的观点去诠释，至少有机会让他说出来。重要的是，当男人在说他自己的经验时，不能单独只看男人的经验，而需要把男人经验放到女性经验的脉络里来理解。否则，会形成只研究男人经验的痛苦，而忽视整个社会性别结构的后果。……男性研究可以从男性经验去了解男性在社会所处的位置，而其最终目的就是让男人与女人都可以同时受益，并使男人去发展有异于传统的男性气质，同时追求较为完整的人格表现方式。男性研究要小心的是，不要只是了解男人痛苦，而忽视女性的经验，忽略性别结构的问题，以至于很狭隘地只是看到个别的男人。"（毕恒达，洪文龙，2004:45—46）这里，强调的仍然是男性觉悟的二重性。

女性主义所关注的所有父权文化对女性的伤害，以男性觉悟、男性解放的视角，同样可以从男性的角度进行反思与观察。比如，当女性主义关注下岗女工在家庭中的处境与再就业问题时，男性解放同样可以关注父权文化对下岗男工的多重歧视；当女性主义关注孩子缺少与父亲共处的时间对孩子成长的心灵影响时，男性解放同样可以关注男人被职场压力夺去与孩子相处的时光对男人亲情的伤害；当女性主义关注职业女性仍然无法摆脱家务劳动的束缚时，男性解放也可以关注父权文化是如何通过将居家男人定义为"小男人"而使男性对居家生活、家务劳动望而却步的……

虽然视角不同，但妇女解放和男性觉悟与解放的矛头所指，均是父权文化。因此，我们便可以描绘出两幅图画。

女性反父权的路径图：
女性觉悟——女性反父权（妇女解放）——性别携手与和谐——和谐社会
男性反父权的路径图：
男性觉悟——男性反父权（男性解放）——性别携手与和谐——和谐社会

我们看到，男性反父权与女性反父权，在性别携手与和谐这里交织，共同奔向性别平等的社会。之所以能够交织，同样因为男性觉悟的二重性，既反父权对女性的压迫，又反父权对男性的压迫。但这仍然是远远不够的，需要女性主义者，或妇女解放人士，也同时意识到，女性主义也应该有二重性，既反对父权文化对女性的压迫，又反对父权文化对男性的压迫。唯此，性别的携手与和谐才可能实现。

后来，我又提出"男性觉悟应该具有三重性"，从而将对多元性别的关注加了进来，强调：男性应该觉悟到父权体制对性别多元的实践者构成伤害，如跨性别者、原生间性人、所有不符合传统性别规范的人，从而为他们追求平等的权益。

我仍然要在这里强调：在男性觉悟的过程中，缺少男性觉悟三重性中的任何一方，都是不完整的，都有可能走入偏途。只强调觉悟到父权文化对女人的伤害，便无法从男性的视角提供反对父权的动力；只觉悟到父权对男性的伤害，就无法真正认识到父权文化的本质，意识到女性是更深的受害者，从而难以建立性别和谐；而只强调男女平等，就意味着认可异性恋文化与父权体制对其他性别少数族群的伤害，我们对父权体制的反叛便仍然是不彻底的。

在男性觉悟/解放的过程中，我们必须团结一切人，认识到父权文化作为一种体制伤害的是每一个人，只是伤害的形式不一样而已。

二 追求性别平等离不开男性的觉悟与解放

科柯派利（Kokopeli）和莱基（Lakey）指出，父权文化建立了一种父权体制，"透过不平等的机会、奖励、处罚，有系统地让男人支配女人，并且透过性别角色的差异化，将不平等的期待予以内化。"（Bruce Kokopeli and George Lakey, 1983:1—8）

正是父权文化，依据人的生理性别差异，对男女性别做出泾渭分明的二元划分，并进而形成不同的社会性别模式和刻板印象。女性长期处于弱者地位，正是父权文化对社会性别进行形塑的结果。所以，男女平等和性别和谐的实现，需要反父权文化。

女性主义长期致力于对父权文化对女性压迫的抨击。但是，女性与男性平等的社会地位，直到今天仍然远未实现。如果仅仅将这种不成功解释为父权文化的强大和顽固，我以为是不够的。我们有必要检省，女性主义自身在反父权的斗争中，存在哪些缺失与不足。

女性和男性同处于父权文化下。我们过去一直强调，父权文化使男性受益，所以女性要反父权。但是，如果只是女性反父权，而男性却捍卫它，在这种对抗中，父权压迫的被颠覆确实会显得遥不可及。所以，女性要获得反父权的胜利，就应该团结男性一起行动，而不是使男性成为女性运动的阻力甚至对手。所以，许多女性主义流派提出要帮助男性觉悟，参与到反父权的行列中。

但是，绝大多数的女性主义者在号召男性参与反父权的时候，仍然只是强调男性的参与应该落足于反对父权对女性的压迫这一点上，同时还强调，男性是父权文化的受益者，长期在压迫女性。事情在此便陷入一种尴尬：如果只强调父权使男性受益，那么，有多少男性会单纯基于"恕罪"的心态加入改变父权文化的行列中？

中国台湾学者杨明磊指出："从社会心理学中说服及态度改变的观点来看，人因为被批评而心生抗拒是相当自然的反应，改变的欲求往往来自需要，相信改变之后会对自身有利能提高改变的动机。因此除非让心存抗拒的男性感到改变之后对男性自身有利，而非放弃既得利益，或是激发男性自身对改变的需要，否则男性将很难乐于投身于参与改变的行列。……女性运动的兴盛，部分原因在于许多女性知觉到女性是身处于不公平世界中受苦的一方，基于追求平等而起身抗争，同样的，如果能让男性知觉到身为男性所可能承受到的辛苦，或许也可激起男性改变的需求。"（杨明磊，1998：26—32）

毕恒达和洪文龙也认识到："如果性别运动与论述仅止于道德或政治的诉求，实在很难说服绝大多数男人长期参与。男人好像必须由内在反省做起，处理自身内在的冲突，才可能置身于性别运动的领域。"（毕恒达，洪文龙，2004：44—45）

那么，改变父权文化对于男性而言，在什么意义上是一种需要呢？

这就需要我们认识到，父权文化在伤害女性的同时，也伤害着男性。"身处社会科学领域中的人应该都能理解，每一个现象都可以有多元的解读角度，也不会有哪一件事只有优点或只有缺点的，好与坏总是同时并存，甚至一个优点换了情境与时间就成为缺点，在这样的观点下看待男性，以及女性主义所指称的'男性主导'、'男性霸权'、'父权意识'等话题时，就不禁怀疑，男性在作为既得利益者的同时，所付出的代价是什么？对于一些身为男性，却不打算或无法按照社会对男性的期望而生活的男性而言，他们会遭遇什么样的心理冲突或调适？"（杨明磊，1998:22—27）

父权文化对男性是一把双刃剑，在带给男性利益的同时，也带给他们伤害。帮助男性认识到父权文化对他们的伤害，才能使他们从自身的角度更具备反父权的需要与动力。而且，这与同时认识到父权文化带给女性更大的伤害是绝不矛盾的。

男性的性别角色是一整套和女性限制大同小异的重重限制，它也同样受到了男性刻板印象以及理想的局限和束缚。男性社会性别角色不仅排斥女人，而且排斥居于社会底层的男人，把一切不属于上层社会的男性特质都视为异类。主流社会所塑造的"男子汉形象"只是一种性别特征，而不是整个人类的代表。胡晓红将男性在父权文化下的无奈归结为：强迫成功的无奈，被迫坚强的无奈，无法选择的无奈。

"刚强"，这是父权文化在建构男性的社会性别模式时的核心。进一步，由刚强演绎出硬汉、强者、粗犷、勇敢、事业成功、健壮等诸多概念。但是，人们忽视了，在追求"刚强"的过程中，男人可能伤害女人，同时也自伤。对此，我们在前面《从支配性男性气质的改造到促进男性参与》一文中已有详细论述，可以参看。

我们提倡男性觉悟，就是要让男性觉悟到父权文化对他们的性别模式塑造，表面上使他们成为强者、成功者，实质上使他们成为受害者。每个人应该拥有自由地选择自己生活方式的权利：如果一个男人感到追求无止境的成功的压力过大，只想过"相妻教子"的平静生活，我们的文化不应该歧视和伤害他们。

刚强模式几乎塑造着男性生活的方方面面，并且在所有方面伤害着男性和女性。

刚强模式要求男人"粗犷"，要求男人主宰和支配女人，这影响了男人和女人亲密关系的建构，甚至直接导致家庭暴力的产生。如我们在前面论述过的那样。

刚强模式还要求男人有烦恼有心思都要闷在心里自己消化，而不能像女性那样倾诉，这不仅阻碍了男性的情感表达，也影响了和女性的交流，给双方造成很多误解；刚强模式诱导男性轻视健康，扮演硬汉，有病也撑着，男性在多种疾病中所占比例远远超过女性，男性寿命减短，从而也给家庭生活中的女性带来苦恼和负担；刚强模式要求男人在性上表现强者之风，将男性刻画成性机器，伤害着男性的尊严与自决权，也为他们在性关系中对女性的侵犯与伤害提供文化上的背景……

我们看到，只有颠覆了父权文化对男性的模式界定，男性才能不受伤害，女性也才能从所受伤害中解放。

我们会发现，当男人从旧的性别模式中解放出来之后，女性解放所追求的一些目标有望更快地实现。单就家庭关系而言，觉悟与解放的男人将有更多的时间和家人在一起，更多的时间做家务，更多的时间分担女性的劳作，更坚决地拒绝家庭暴力，使女性可以从父权文化的压制下解放自己。

三　对男性解放的若干质疑及回应

在倡导男性解放的过程中，我受到很多质疑，在此挑重点的回应。

质疑一：在女性仍受父权压迫的今天，谈论男性解放是一个伪命题。女性都解放了，再谈男性解放不迟。

回应：完全没有理解男性解放的概念和意义。正因为女性仍然没有解放，才更需要男性起来反父权，参与到女性解放的运动中来。只有性别携手反父权，才可能有女性的解放和男性的解放。如果男性拒绝觉悟和解放，致力于捍卫父权，女性解放将是遥不可及的。女性解放和男性解放不是冲突的，恰恰是合作的，是致力于一个共同目的的。

质疑二：男性解放是男性的一种自怜，男性根本没有受到压迫，至少不像女性受到那么深的压迫。

回应：确实，父权文化对女人的压迫重于对男人的压迫，所以我们要警惕借男性解放之名巩固父权之实。男性解放的目标包括支持女性解放，但同时必须注意到从受父权文化剥削这一点来看，男人同样是弱者。任何事物都有两面性，父权文化在带给男性利益的同时也必然带来伤害，对此的认知同样需要性别敏感（gender sensitive），只是与对女性的伤害表现形式可能不完全一样。如果说父权文化对女性的伤害直接表现在社会体制上,对男性的伤害则更多表现在对他们内心自由的剥夺。我们无法比较何者重,何者轻。我甚至怀疑做这样比较的意义。即使父权文化对男性的伤害为轻,也不能成为拒绝男性摆脱这种伤害的理由。正如我们不能说,一个罪犯要杀死所有女人,却只想打残所有男人,我们就可以任由男人去被打残。

质疑三:如果说父权文化伤害了女人,也伤害了男人的话,那就无法解释,父权文化是在哪个群体的主导和捍卫下才维持了数千年之久。男人到底是父权文化的受害者,还是既得利益者?文化总是需要具体的人来维持,说男性也受父权文化伤害,便无法解释,是谁在维持着父权文化?如果男人受到伤害,怎么还会维持这种文化?

回应:简单地说男性在维持父权文化,是一道伪命题。我可以反问:第一,是哪些男人在维持父权文化?政治家?企业家?普通工作者?学生?民工?下岗工人?乞丐?第二,父权文化包括很多表现,是所有男性都在致力于维持所有方面的父权文化吗?第三,女性是否也参与了对父权文化的维持?当一个女人要找一个"金老公"的时候,幻想被男人养起来,精心呵护的时候,她是否也在参与对父权文化的维护?对这些问题的回答,必然将我们引向这样的结论:简单地说男性在维持父权文化是荒唐的。我一直回避使用男权文化这个词,而只用父权文化,正是在努力避免将父权文化等同于男人。

至于说到以男性为主体在维持父权文化,我认为是可以接受的。在我看来,父权文化给男人的许多利益,以父权眼光看是利益,所以它能够长期维持,但以男性解放的眼光看,就是伤害,只不过以前男人没有觉悟到这一点,正如许多女人仍然没有觉悟到父权是对女人的伤害,仍然是父权文化的执行者一样。这是不矛盾的。所以,我们过去强调男人是父权文化的既得利益者,而现在提倡男性解放,就是要使男人意识到,男人在得到利益的同时也受着伤害,利益和伤害同样是一枚硬币的二面,并不矛盾。比如父权文化要求你粗犷,所以你可能就去打老婆,而这不仅伤害了女人,也伤害了你和女人的关系,你自己也因此受伤。按照这一逻辑,我们要放弃父权文化给予的权利以及利益,从而和女人建立平等的关系,使得男人和女人均受利。

质疑四:鼓吹男性解放,使男人在占尽社会优势的同时,又放弃责任。当他们不能承担责任的时候,便以男性解放为退路。

回应:男性解放从来不是鼓吹男人不要社会责任,而恰恰是强调一个男人应该承担起被父权文化压制了的更全面的社会责任，包括对家庭、配偶和孩子的责任。男性解放所反对的，是父权文化加给男性的以责任为借口而实施的伤害，正如这种文化以女性的责任为借口加给女性的一些伤害一样。男性解放强调男性要放弃"过分的责任"，因为"过分的责任"就是一种压迫。如果一个男人不想选择父权文化为男性规定的某种生活，如果一个男人不符合男性社会性别模式的刻板化，他便有决定自己生活方式的自决权，而不应该受到社会偏见的打压。

曾几何时，许多男人一听女权主义就抵触，认为女人要争取过分的权利。我们知道这是一种误读。所以，我们今天要警惕同样的简单化理解和误读实施在男性解放身上。在我看来，这两种误读的性质都是一样的，都是不能认识到父权文化对我们的压迫，无论是对女人的，还是对男人的。

质疑五：男性如果要反父权文化，就应该着重反对父权文化对女性的压迫，主动放弃男性特权，而如果着力于反对父权文化对男性的压迫，不放弃已经获得的利益和特权，将会助长男性霸权。

回应：男性解放矛头直指父权文化，就是在自觉、主动地放弃男性特权。因为觉悟的男性知道，父权文化加给男性的特权同时也伤害着男性，伤害着他们和女性的关系。男性解放之所以仍然强调从反对父权文化对男性的压迫，第一是因为，对任何人来讲自身的需要都是行动的最强大动力，帮助男人觉悟到这种需要，有助于他们投身于反父权的行动中；第二是因为，长期以来没有人提及父权对男性的伤害，男性必须自己来省视自己所受的伤害。我们不能因为，父权文化压迫女人更多更外在，压迫男人更隐秘，便说男性解放运动只能是女性运动的助手，而不应该同样关注男人的利益。

西方男性运动中，确实出现过助长父权的情况，但是，正如女性主义也有许多流派一样，也不能因为男性运动中某一流派步入歧路便对整个男性运动进行怀疑和否定。不能因噎废食，不能因为可能出现的风险便放弃对性别和谐的追求。

质疑六：男性解放呼吁对男性的关怀，而关怀是一种社会资源，应该给处于弱势的人群，男性解放是在和女性抢资源。

回应：第一，关怀是一种不可再生的社会资源吗？关怀像石油、天然气一样给了某人就不能再给别人吗？关怀属于人类的一种美好情感，而情感是可以再生和推广的。关怀男性，并不必然减少对女性的关怀。第二，男性解放所谈的对男性的关怀，目标在于反父权，而反父权本身必然导致对女性的关怀。因此，关怀男性也就是关怀女性。第三，如果我们将人类按生理性别分为两种，对两种性别采取不同的对待方式，这无异于种族主义；进一步讲，如果我们坚持只能对一种人给予关怀，而拒绝给予另一种人关怀，只要求他们自省与恕罪，则无异于法西斯主义。

质疑七：女性主义并不是要求每一个男人都要为父权文化而忏悔，而是要求他们从良知出发，承担起改造父权文化的责任。引女性主义为友的"白丝带"运动发起人科夫曼博士就曾经说过："男性（反对对妇女暴力运动的）参与是因为我们认为有责任改变现状，我们的参与是因为我们爱女性，这个观点对我们很重要。"同样是男性运动，"白丝带"为保护女性权益而行动，"男性解放运动"主张的则是自己的利益。这一区别的原因，或许正在于两者对男性与父权文化的关系、男性社会责任的认识不同。

回应："男性解放运动"主张男性自己的利益与推进女性权益不仅不存在任何冲突，相反，男性利益的推进恰是对女性权益的促进。因为男性解放运动不是站在传统男性特权与女性对抗的视角推进男性利益，而恰是要放弃、颠覆特权，建立平等、和谐的性别关系。这与女性主义的主张完全一样，唯一区别是女性主义反思父权对女性的压迫，而男性解放既反思父权对女性的压迫，又反思父权对男性的压迫。科夫曼主张关爱女性，非常正确，与男性解放运动是不冲突的。如果要补充的话，我想说的是，我们进行男性解放，因为我们爱男人，同样，也因为我们爱女人。爱男人和爱女人，是相互促进，不能割裂的。

质疑八：你所定义的"男性"应该具备哪些特征？当男人不再是现在的形象，大家能接受吗？

回应：我所定义的男性特征，是没有模式的，自由发展的，自我选择的，充分实现的，尊重个体差异的。这些，都是针对传统的社会性别刻板印象而言的。

我们甚至还可以强调兼性。凡是美好的品格，女人有的男人也可以有，美好品格是不分性别的，是可以性别兼有的，故称兼性。刚强，勇敢，成功，这些传统男性气质并不是都要抛弃。男性解放说的是，具体的男性也可以温柔，也可能感性而不理智，也可以不追求成功而享受平常生活……这里谈的都是不同人的个人选择，是决定自己生活方式的自由权利。比如涉及男人与成功的关系时，我们的观点是，如果一个男人乐于追求事业成功，当然可以。但如果一个男人不想无止境地追求成功和金钱，我们不能用"不求上进"这样的词来贬损他，只能说他选择平实的生活，只要他能养活自己就行了。甚至于，如果有一个女人愿意养活他，他同样拥有不工作的自由。金钱与成功均没有止境，我们鼓励男人在打拼的路上有时也可以停下来,享受生活本真的快乐,包括享受与家人在一起的快乐时光,包括更多地把精力和时间给孩子,给家庭。

多元化应该是一个现代社会的重要特征。个人选择的自由,个体的差异,终究是会被接受的。现在的男性也不是铁板一块,只是,不符合社会性别模式的男性会受到欺压,他不得不掩饰自己。

质疑九:你倡导的"男性觉悟／解放",更多主张从男性个人的改变做起,而忽视了对体制的改造。这样没有意义。

回应:我们提倡从日常生活反思做起,不是回避对父权体制的批评,而是去思考,父权体制是如何从这些日常生活的细节上伤害我们的。

我认为,对个人生活的反思,不违反改变父权体制的总体目标,相反,它是挑战父权体制总体目标的一个有效策略。

首先,男性觉悟需要从个人生活做起。如果一个男人连自己生活中的性别不公正都认识不到,那么,怎么可能认识到体制上的不公正?如果一个男人连在日常生活中都不懂得尊重女性,那又何谈反对父权体制?个人生活是一个生动的切入点,可以使我们尽快觉悟。

其次,男性解放需要从个人生活做起。男人的反父权,可以从与自己身边人的关系中开始实践,改善与身边女性的关系,包括与母亲、配偶、女儿的关系。不要扮演权威,开始分担家务,多带孩子,等等。所有这些曾被指责为没有挑战父权体制,但是,父权体制下的性别不公正正是在这样的细节中显现的。当一个个家庭改变的时候,整个社会也就改变了。

我们说,从个人做起,从身边做起,不是对体制的不公正熟视无睹,而是需要一个具体的落足点,可以使男人既反抗了父权体制下的模式,又感受到成长的快乐,从而更好地理解受不公正待遇的其他族群的处境。

从个人做起,从身边做起,也不是放弃对改变体制的努力。我们只是强调在全力推动改变父权体制的过程中,不能忽视对男性个人的改变。因此,我们既努力推动制度的改变,也努力推动个人思想的改变。

四 "男性觉悟／解放"与女性主义的四个口号

美国女性运动中有四个著名的口号,分别是:"个人的就是政治的"(The personal is political)、"意识扬升"(Consciousness raising)、"姐妹情谊

（Sisterhood）、"赋权"（Empowerment）。（王雅各，1999：11—15）

在我们今天提倡"男性觉悟／解放"的时候，这四个口号同样可以为我们所用。

在男性觉悟阶段，就是要强调"个人的就是政治的"与"意识扬升"。

在女性运动中，个人的就是政治的，是指女性所受的不平等待遇，不是其个人问题，而是社会结构问题，是普遍的社会现象，不应该由个人来负责，而应该由父权制来负责。当我们谈男性觉悟／解放的时候，我们也要认识到，我们因为不喜欢追逐成功所受的轻视也好，我们因为不符合阳刚之气所遭的伤害也罢，这一切均是因为我们未选择父权体制认可的方式所受的伤害，均不是个人的问题，而是父权体制的问题。

女性运动谈"意识扬升"时，一方面指认识到父权制的毒害，另一方面也指由于对女人共同处境的理解而奠定和发展的一种集体认同，从而为建立"姐妹情谊"打基础。我们谈男性觉悟与解放的时候，也需要完成同样的目标，即一方面认识到父权制的毒害，另一方面认识到我们和女性的关系、和其他性别少数人群的关系，均是一个更大意义上的"兄妹姐弟情谊"。

因此，在男性解放阶段，"姐妹情谊"和"赋权"这两个女性运动的口号同样是我们所需要的。

女性运动所讲的"姐妹情谊"，是在集体认同之后，女性团结起来对抗父权体制。我们在男性运动中倡导的姐妹情谊，是指男性应该对女性具有姐妹般的情谊，以姐妹公正对待之，一同反对父权体制。同时，我们也倡导"兄妹姐弟情谊"，即男人之间、女人之间、男女之间、不同性别的少数人群之间、男女与不同性别的少数人群之间，统统地大团结。

关于"赋权"，中国台湾的男性研究先驱王雅各曾指出，在女性运动中，"赋权可以说是在观念和行动上增强当事人能力的一个过程。以观念而言，赋权借着'意识扬升'和'个人的就是政治的'的理解帮助身处于弱势的女人明白自己的处境和压迫者的特性，维系社会父权体制的机转和改变的可能性和重要性。在行动方面，透过赋权的训练和学习，可以使想要改变的女人得到相关的工具和技术，以及有能力负担起改变者的角色；更进一步由她自己衡量情况，以选择她自己的觉得恰当的方式去引发改变。"（王雅各，1999：14）

今天，在男性觉悟／解放的过程中，我们同样也需要给予男性这样的"赋权"。男性要放弃的是此前从父权体制中获得的既得利益，获得的不当之权，而今天要被赋予的，是反抗父权体制的权利与能力，是和女性及其他性少数人群一起寻求性别公正的权利与能力。在这一"弃旧权"与"赋新权"的过程中，我们看到的将是真正觉悟与解放的男性。

五　结束语

男性觉悟与解放，将是人类追求平等、自由、博爱的历史上无法回避的一个重要步骤。男性解放是一项长期的事业，我们不能希望立即看到实际成效。各种反对声音的存在也是正常的。我们在做着一项开创性的事业，所有人都支持反而奇怪了。新生事物出现后，总是反对的声音居多的，如果大家都认可，这件事可能根本没有价值做。妇女解放运动之始，同样是批评多支持少，妇女运动进行了二百多年才走到今天，我们搞男性解放，也要有二百年的心理准备。毕竟这是一项漫长的文化变革，而文化变革，确实需要几代人的努力。不仅男性需要长时间性别观念的培养和自我反思，才能意识到父权文化对他们的伤害并起来反抗，女性也需要一个漫长的过程来认识到这一点。

男性解放运动的过程中，注定也会存在种种不足、缺点或失误。作为个人，我也一直在各种场合反复表态：我从不认为自己已经是一个将父权意识彻底清除出了头脑的人，它肯定还在某些角落潜藏着，时不时地跳出来试图影响和控制我。我唯一能够肯定的是，我一直在警惕着它的启图，时时自我反省，时时在努力地将它一点点杀死。男性解放运动也是一样，我们肯定要在过程中成长。我们可以确信的是：我们一直在做着，我们从来没有放弃努力！

前途注定多灾多难，但是，理想在召唤着我们，除了义无反顾地前行，我们别无选择。男性觉悟与解放之路，需要先行者们发挥蚂蚁啃骨头的精神，积水成渊，积沙成滩，一点点地推动。

路漫漫其修远兮，让我们携手而努力！

参考文献：

毕恒达，洪文龙：《男性研究与女性主义》，《妇研纵横》2004第70期

方刚：《男人解放》，中国华侨出版社1999年版

方刚：《男性运动与女性主义：反父权文化的同盟者》，《中国女性主义5：2005秋冬》，广西师范大学出版社2005年版

胡晓红：《走向自由和谐的性别关系》，吉林人民出版社2005年版

[美] 赫伯·戈德伯格，汉瑞特·布莉卡：《阴阳和壁 男女之间——新型男性和现代女性的困惑》，学苑出版社1989年版

[美] 肯尼斯·克拉特鲍：《男性气质的当代观点》，台湾女书文化事业出版公司2003年版

[美] 小哈德罗·莱昂：《温柔就是力量——男性解放的特征》，作家出版社1989年版

王雅各：《妇女解放运动和二十世纪的性别现象》，《性属关系上：性别与社会、建构》，心理出版社1999年版

杨明磊：《男性运动简介》，《杏陵天地》1998年第七卷第二、三期

Brod, H., To be a Man, or Not to be a Man: That is the Feminist Question, in *Men Doing Feminism,* T. Digby(ed.), New York: Routledge,1998

Bruce Kokopeli and George Lakey, More Power than We Want: Masculine Sexuality and Violence, in *Off Their Backs and on Our Two Feet*, Philadelphia: New Society Publishers,1983

Joseph H. Pleck and Jack Sawyer,(eds), *Men and Masculinity*，New York: Prentice Hall,1974

Michael S. Kimmel and Michael A. Messner,(eds), *Men's Lives (6nd)*, Pearson Education ASIA Limited and Peking University Press,2005

第三章

反思生活中的男性角色

男人的刚强神话

一 不作"刚强神话"的牺牲

传统社会认为，男人最重要的品质之一是：刚强。这成为衡量一个男人是否成熟、出色的重要标准。如果哪个男人被确认为软弱，连他自己都会觉得给男性世界丢脸。

然而，我们有充分的证据表明，男人其实比女人脆弱。从生理上说，生命之始，男性死亡率远高于女性，国际公认，理想的出生性别比为100个女婴相对于105至107个男婴，这样才能保证成年男女的比例平衡；生命之终，男性比女性平均早3—5年告别世界；生命之间，男性患多种疾病的比率均远远高于女人。从心理上说，男人刚而脆，女人柔而韧，男人易折，遇重大打击远不如女人承受力强。

我们能够在日常生活中找到的诸多男人比女人刚强的证据，均是在"刚强神话"这一文化因素下造就的，而非物种呈现的自然状态。我们从出生那天起便被告知刚强的男孩儿应该摆弄玩具车和玩具枪，柔弱的女孩儿应该抱洋娃娃，这种教化从家庭进入学校，直到社会。男性的柔弱气质受到排斥与压抑，女性的刚强品格因受轻视而萎缩。文化的塑造改变着物种，只有人类才能够做到这一点。

"刚强神话"早在人类远古时期便开始出现，是人类当时生存的一种需要与手段。面对蛮荒的自然界，人类需要刚强与之对抗，而女人们因为生育与哺乳被束缚在家中，外出捕猎的工作便主要落在男人身上。男人的社会分工使他们必须培养刚强，而女人的责任则要求她们必须柔弱、细腻，这样才适合面对新生的婴儿。

女人的生育职能最终导致她们直到今天，在几乎所有方面，仍远未取得与男子相同的待遇。

人类一步步地征服（或曰破坏）自然到今天，男人刚强的神话便也一步未放松地紧跟着，以至于今天的人类已经普遍奉持这一论点为真理，视其为先天的生理决定。事实上，如果一男一女从出生后接受同样的教育，进行同样的身体与精神锻炼，谁表现得更刚强绝对会令传统社会大吃一惊。

男人为了使自己符合"刚强"这一性别标准，从幼年期便开始了种种激烈的生存角逐，要成为所谓社会与人生的强者，而我们已经看到，强者的产生总是以对弱者的残酷打击为代价的。男人有泪往肚子里咽，绝不能"轻弹"；男人遇到困难独自解决不向他人求助；男人习惯于有病不就医，带病工作这种杀鸡取卵的愚蠢行为大受敬重；肉体再大的痛苦也不能喊出声，精神再大的创伤也要默默挺着，按着现代健康的标准，以上种种表现都在塑造着肉体与心理的双重病态。男人仿佛不是人了，而是特殊材料造就的机器。

那些先天素质脆弱的男人，为了使自己更像个"男人"，不得不盲目攀比着刚强，使他们的生存变成一种被动的悲剧。

性别平权理想强调的一个重要观点便是：个体差异远远大于群体差异。也就是说，一个男人与另一个男人间的不同，可能要比男性群体与女性群体的不同为甚。男人刚强的论调，抹杀了个体差异，成为对未能进入刚强模式的男人的一种毒害。

强调一种性别刚强，便也否定了另一种性别具有同样的属性。刚强神话害男人的同时，也造成了对女人的轻视。如果不打倒男人刚强的神话，女人哪里能够真正走出从属于男人的地位呢？女人对刚强男人的向往，归根到底是一种弱者心态，想靠到别人厚实肩膀上的女人，终究会悲叹自己是一棵无根的青藤。

我们已经告别了依靠刚强才能生存的时代，技术的高度发达，使得社会进入了以智慧为生存手段的现代世界。在肱二头肌退化的同时，我们的大脑沟回正变得复杂和深刻。面对变化的世界，好男人的标准也要随之改变。但我们要切记，绝不能以一种神话代替另一种神话，对个体差异的尊重是人本社会最基本的一条准则。男人又不需要外出打老虎了，何必还那样自己苦自己呢？

二　刚强神话使男人守紧身心秘密

当我们看到女人们拉着手、挽着腰亲密地相互倾诉的时候，或者她们将喜怒哀乐尽情表述时，却不可能在男人那里看到同样的情景。在男人的视野中，这些表现都太"女人"了，太情绪化了。男人世界里容不下自由地倾诉与宣泄。

一个"成熟"的男人，应该是情感不外露的，内敛的，是应该将所有烦恼在自己内心消化的，不能拿出来向别人倾诉。男人要把心思埋在心底，有什么麻烦也要自己在心里"捣鼓"。长期控制着情感而不通过面部肌肉不自觉地流露出来的结果是，男人的面孔被塑造得僵硬，而这样的男人便视为典范，最著名的便是高仓健式的面孔。

为什么同样是人，生活在同样的世界上，男人和女人会有如此大的不同？答案其实很简单：父权文化要求男人表现得"刚强"、"坚强"，作一个不折不扣的"硬汉"。我称这为"刚强神话"。

"刚强神话"早在人类远古时期便开始出现，是人类当时生存的一种需要与手段。面对蛮荒的自然界，女人们因为生育与哺乳被束缚在家中，责任要求她们必须柔弱、细腻，这样才适合面对新生的婴儿。而外出捕猎的男人则必须是勇敢和刚强的硬汉，否则怎么和老虎争斗？我们有充分的理由认为正是这样的性别分工历经千万年塑成了今天的刚强男人形象。但是，今天男人不用外出打老虎了，他们可以让自己悠着点儿了。在今天，传统的性别角色意识完全是一种落伍的文化，不再是生存的需要。

当刚强仍然是衡量一个男人是否成熟、出色的重要标准时，男人紧闭自己的嘴，封上自己的心，便也不难理解了。

男人有泪往肚子里咽，绝不能"轻弹"；男人遇到困难独自解决不向他人求助；男人习惯于有病不就医，带病工作这种杀鸡取卵的愚蠢行为大受敬重；肉体再大的痛苦也不能喊出声，精神再大的伤创也要默默挺着，按着现代健康的标准，以上种种表现都在塑造着肉体与心理的双重病态。男人仿佛不是人了，而是特殊材料造就的机器。

男人害怕暴露自己的情绪会显得太"女人味儿"。男人不苟言笑才算成熟稳重，才能够获得信任与尊重。轻易的喜怒哀乐有违"男性气质"，这样的男人被认为无法承担重任。但问题是，当我们努力克制着自己自然产生的情绪的时候，我们的精神是否受到了扭曲呢？

文化甚至剥夺了我们自由地哭泣的权利。哭泣的男人被主流文化蔑视，这样的男人显得太软弱，不足以承受痛苦；太不能克制感情，没有深沉自然也不会有深刻；太情绪化，太女性化，阳刚不足阴柔有余不像个男子汉……男人表达痛苦的心情是没有骨气的表现，我们再痛苦也要强挺着，最少也要有泪往肚子里咽，绝对不可以让它流出来，更不能当众流出来。否则，我们的男性气质便会受损，我们作为一个男人的尊严便将受到指责。人们会说我们懦弱、不可靠、不稳定、不成熟，甚至精神有问题。

但是，痛苦是一种精神现象，哭泣是一种生理现象。后者是对前者所带来的压力的自然调解，是一种释放。哭泣是我们的一种自然康复过程，是我们保持身心健康所需要的。作为男人，我们的神经系统与女人是一样的，我们面对痛苦与伤害时的生理反应也是与女人相同的，如果我们的心受伤，它并不会比女人的心少流血！

如果我们该哭泣的时候却选择了沉默，我们会怎样？我们将苦痛压到心底，在那里发酵。最终，我们将受到更大的伤害，而这种伤害很可能转移到对他人与社会的负面影响。

男人也被规范得不能自由表达亲密的情感，因为这会让他们显得"婆婆妈妈"。情感过于细腻，同样不够"男子汉"。男人绝不能像女人一样"软弱和多情"，文化一向致力于将男人塑造成冷面无情的铁血动物。

当女人们以各种身体语言表达感情的时候，男人们像一块块木头一样，甚至连微笑也显得僵硬和造作。两个女人谈知心话的时候，身体间的距离不会大于两个拳头，两个男人即使做最隐秘的交谈，他们之间的距离也足够胳膊挥舞起来狠狠地击向对方。身体的距离是表面的，我们由此开始的是心的距离。两个男人远较两个女人更难建立起亲密的相互信任的友爱关系。成年男人被一步步塑造，最终使他翻开厚厚的通讯录时，却找不出一个可交谈心底隐秘的朋友。

耻于谈论健康同样是刚强神话的余毒。刚强的男人是打不倒的，男人对疾病的承受能力远远比女人强——我们从小便被灌输着这些神话，护士在给小男孩儿打针前常会说一句："你是小男子汉，生病怕什么？打针怕什么？"特别关爱自己的健康被认为是脆弱的表现，是"娘娘腔"。但是，生病是肌体自然的调节，男人也有权利生病。

到了颠覆刚强神话的时候了。生命最美的状态首先是自然与自由,自然与自由地表述自己的情感才是心理、生理双重健康的表现。温柔、体贴、细腻、多情,乐于倾诉,喜欢亲密地交往,这些都不会影响到一个男人成为负责任的,勇于面对生活挑战的好男人。这样的男人才更有人情味儿,而不再是一个性别符号。

三 男人好斗吗?

当玩具手枪和木制长剑被塞到男孩子手中,而跳绳、针线与画笔被送给女孩子的时候,我们是否意识到,这对于他和她各意味着什么?我们会说,男孩子玩打仗,女孩子玩跳绳,这符合两性的性别角色,是他们性别意识的健康成长所需要的。但另一方面,我们又在夸奖着成年女性的温柔、细腻,而讽刺着成年男人的争强好胜,官场角逐,言重一些,便是所谓的"攻击性"与"暴力性"。

男人天生好斗吗?否!男人的争战倾向,完全是被培养出来的。

如果让一个男孩子自由选择,即使他不仅仅选择跳绳,也绝不会仅仅选择手枪。对于儿童来讲,一切可玩的,都是好的,都是他需要的。但是,我们却在通过有选择的给予,培养着男孩子间的争斗精神与女孩子间的合作意识。游戏足以成为成年后生活的一个样板,所以如果哪个男孩子热衷于跳绳,我们会说他没有出息,没有男孩子气概,仿佛男性生来便是要和别人打仗的。

我们确实在培养着男人的战争欲求,而另一方面,又在指责战争都是由男人发动的,声泪俱下地控诉男人是生命的杀手,是和平的罪人。但是,我们为什么同时却死抱着所谓男人应该具有争强好胜的品质不放呢?为什么要通过玩具手枪扶植他们的攻击性与暴力性呢?是我们在编排着男孩子成年后的生活,使他们从幼小的时候便在感情上适应与他人的战争。

男孩子间的打逗被认为是最正确的,如果自家的孩子被别人打了而不还手,家长便会指责他软弱,鼓励他讨一份公平。女孩子即使被欺负了,也不会被教唆着以牙还牙,还宁可选择和平手段解决。

打架能够表现得像个"男子汉",能够得到同伴的尊重,不会被人看轻。暴力成了男人身份的一种表现,它因此受到鼓励。如果你不愿意争夺,别人便会让你成为受害的对象。而最大的伤害,来自文化。

如果一个男孩子有了困难，他不会得到女孩子在同样情况下可能得到的帮助，社会鼓励他自己解决，而这将使他们渐渐形成这样的意识：没有人是你的朋友，你必须强大得足以打倒别人。人受到伤害与迫害后会寻求反抗，男人也是一样，他们的争战性其实是对文化进行反抗的一种表现。

男人在人类的幼年时期确实是经常相互打仗的，但那个时候的女人如果不参与战争，也仅仅是因为她们在哺乳或其他因素阻止了她们的参战。从来不存在男人比女人更好战的生物学基础，男人的好战曾经是生存的需要，后来便成为一种文化的奴役了。

无论文化对我们成为今天这个样子担负着怎样的责任，男人都不能放弃自己解放自己的权利。到了与战争绝别的时候了，首先，要从放弃与同伴的竞争做起。

如果我们抛弃对成功的病态追求，抛弃对"最好"、"第一"的盲目推崇，我们有什么理由一定要与别人竞争，并且在竞争中伤害他人也伤害自己？

我们在许多方面参与竞争是被迫的。体育比赛便是一个明证，它被认为是体现男性气质的一种方式，最强者、最好者、第一名受到种种礼遇，我们不能不怀疑，"友谊第一，比赛第二"的理想在今日的竞技体坛上越来越成为一个神话。"赢不是全部的目的，它是唯一的目的。"即使你不能身处竞技场，你也在对这种比赛投入热情与关注的过程中完成着与他人的竞争。这种竞争被延续到许多体坛之外的领域，商界、情场、政坛、艺苑、学术界，等等。同伴的成功使我们感到受到威胁，别人的进步衬托着我们的"落后"，于是，我们便要一直争下去，再争下去。

也许在人类幼年的某个时期，杀戮与争夺是人类生存所必需的。但是，现在人类的生存要求我们放弃任何一种蔑视他人权益的行为。在这个核时代，如果我们不放弃暴力，不放弃战争，我们就面临自我毁灭的深渊。我们已经没有必要为了自身的安全而牺牲别人了，人类理想的生活来自于相互合作，来自于彼此尊重。

我们不妨自问：如果男人不争斗、不杀戮、不参战，将会发生什么？

答案只能是一个：世界变得更美好。

男人也可以很温柔

一 "二尾子"与兼性理想

和一些朋友谈讨性别问题的时候，对方时常会发出这样的惊诧：你的思维方式有些地方像是女人的！当女性朋友如此惊诧的时候，我便知道，我的思维真的是接近于自己心目中的兼性理想了。

这个世界上原本不应该有一些东西是只属于女人的，另一些是只属于男人的。传统的社会性别角色将男人和女人做了清楚、明确、绝对的划分，符合这一划分标准的被称作真男人和好女人，不符合这一标准的则被斥为"二尾子"。

去掉"二尾子"这一称谓中的辱骂色彩，我们不难看出，它表达着一种男女两性沟通、交融、合作与妥协的愿望，而这正是我寄希望于未来的性别世界的。

在传统的社会性别角色定位中，男人应该永远隐藏感情，承受横逆，女人则常表露情绪，尽情挥洒；男人刚强勇猛，女人温柔细腻；男人对"成功"孜孜以求，女人则可以满足于平静无为的生活……我一再说，这种标准伤害了男人，也伤害了女人。如果我们换一种思维方式：无论男人还是女人，都将上述男女的差别加以融合，结果又会如何呢？我们既可以承受横逆，又可以自由地表达感情；我们不要绝对的刚强也不要绝对的温柔，而培育一种"刚强＋温柔"的性情；我们既对事业有所追求，又不使之到达病态的程度，同时不放弃日常生活赐允我们的种种幸福……我们可以做的还有很多，最重要的是，我们要将男人身上和女人身上所有那些符合自然、自由、快乐本性的特点都找出来，使之成为我们的向往。

一位中国台湾学者曾列举过，在传统社会典型的男性品质中，对于两性都可以成为理想的品质，比如：独立的、主动的、开朗的、自信的、理智的、有领导能力的、有探险精神的、对性生活感兴趣的、勇敢的等；而传统社会中典型的女性品质，且对两性都是理想的品质，如：体谅人的、仁慈的、天真的、热情的、亲切的、整洁的、机智得体的、富于想象力的、善于理解的、乐于助人的、袒露情绪的、甘于奉献的，等等。我们不妨设想一下，无论男人还是女人，如果兼具了以上这些优点，哪怕仅仅是其中一部分，我们不是会对他或她倍加喜爱吗？

兼性理想强调的正是兼具男女两性优点的存在，而"二尾子"的蔑称，在很多时候强调一个人既不具备男性优点，也不具备女性优点。

一个具有"兼性"特质的人，在许多方面都将有迥异于传统模式的表现。比如，兼性气质的男人，他更可能是一个好的家庭的照顾者，而不只是一个赚钱回来的工具；他可以是一个好爸爸，好妻子；甚至性爱，一个兼性的男人是讲求情与性的融合的，他能够充分地体味女伴的需要，知道做爱是要使两个人快乐的事情，而不是只关于插入与抽动。

兼性理想化解着两性冲突，是对异性标准的一种妥协与吸收，它能够使两性间更好地合作，更利于感知外部世界，与社会建立一种更为和谐的关系，同时，兼性理想取双方所长，去双方所短，有助于自我健康。

事实上，社会的发展已经出现了兼性的趋势，面对这种走向，主流社会的人士大惊失色，连呼："中国没有男子汉了！""中国没有真正的女人了！"然而，考究一下他们所谓的"男子汉"与"真正的女人"标准，便不难发现那正是对男人和女人的伤害。

抛弃旧的男人与女人模式，这正符合男人解放和妇女解放的理想。我们要建造的新世界是一个人人获得充分发展的世界，我们首先要使自己的性情尽可能多地具备人类的优点，而不是偏执地有所选择。

历史将证明，未来人类的优秀品质是没有男女之分的。

二　男人阴柔也是一种进步

支持男人可以阴柔。

男性解放，便是要把男性从传统的社会性别刻板模式中解放出来，不再做比女人高一等的公民，而和女人一样共享人类普通而美好的情感。

社会性别角色对男性和女性有着泾渭分明的性别界定：男人阳刚，女人阴柔。对违反这一性别模式的人，文化一直采取贬损的态度。如果一个男人阴柔了，会被讥为"二尾子"，即不男不女的人；如果一个女人阳刚了，会被称为"假男人"，还是不男不女。

相反，对符合这一性别模式塑造的男人，则以"大男人"褒奖之，对女人则以"小女人"称赞她们。如果说一个男人是"小男人"，一个女人是"大女人"，就不是什么好话了。

人类社会一直存在的一种争论是：社会性别模式，到底是文化塑造的，还是生而具有的？作为一个社会学者，我相信是文化塑造的，这属于社会建构主义。但是，信奉生物本质主义，即生而俱有这一理念的人，即使在今天也大有人在。

按照社会建构主义的观点，性别模式的界定，本质上是父权文化的体现，是文化建构的。父权文化，又是从父系社会的建立开始的。要求男人勇敢、刚强、阳刚，有泪不轻弹，轻伤不下火线，一定要呵护、保护女人。这一模式在当时的"走红"有其历史与文化的根源，狩猎生活对男性提出了这样的要求，非此，难以完成其与狮虎搏斗的使命。

同样，关于女人的性别模式界定，也多与女人的生命与生育、哺乳这一使命不可分割密切联系在一起。细心、温柔、感性，等等，这样的性别模式塑造是为带孩子准备的。

生物本质主义也提出一些貌似有理的反驳，比如：女人生来就是要生孩子的，男人无法代替。社会建构主义的反驳着眼于：如果说生孩子必须是女人的事，养育孩子难道也一定是女人的事吗？是谁把女人和抚养孩子、家庭劳动这些事情联系在一起？大量的实践证明，男人同样可以很好地带孩子。西方的女性主义运动，以及随后的男性解放运动，都在强调男女的差异本质上不是生物决定的，而是文化塑造的。女人外出工作，男人居家带孩子、洗衣做饭，这样的生活同样是可以高度和谐的。

如果我们认同于生物决定论，我们就没有什么可以改变的。但如果我们接受文化决定论，就可以因为文化的改变而改变我们的性别模式。

男人必须阳刚，女人必须阴柔，这是父权文化下一种典型的二元对立的思维方式。这样的二元对立还有很多，如"男主外、女主内"，男主女从，等等。

曾有一个时期，中国的妇女解放事业要强行改变这一模式，于是，便出现了许多"女铁人"，她们也去开拖拉机、爬电线杆、开飞机、伐木、当炼钢工人等。不是说这样的改变不好，而是说，两性的平等不可能通过这种刻意的方式实现。

今天，与二元对立相对的，是一种"兼性"理想。"兼性"理想相信，大凡人类美好的品格、性情、气质等等，无论放在男性或女性哪一方身上，都是值得称道的。换言之，两性的气质不应该做泾渭分明的划分，而是应该共有的，即"兼具共同的品性"。

以这样的视角，我们便不难对那些表现出阴柔气质的男性给以一份支持甚至鼓励。因为，与阴柔同在的，还是细心、温柔、体贴、关爱等等细致入微的感情，而这些，无疑会在这个现代社会，更具有"市场"。

男人的家庭责任

一 做个好父亲

你知道父亲节是哪天吗？不知道。

当然，你可能也说不清哪天是母亲节。

但问题是，母亲的作用一直被格外重视着，而父亲的作用总是被看轻。

一度十分火热的一首歌唱道："有妈的孩子像个宝，没妈的孩子像根草。"那么，爸爸的作用在哪里呢？如果没有母亲却有父亲呢？那孩子便一定是根草吗？十多个字的歌词，典型地透露出轻视父亲在家庭中的作用的观念。

孩子总是多由母亲抚养，父亲被认为天生是粗心大意的，是不善于抚养孩子的，甚至连抱孩子都让人不放心，他们坚硬的骨骼孩子会觉得舒服吗？他们不会弄疼孩子吗？会不会抱不好让孩子掉下来呢？男人形象是与细心无缘的。

婚变时，未成年的孩子通常是跟母亲的，男人被认为没有资格和能力抚养孩子。如果一个孩子被判给了父亲，所有人都会为这个孩子的命运担忧。如果将孩子从母亲身边夺走，会被认为极大地伤害了这位母亲。而父亲被认为较无所谓，他们足够坚强于面对分离，而且，他们对孩子的爱远远不如母爱，他们不会像女人那样伤痛。但有谁知道，这种模式化的界定只以性别为基础，不关心个体的差异，其结果可能是伤害了父亲、母亲、孩子三方面。将抚养权判给母亲，强化着父权文化下女性的家庭职能，是对女性角色的进一步伤害。

仿佛抚养孩子是天生的能力，不是后天锻炼而成的，所以女人才有这样的权利；仿佛男人都是冷血动物，不知道呵护自己的后代，所以最好还是让他们离孩子远些。

父亲对孩子的重要意义，更多的是在孩子失去父亲时被提及。家庭陷入经济困境，或孩子受到欺负，人格成长出现障碍，仿佛男人只是提供钞票的钱包，或一个冲锋陷阵的挡箭牌。即使提到父亲对孩子成长的重要，也总局限在"阳刚之气"的获得、坚强性格的培养这些方面。换言之，仍是如何将传统社会性别角色的要求顺利地移植到孩子的身上。

父亲通常被描写成严厉的、动不动便打孩子的，所谓"棍棒下面出孝子"，其实是恐惧于父亲的棍棒。"严父慈母"，便将父亲和母亲定了型。如果是"慈父严母"，会被认为不协调；如果是"慈父慈母"，又会让人担心孩子被惯得不像样子。我们被剥夺了与自己孩子亲昵的机会，做父亲的与孩子肌肤相亲，亲吻孩子的面颊，都会被看作不符合严父形象。

男人被塑造成"硬汉"的同时，也伤害着我们与孩子的关系。

当我到幼儿园接孩子的时候，我看到总是母亲、外祖父母多，而父亲少。难道父亲的工作就真的都比母亲们的工作忙吗？难道母亲的工作场所就都比父亲们的工作场所离幼儿园更近吗？恐怕未尽然，还是性别分工的关系。那些去幼儿园接孩子的父亲，也更多是自己在一旁抽烟、聊天，而很少和孩子一起玩。我将父母同孩子玩分为三个层次：看孩子玩、陪孩子玩、和孩子一起玩，最后一种境界显然是最高的，它将父母还原成孩子的"同龄伙伴"，但是，我极难看到这样的父亲。有一次我接孩子去看病，老师很奇怪，吃惊地问我："您带他去看病呀？！"在她的潜意识里，显然应该由母亲来接孩子去看病。

我们对男人的要求不能存在二元标准。如果我们要求一个男人爱孩子、带孩子，就是要求他具有"温柔、细腻、感性"这样的性情，但如果同时我们又要求他"有男人气、刚毅、理性"，这便会成为一种矛盾和冲突。所以，我认为解决问题的关键，是打破二元角色的划分。理想的性别角色就应该是跨越两面的，就像阴阳球是互动互利的一样，好的性情不应该分性别。

我们到了重塑父亲形象的时候了。为了孩子，也为了父亲和母亲。

父亲是孩子的榜样，孩子关于男人的最早印象，是由父亲获得的。如果我们不能还父亲自由、自然的本真面目，孩子便难以成为一个自由、自然的本真的人。

父亲可以，而且应该像母亲一样爱孩子，更多地与孩子在一起，分享孩子的快乐与烦恼。父亲可以是慈父，而不一定是严父。当一位父亲更多地与孩子在一起的时候，他便也在分担着妻子的负荷。

父亲在我们的成长中扮演着重要的角色，没有父爱的人生是不完整的。父亲为孩子提供一个参照系，父亲的参照系像母亲的参照系一样重要。

父亲是孩子的精神依靠，同时，也可以是他们的生活依靠。他们不仅仅肩负教育孩子的职责，也可以照顾孩子的生活。他们不仅仅可以告诉孩子人生的路应该怎样走，还可以告诉他们走路时穿什么样的衣服和鞋帽。

作一个自然的父亲吧，自由地选择任何一种爱孩子的方式。

我们同样可以像女人那样爱孩子，我们爱孩子、关心孩子、帮助孩子的能力并不比女人差。

二　男人做家务真的会短寿吗？

法国生理学家富尼耶从1983年起便开始研究男人做家务的问题，他对500多名专职的"家庭主男"进行了跟踪调查，并于1988年发表调查报告称：这批男人比那些在外谋生的同性更易于得病——发病率高出一倍！其中尤以心脏病、中风、呼吸系统疾病为多，并由此引发早衰、早逝，甚至自杀。

富尼耶认为，男人在家务上的应变能力大大低于女人，例如，正当家务繁忙时，孩子突然跌倒受伤，主妇会立即停止一切，把孩子送进医院，而男人却无所适从，手忙脚乱，顾此失彼，身心受到巨大压力。长此以往，"家庭主男"便沦为病夫，甚至赔上性命。相反，女人却能在家务劳动中展现出温柔善良、贤淑聪慧的风采。世界级女强人撒切尔夫人也常亲自下厨房，为丈夫煎一碟荷包蛋，以示体贴。富尼耶据此得出结论：把丈夫逼进厨房的女人，实在不够聪明。

笔者是在广州《新快报》的角落处读到这则报道的，有关这一研究成果的报道在中国没有引起任何反响，不知道是因为信息的障碍，还是因为女性主义者未形成随时会对性别歧视做出反应、发出声音的机制与势力。

在我看来，结果的科学性与公正性暂且不论，这一研究本身便带有性别歧视色彩。不然，为什么不同时研究一下专职做家务的女人是否也比职业女性的发病率高呢？毕竟，没有这一重要的参照系做对应，这项研究成果便没有任何意义。这一课题的选择本身便带有先入为主的性别成见，得出带有性别偏见色彩的结论便也不足为奇了。

做家务一向是女人的事情，人类学家会为我们提供历史证据，说明生育与哺乳将女人长期留在家中，在历史的漫长演进中便形成了现在的性别分工模式：男主外，女主内；心理学家同样会提供测试结果，说明女性的心理更细腻，性情更慢，远较粗心大意的男性适合做家务。但是，由历史形成的可以再由历史颠覆，所谓心理学的研究成果同样很可能是"性别历史"造成的结果，而非生物体的本性。作为一种不可能是囊括所有男人与女人的共同性结论，我们就有权利怀疑它的人为性而非自然性。

性别分工是由社会性别角色决定的，我们从出生那天起便接受着这样一种性别角色的灌输，所以我们今天关于性别的所有认识都是值得怀疑的，因为是别人告诉我们的，而非我们自己思考的结果。

父权文化将家务劳动划归给女人，与此同时又对这种劳动的价值进行贬损。当女人为家务而牺牲职业的时候，社会并不承认家务劳动同样是一种工作，而且可能是比社会劳动需要付出更多体力与时间的工作。传统的父权社会认为，家务劳动不创造价值，所以是"低等"的。这就好比有人告诉我们，大自然本身不创造价值，所以是可以随意破坏的。西方女性主义者因此提出，男人应该为在家中劳动的妻子付酬，以便使她们劳动的意义得到确认。这其实也提示着我们：性别分工一天不消除，性别平等便一天不可能彻底实现。

感谢上帝，今天我们见到了许多满足于家务劳动的男人。这些男人是从传统的社会性别角色定位中解放出来的男人，他们知道，按性别做绝对划分不可能是公正的。主流社会将家务劳动定义为"女性劳务"的同时，也在传递着这样的信息：这一劳动是与男性气质不吻合的，是有违男子汉风范的。男人做家务，显得没有男人气；男人专职做家务，更会被认为"无能"，没有能力从事社会职业，无力"养家糊口"，反要让女人养活，不是个顶天立地的"真男人"，等等。

社会做这种性别规范的时候，忽视与伤害的是个人选择的自由。每个人对生活幸福的理解不同，他们可以有自己的选择，而性别分工剥夺了这种选择的自由，对背叛性别模式的人加以嘲弄。男人做"家庭主男"，只要他自己愿意，只要其他家庭成员也没有意见，便是无可厚非的。我们如何活着，是我们个人的选择，而不应该成为社会选择。这符合我对理想的人本世界的理解。

再次审视富尼耶的"研究"成果，我想的是，那些"短寿"的"家庭主男"，又何尝没有因为长期承受性别歧视而致病、自杀的可能呢？社会歧视带来的心理压力才是真正的病源。由此可见，夺去他们性命的，不是家务劳动，而是认为从事家务劳动有损男人气概的社会偏见。

经常弯腰伸胳膊地擦洗能够锻炼我们腰肢的灵活，做各种美味菜肴有助于我们视觉与味觉的享受，更多地与孩子在一起能够培养我们的爱心与细心，我们哪里会因为这一切而短寿呢？男人成了家务中的行家里手，还可以使我们摆脱对女人的依赖，更为自立，而传统社会一直在事实上强化着男人在生活方面对女人的依赖。

性别分工不仅伤害了男人自由选择职业和生活方式的权利，也伤害着女人同样的权利。由对家务劳动性别化的反叛，我们再次看到，男人解放与妇女解放是紧密联系的，是可以相互消长的，我们所要做的，其实是进行一场彻底的性别革命，对传统的社会性别角色进行颠覆。

三　做饭的意义

家庭中，总是由女人来做饭。

如果一个男人说自己不会做饭，没有人会说三道四；如果一个女人自称不会做饭，则难免让人看不起。做饭被认为是女人最基本的能力，是对身为女性的最起码要求，如果连这都不会，怎么做女人呢？

但另一方面，做饭的能力高低又没有性别差异，大厨师都是男人。不难看出，家庭中的做饭是一种"服务"，而成为大厨师却是一种"专业"。

人出生后的第一欲求是吃。母亲给婴儿哺乳的过程，是双方建立爱的重要过程。幼儿因食欲对母亲产生依赖，因此，食即依赖。

于是，"给我饭吃"除了让别人满足自己的食欲这一生理需要外，在心理上还具有"我依靠你"、"你给我爱"的意义。那些自己不动手，总是等着妻子做好饭端上来的男人，其实是在妻子身上寻求母性，延续婴幼儿时期对母亲的依赖与爱。

然而，这种"爱与依赖"的关系，从另一面说，又是一种"剥削"的关系。毕竟，妻子不是母亲，丈夫也不是无法自我解决食物的婴儿。

依赖性多的人，对别人的怨恨便也多。依赖他人注定着自己的意愿永远无法得到完全的满足，而依赖思想又理直气壮地将这意愿的未满足加罪于被依赖者身上，所以，抱怨便也越积越多了。

男人依赖女人做饭的同时，他对女人的依赖也在全方位地延伸。

擦鞋，洗衣，甚至洗袜子这样的工作，都完全推给女人。女人便像是一个保姆了。在强大的毫无异己之见的父权社会中，女人被压抑着无法对此进行思考，而在性别平等的声音不断增强的现代社会，这种"扩张"注定使女人逐渐感到不满。总有一天，女人会想：为什么总是我伺候他？为什么他不能够自己的事情自己做？

男人到了该自己做饭的时候了。

如果一定要使用男子汉这个词，我想它最重要的定义之一便应该是：自己的事情自己做。自立，同样是男人在许多时候缺少的。

学会做饭，承担做饭的任务，使男人和女人更为平等，性别加在我们身上的又一个束缚便会被打破。同时，也可以使男人更为强大，离开女人我们也能够很好地生活。

不乏这样的例子：如果一个丈夫出差了，妻子仍会做出可口的饭菜给自己吃；如果一位妻子出差了，丈夫的吃饭便成了头等大的问题，不是事先由妻子做好放在冰箱里，便是泡方便面或下馆子。所以我们不难理解，何以丧偶的男人远较丧偶的女人更难适应一个人的生活，男人们对女人的依赖性过强，使我们丧失了基本的生活能力。男人为此付出的代价是巨大的。

在做饭问题上，男女两性都面临一场革命。男人的革命是为自己的人生担负责任，女人的革命是彻底摆脱"我对做饭负有全责"的思想。做饭是两个人的事情，它可以使我们体味到真正的平等与自立。我们也许不需要在形式上绝对的均等，但在我们的意识形态中，男女双方对此的责任应该是均等的。

不仅仅是做饭，还包括旅行前准备行李，清洗自己的衣物，等等。

男人如何爱女人

一 "暖男"不暖

仅仅是递上一条毛巾、关注伴侣在冷天多穿衣,这样一些男人对女人的小"关怀",竟然创造出一个流行词——"暖男",女人们竟然被感动得一塌糊涂,掀起一股赞美"暖男"、寻找"暖男"的讨论,我心中充满着悲哀!

如果有一个女人对自己的男性伴侣有这样的关怀,对自己的孩子有这样的关怀,会怎样?人们会认为这很正常,完全不值得大惊小怪。相反,如果女人做不到这一点,她们会被视为不称职的女人,无法获得"贤妻良母"的褒奖。所以,女人一直都是"暖女"。

男人完全应该给自己的伴侣和亲人这样的关怀,这原本就是他们应该做的。不要再用什么"工作忙""追求事业成功""男性压力"等等为借口逃脱责任了。"一家不扫何以扫天下"?连最亲密的家人都关心不够、爱护不够,还追求什么事业呀?!再追求,也只不过是变态的追名逐利而已。

有人说,对所谓"暖男"的渴望,是女人软弱的表现,在感情上依赖他人,要求别人像照顾小孩子一样照顾自己。错!无论历史与现实,一直是女人在这样照料男人和孩子。她们想要的,只不过是平等的关怀而已。

承担家务劳动、照顾孩子、关怀家人,这些不仅是女人的义务,更是所有家庭成员的责任和权利。为什么还是权利呢?因为只有在这样奉献于家人的付出中,你才能够更好地感受到家庭的温暖、亲情的呵护,从而获得更多生命的幸福体验。所以,这是你的权利,别人不能剥夺。将它视为你的"负担",你就错失了生命中最富足的体验之一。

20世纪70年代，瑞典政府开始推动一系列性别平等政策，其中包括鼓励男人参与家庭事务的"侍产假"。刚开始，瑞典男人也不接受这样的改变，但是，几十年的宣传倡导，社会发生了重大变革，男人也发生了重大变革。许许多多瑞典男人的观念是：我不只是挣钱工具，我要做人的权利，我要歇产假，拥抱婴儿，温暖自己。拥抱孩子是我的权利！事实上，欧洲很多国家，都可以在街头看到独自带孩子的男人。

我们不仅需要贤妻良母，也需要贤夫良父！

我觉得与其给关怀亲人的男人一个"暖男"的标签，不如给他们一个"及格男"的证书。让那些没有"及格"的男人诚惶诚恐去吧。

仍然以金钱和地位来评价男性的价值，以婚姻家庭来评价女性的价值，不仅难以建立起平等和谐的家庭关系，更是对男人和女人双重的伤害。剥夺了前者享受家庭幸福的机会，剥夺了后者享受追求事业的可能，使我们都无法全面发展，自由地做我们自己。所以，旧的男女角色标准，不是过时与否的问题，而是有没有基本的人权、平等观念的问题。

需要建立一种新型的家庭关系，男女都回归人性的温暖，散发人间的柔情，让人性更本真、更完美，让生命更丰盈、更多彩。

二 不再奴役女人

男人解放，最重要的一个结果可能便是：我们不再被鼓励去伤害、驾驭、凌驾、奴役女人。

传统的男性社会性别角色强调支配性男人气概，向女人发起进攻被认为符合这种气概。大男人气质的扩张，总是以伤害女人为代价的，因为这种大男子汉气概正是针对我们唯一的同伴——女人的气质而存在的。五六岁的男孩子便会在欺负女同学的过程中体验强者的感觉。在某些社会阶层中，说话粗声粗气，甚至满口脏话也成为具有支配性男性气质的一种象征。

父权文化下的社会性别角色，赋予男人力量，也赋予男人粗暴。

男人被要求成为强者、成功者，这成为我们的压力。当我们无力实现的时候，某些人便通过向女人施压来展现自己的"主宰"地位。

奴役女人，本质上是一种懦夫行径。一方面我们将女人贬为弱者，另一方面我们又通过奴役弱者来体现我们的强者身份，而事实上，这正说明我们算不上真正的强者。打架骂街不是男子汉，颐指气使不是男子汉，性情粗暴不是男子汉，吆三喝四更不是男子汉。和平、友好、自由、自然，才是男子汉。

从传统性别角色中解放的男人，不再强求自己扮演社会主宰的角色，也就无需在女人身上寻找自我的成功感。当我们不再要求自己一定比女人强的时候，我们便不再压制女人的自强；当我们接受男人也可以温柔细腻体贴关爱的时候，我们在女人面前的形象也便更为温存。我们不需要通过奴役女人来使自己像个男人，正相反，我们可以通过与女人的平等相处使我们更接近于一个现代的男人。

解放的男人不会压抑女人的成长，我们甚至会鼓励女人在各方面都比我们强。事业成功的女性，包括工作比我们出色的妻子，都不会使解放的男人感到压力，因为我们已经抛弃了传统的男强女弱的模式。我们可以安心地做"弱男人"，照顾孩子，做家务……

男人与妇女节

一 男人可以在妇女节做些什么？

又到妇女节。忽然觉得妇女节对我如此重要。

小时候，妇女节是半天假日，一场电影。大了些，妇女节是一个文化符号。但是，当我投入性别研究之后，妇女节的意义在一点点变化。特别是我自己正式开始从事男性研究之后，我才深深感到，我与女性的命运如此紧密地被结合在一起。

在今天，我的心情更是格外复杂，感受着这个节日对于男人和女人的意义。

妇女节不只是女人的，也是男人的。在我看来，妇女节应该是一个男人和女人共同致力于推进性别平等、性别公正、两性和谐的节日，从这层意义上看，男性也可以把妇女节当"男人节"来过。

妇女节这天，建议一个男人坐下来，拿下面这些问题问自己，在回答的过程中，你也许就可以知道自己是否是一个有性别平等意识的男人，以及你可以做什么了：

1. 我和伴侣每天各做几小时家务？我是否认为带孩子、做家务是女人的事？

2. 我是否对伴侣实施过家庭暴力？无论是肢体暴力、精神暴力、性暴力、经济控制⋯⋯

3. 孩子上幼儿园和小学时是谁在接送？开家长会时，我和伴侣是否去的次数一样多？

4. 如果一位女同事工作很出色，仅因为她是女性在升职时就失去机会，我是否觉得不公正？

5.我是否对女性进行过性骚扰？看到别人对女性进行性骚扰，我是否有勇气站出来阻止？

6.看到网络上遍布女性的裸体照片，炒作女性的"走光"事件，我是否感到不舒服，意识到这是父权文化下对女人的伤害？

……

男人不积极支持、推动两性平等，便不可能有真正的两性平等。如果女人喊要，男人喊不，得到的只有冲突。所以，两性必须携手，妇女节不应只用来奖励女人，同时应该用来鼓励、觉悟男人，让男人认识到妇女节和性别平等对女性和男性的重要意义，这是一枚硬币的两面。鼓励男性参与推进性别平等已经成为时代主题，男性参与能更有效地推进建设家庭和谐与社会和谐。

西方国家的男性运动，以及中国目前的男性运动萌芽，其中进步的力量，均是支持性别平等的。妇女组织在推进性别平等的过程中，应该吸收、接纳、鼓励男性的参与，女人自己唱独角戏是不行的。

在性别平等的过程中，男性的使命是：反对针对妇女的任何形式的暴力；反省作为男性在社会性别体制中所获得的既得利益，与女性分享权力；承担在社会和家庭中的责任，如分担家务、抚养孩子，不仅拒绝任何歧视与伤害女性的行为，并且对任何歧视与伤害女性的行为不再保持沉默；积极主动地与女性沟通，参与到妇女组织的义务工作中；在本职工作中，以及社会活动中，积极地树立社会性别平等意识，推进社会性别平等思想的普及。

具体到妇女节这一天，男性应该积极宣传上述理念，身体力行地在上述行为中有所作为，至少可以在私人层面上，从具体地帮母亲、妻子承担家务做起。但是，正如我们不希望对妇女的关注仅停留在妇女节这天一样，我们也希望男性的上述行动不是妇女节的应景之作。

男性要做到这些，就要放弃文化中长期灌输的大男子主义思想，放弃传统的男性气质对男性的要求，在同他人（包括但不限于女性）的交往中不再持"支配性"的立场，如夫妻关系、父子关系、工作关系中都自觉检省自己是否有不平等的思想，只有这样才能促进男女平等，促进建设和谐家庭与和谐社会。

男性在参与推进社会性别平等的过程中，不仅将促进社会性别公正，而且也将促进自身的成长。这一过程将使男性变得更加快乐、自信，以及赋有成就。

我曾主张设立男人节，但今天，我忽然想，也许确实根本不需要再来一个男人节了。让我们一起过好女人节就是了。我们对两性平等、两性和谐的美好向往，都可以寄予在女人节中来实现。我们只需要赋予女人节更多的内涵就行了，在事实上把它办成一个男人和女人共同的节日，办成一个我们走出父权文化传统的节日。

节日的名称并不重要，节日的内涵也可以不断修正与丰富。

在这个女人的节日里，我决定给自己放半天假，细细地体味男女和谐的内涵。

顺便说一下，今天是三位朋友的生日。一位是女性朋友，两位是男性朋友。那两位生日在妇女节的男性朋友，确有一些兼性情怀。在我看来，有兼性情怀的人最美。

二 妇女节短信中的父权话语

妇女节当天，身为男人的我也收到了许多条祝福短信。

这些短信都是祝贺男人过妇女节的，而且风格一致：调侃、搞笑，为男人"吁权"。且看：

"虽然你不是母亲，但你让很多女人成为母亲；虽然你不是妇女，但你让很多妇女得到快乐。你虽然不是妇女，但你是妇女用品。祝男士们妇女节快乐，并感谢你对妇女工作的杰出贡献。"

"男人累，所以才会去敲背；男人愁，所以才会去洗头；男人苦，所以经常才去赌；男人忙，所以经常上错床；希望这里的女士过好妇女节，并体谅男人。"

从这些短信中，我们看到了部分男人们面对妇女节表现出的焦虑。

妇女节，像所有的节日一样，都提供着非常强的象征性符号意义。妇女节将男女平等、妇女权益这些话语清楚、鲜明地呈现在人们面前，迫使我们不得不去省视、检讨我们社会中，乃至我们私人生活、家庭生活中的性别关系。即使是在平常完全抗拒、回避思考性别平等议题的男人，三月八日这个日子，他们也不得不面对这些议题。这让许多内心深处充满父权思想、抗拒男女平等思想的男人感到恼火。但是，历史走到了今天，在性别平等被作为基本国策并已经成为日常话语一部分的社会中，他们的这种恼火，乃至愤怒已经不再敢直截了当地宣泄出来了。于是，借着调侃、搞笑的外衣，充满父权话语思想的妇女节祝福短信便被制造出来了。前面举到的二条，便是非常清楚、明确地为男人

"争权"，试图从给社会弱者的节日资源中分一杯羹。

还有的短信，更直接将矛头指向了妇女节，如：

"女人的节日，男人的末日。"

"还好就一个3月8日，不然我们男士就惨了……别，别打我，我什么也没说……"

"老婆，在'三八'这个充满女权意味的节日里，你还需要浪漫吗?"

男人在性别平等中应该承担的责任一再被媒体提及。而妇女节这一天男人应该体谅、关心女人，分担家务的呼声也很强。对此，某些男人同样造出了这样的短信作为反击：

"老婆，你今天好好休息吧，你要我做什么都可以啦，只是明天要记得早点起来给我做早饭，嘻嘻。"

"今天我本来是想给你做饭的，可是……可是我怕做得不好伤了你胃……"

"你知道吗，我整整想了一天该送怎样的礼物给你，我终于决定了，不管花多少钱，我都要送给你——新的菜板，我们家的实在不像样了！"

这些短信告诉我们：某些男人连这一天的"男性参与"都不愿意做到。

我看到这些短信的时候，也笑了。但不是快乐、轻松的笑，而是一种心酸的、无奈的苦笑。女性在社会生活中整体的不利处境也在这样的搞笑气氛中被完全漠视，变得微不足道、不值一提了。也是在这样的调侃短信中，男人在妇女节、在性别平等进程中应该承担的责任被轻易地抹去了。

手机搞笑短信也是一种流行文化，其中的父权色彩值得我们加以警惕。同时我们也应该清醒地认识到，这些短信中表现出的某些男性的焦虑，同时也透露着父权思想持有者根深蒂固的脆弱与恐慌。

让我们共同承诺：抵制这样的短信，不制作、不转发！

重新定义"好男人"

一 "三十而立"的阴影

比起外国男人来，中国男人又多了一重文化压迫。中国人的人生概念中格外看重"成家立业"，成家好说，立业便难了。孔丘老先生一句"三十而立"，又以圣人之尊规定出一个立业的时间表，弄得有些事业心的临近三十岁的中国男人都神经兮兮的。精神病学家的统计显示，男性在三十岁左右患神经症的比例最高，这个数字只对中国男人有效，显然因为"三十而立"在作祟。

如果早于三十岁建功立业，我们的文化颂之为"年轻有为"；如果到了四十岁还无事业根基，我们便称其为庸庸碌碌；如果五十岁终于搞出点名堂，我们便会冠之以"大器晚成"。我们对生命的这种追迫，到底是进取精神的表现，还是病态的症状呢？

对尽早成才的追逐，使我们早在幼年时期便主动或被动地投身其中，从而放弃了许多自然赋予的生命快乐。面对那些放弃游戏而整天埋头书本的少年，我们无法不悲叹人类的自我迷失。我们不断地奔向建功立业的目标，随手抛下生命在不同阶段为我们准备的种种快乐与美丽，比如与家人共处的时光，而这些快乐与美丽是一去不复返的。

每个男人都需要格外认真地再想一想：男人何必一定要"三十而立"？在孔子生活的时代，人类还没有积累太多的知识，用二十几年的时间确实能够学到不少了；而在知识爆炸的今天，学到老也只能接触些皮毛，对人才的要求亦远非公元前的社会可比，真正的"立"便更难了。

中国大陆的高等教育完成较早。在西方，包括中国台湾，人们一般在三十岁左右完成学业，事业在三十五岁以后明显见成效。国际人才学的研究显示，除演唱等对年龄有特殊要求的领域外，最出成果的时候均在四十岁以后。退一万步说，孔老先生是何等人才三十而立，如果我们真想和他争个高低，那便是自找苦吃了。你和他争完了三十而立，是不是还要争四十不惑、五十知天命、六十耳顺、七十而随心所欲呢？

对"三十而立"的苛责，还有一层其早期出现时的背景。两千多年前，人类的平均寿命不到四十岁，也就是说，如果三十岁还没做成什么事情的话，这辈子就干不成什么了。今天，人的平均寿命已经接近八十岁，人生七十不稀奇，重视体验生命过程的人，不必太着急了。联合国近年决议将青年的年龄上限设到四十五岁，我们更有充足的时间悠着来了。

三十不一定要立，那么，男人是否真的一定要"立"呢？对男人成功的要求，是蔑视女人的父权社会的产物，社会把女人当作不能自食其力的人，才格外需要男人成功。只有成功的男人才能养家糊口，正如原始社会，只有在狩猎上成功的男人才能喂饱家里的老婆一样。几千年的历史，使男人的成功接近于一种集体无意识。而在男女平等的社会，提倡自己养活自己。

事实上，如果做一个优秀的"家庭主男"算不算"三十而立"呢，我认为是算的。男人不一定要"主外"，也可以像女人一样"主内"。照顾好家人，也算一种成功。

男人对"而立"的追逐，根归到底是为了提高自己在性市场的价值。女人对男人事业的高要求，本质上是被圈养的历史造成的，今天一些口口声声宣称自尊自立的新知识女性，仍非成功男人不嫁，便令人匪夷所思了。

那么，什么是"立"呢？孔子说的"三十而立"，按朱熹的批注，仅指自立。如此说来，今天的男人只要不再向老爸老妈伸手要钱了，便算得上"立"。

所谓"立"，如果说的是三十岁时有自己稳定的工作，充足的收入，良好的精神状态，则无可厚非。而且绝大多数的男人和女人都能够做到这一点。但问题是，当我们谈论"三十而立"的时候，总是对"立"有过高的期望值：经济富裕甚至富有，名声显赫至少是小有名气，经商则产业殷实，治学则著作刊行，从政则至少要混个科长、处长当当。对"立"的攀比，早已脱离孔圣人的本意，而使人更迅捷地接近病态。

当时间、空间、质量对我们形成三重压迫的时候，男人便完了。

"三十而立"作为一种进取精神来弘扬，无可厚非，但变成了男人的枷锁，孔老先生在天有灵，准会忙着亲自改写《论语》，或许会改成"吾十五而有志于学，三十而知男人解放"。

至少在相当长一段历史时期内，中国男人仍将害怕三十岁的临近，更不敢在那天点起生日蜡烛。

二 如果男人能怀孕，意味着什么？

科学家说，男人怀孕的时代到来了。

当女人因故不能怀孕生孩子的时候，她们的丈夫已经可以取而代之，成为"妈妈先生"。这在技术上已经完全解决了。方法之一是在男子的腹腔上做一个人工子宫，接着注入孕育生命不可缺少的液体，然后由医生从夫妇两人身上取得精子和卵子进行人工授精，成功后把胚胎植入男子的人造子宫中，最后通过剖腹产取出婴儿。更常使用的方法是男性腹膜怀孕，将于试管中养成的胚胎放在男子靠近肠脏处的网膜脂肪组织上，每隔一段时间注射精密剂量的雌性荷尔蒙，使他体内的激素状态与普通孕妇的情况相似，胚胎便可发育成功。

医学家同时证明，男性有分泌乳汁的潜力，男乳中含有糖、蛋白质和电解质等成分与母乳的质量相差无几，父乳喂养是可以通过人为的方式实现的。通过物理刺激乳头或注射激素，均可促使乳激素的产生，从而使男性分泌充足的乳汁。

男人怀孕解决了妻子不能生育而又渴望有一个自己的孩子的苦恼，在西方社会已有很多成功的事例。但是，男人怀孕带给人类社会、伦理、观念的冲击又是什么呢？

女人做的任何事情，男人几乎都可以做，除了生孩子。生育与哺乳早在人类幼年时期便是女人极为重要的一个"神秘"功能，男人因为无法理解女人何以会生孩子而一度敬其若神。生育与哺乳也将女人束缚在家中，使她们不能像男人那样出去打猎。直到今天，这仍剥夺着女人与男人一样参与社会竞争的机会。从男人方面而言，生育哺乳才能充分培养爱心与温情，才能领会人与人合作、关怀、互爱的基础，而男人因为不能生育哺乳被认为是缺少这种温情的不完善的人。如果早在狩猎时代，男人便也能同女人一起均分生育哺乳的机会，那么他们也不必都外出打猎和打仗，自然也不会被认为是"天生好斗"的，也不会由狩猎的成功发展到今天追求整个人生的"成功"了。他们有了像女人一样必须温情脉脉地对待孩子的几年时间,自然也会被我们的文化允许哭泣,允许"软弱",允许敏感与感性了。至于重视感情,与他人较多身体接触,拥有种种温情的抚慰,更是不用说的了,这一向被认为是哺乳孩子时所必须有的品质。

男人在家里哺乳,便需要女人外出赚钱,承担养家的责任了。男人的家庭负担因此也得以卸下,在社会中承担的责任也将被女人取代。男性的身材、体态甚至举手投足都将发生很大的变化,哺乳将使他们的双乳丰满起来,他们更接近于女性外貌,传统社会关于男人的健美理想完全失败了。做家务劳动自然也不会被认为影响"男性气质"了,进而,男人化妆、美容也会成为更火爆的潮流。

总之,男人怀孕,将使男人作为一个群体原本的社会性别定位受到彻底的挑战与否定,男人与女人的差别将进一步接近于消失。

于是,男人性别角色解放所要反抗的种种压迫,都成为不攻自破的事情了。男人与女人的关系被改变了,男性权威被扫荡一空!

但是,以上种种仅仅是设想,男人怀孕真的可能成为一种趋势吗?对此的任何乐观判断都是不切合实际的。事实上,那些不得不自己怀孕的男人已经承受了主流社会太多的轻蔑,嘲笑不仅仅是来自男人的,同样可能来自女人。家庭和社会的冷眼亦将增加怀孕男人的心理压力。因为,我们还生活在一个性别远未平等的社会中。

对于许多男人来说,生理方面的转变固然重要,性格方面的转变却更为困难,绝非一日之功可及。如果一个男人带着婴儿睡觉,而且每晚还要哺乳3—5次,仍处于父权文化下成长起来的我们,真的能够做到吗?文化对我们的毒害正在于此。除非男人怀孕成为整个社会的普遍选择,否则,几个、几十个、几百个,甚至几千个男人的选择都将置他们于强大的压力之下,他们自己真的有能力与整个世界对抗吗?我们需要在家庭中扮演的自然、生理、伦理角色,我们的态度、心理、职能,我们在家庭中的位置以及这种位置对家庭其他成员的影响……这一系列严峻而现实的问题我们真的能够独自解决吗?

男人怀孕为我们提供了一种远景,但是,这种远景的实现也许还需要漫长的时间,而且很可能是在两性平权的理想彻底实现之后,男人怀孕才会成为不受轻蔑的选择。

三 不苟言笑的男人

某夏日，北京地铁列车内，一位八个月左右的男婴与人嬉戏。

男婴是由母亲抱在怀里的，他还不会说话，但一直咧嘴"咯咯"地笑着，伸出小手去拍邻座阿姨的肩，嘴里"呀呀"地"说"着什么。那阿姨被他的样子逗乐了，便同他玩了起来。男婴很漂亮，聪明，活泼，与阿姨有应有合地嬉笑着，毫无生疏感。

车厢里人不多，所有人的目光都被这个男婴吸引了过来。包括我。

男婴可爱的样子无法不让人喜爱。

我就坐在那位男婴和与之嬉戏的女士的身边，男婴也时常看看我，"咯咯"地向我笑。我也早已乐得合不拢嘴……

但是我觉察到，我好像希望将嘴合上！

我观察周围的人，立即发现泾渭分明的两族。凡女性，均笑逐颜开，近处的甚至参与到同男婴的嬉戏中，她们无所顾忌地任凭自己的情绪宣泄，一边逗着男婴一边问询他的情况、称赞他的种种可爱之处。男婴在女人们众星捧月之下笑得更欢了。

而男性的表现则迥异，绝大多数的男性面无表情地看着男婴与女人们之间发生的一切，神态庄重，不苟言笑，像看一幅交通地图。几个例外的男人，似笑非笑，心底早已乐开了花，却很明显地在努力克制着脸上的笑容，于是面部肌肉呈现出细微的痉挛。比较而言，我已算例外中的例外了，咧着嘴笑出了声。虽然我潜意识想控制住自己，但未能如愿。

那男婴是如此的可爱，所以不会是女人有什么问题，有问题的肯定是男人。

我认真地检省自己的潜意识，何以想掩饰愉悦与笑容。于是我获得了答案：我担心自己表现得过于情绪化，不够庄重。

情绪化一向被认为是属于女人的，即使不是缺点，也是"女性气质"。男人不苟言笑才算成熟稳重，才能够获得信任与尊重。我们被认为是应该也能够克制自己情绪的，轻易的喜怒哀乐有违"男性气质"，这样的男人被认为无法承担重任。但问题是，当我们努力克制着自己自然产生的情绪的时候，我们的精神是否受到了扭曲呢？

社会性别角色给男人制作了一幅僵死的面具，我们要么皮笑肉不笑，要么肉笑皮不笑。我们病得不浅！

我一直自称是从男性社会性别角色束缚下解放出来的男人，但是，我仍然有瞬间的投降。

试图压抑住发自心底的笑容是件很难受的事情，不信您可以试一试。然而，对男人的压抑却已锲入文化，被视为一种自然。甚至于，男人被压抑了几千年，早已渐失了笑的能力，心底也不会涌起笑容了。救救男人！

男人的多样性

一　男性社会性别模式在逻辑上的荒谬之处

社会性别角色模式，简单地说，就是文化对男人和女人应该有的社会行为方式以性别为划分标准做的不同界定，比如"男主外女主内"、"男人勇敢刚强、女人温柔体贴"，等等。如果一个男人或女人不符合这些模式，就会被认为不是一个"好男人"或"好女人"。这些模式本质上由父权文化界定，是为父权文化服务的。

长期以来，随着女性主义及妇女解放事业的发展，关于女人社会性别角色的模式化界定受到了系统的颠覆。近二三十年来，男人解放运动也在欧美兴起，成为两性平等运动的一部分。男人解放运动致力于颠覆传统的父权文化对男人的模式化界定，认为这些界定是有害于男人的，是以一种文化压力来剥夺男人作为个人选择的自由的。

男人被要求刚强、勇敢，有泪不轻弹，轻伤不下火线，事业成功，勇于独自承担责任，等等。应该说，这些都是优良品德，本无可厚非。但男性解放主义所要反对的，是将这些品德极端化，凡是不符合这些品德的人都因此受到歧视的状况。而且，凡善良美好的品德，应该是不分男女的。传统的男权社会，将一些品德加给男人，另一些加给女人，通过对男女不同的性别塑造，完成了歧视与偏见的建构。这，正是我们要反对的。

笔者试图借用一些常见的逻辑形式，来对一些男人社会性别角色的模式进行检验，从而揭示其荒谬之处。

逻辑学的直言命题有四种形式，分别是：全称肯定命题，简称A命题；全称否定命题，简称E命题；特称肯定命题，简称I命题；特称否定命题，简称O命题。这四种命题间的关系，可以用逻辑方阵来表示，其中，A与O、E与I之间，呈矛盾关系，具有矛盾关系的两个命题既不能同真，也不能同假；A和E呈反对关系，不能同真，可以同假；I和O呈下反对关系，可以同真，不能同假；A和I、E和O呈从属关系，全称命题蕴涵特称命题。

让我们看一看对男人社会性别角色的一些常见要求，比如，"所有男人均应事业成功。"这是一个全称肯定的A命题，但是，事实上，现实生活中确实有许多男人事业不成功，也就是说，"某些男人事业不成功"，即特称否定的O命题。在逻辑学的逻辑方阵中，A命题和O命题是矛盾关系。也就是说，不能同真，也不能同假。因此，性别文化对男性社会性别角色的要求，便与现实发生了冲突，可见这一要求本身是不正确的。如果我们坚持这一要求，就等于认为那些"事业不成功的男人"不是男人，从而对普通男性进行了一种贬损。

对必须事业成功才算一个名副其实的男人的这一文化定义，将巨大的压力加在男人身上，男性解放主义者便要将这一压力卸除，还给男人一个作普通男人、享受平常生活的权利。

再来看一个关于男人的概念化界定："男人都好色。"所谓"没有猫不吃腥的"。但可能正是因为认识到了现实与此不符，所以说这话的人，往往会加上一句："只有个别男人不好色。"

"男人均好色"与"只有个别男人不好色"，前者是A命题，全称肯定。后者是O命题，特称否定。而逻辑方阵告诉我们，A和O是矛盾关系，上面的直言命题同样是有问题的。

如果改成下面的公式又怎样呢：

有些男人好色。
有些男人不好色。

前者是I，特称肯定命题；后者是O，特称否定命题。这便成了一对下反对关系。具有下反对关系的命题，可以同真，不能同假。如果其中一个命题真，另一个命题真假不定；如果其中一个命题假，则另一个命题真。由下反对关系，我们可以知道，上述两个命题都存在真命题的可能性，是真实的。

这一推论的过程告诉我们，我们只可以清楚地说，某些男人如何，另一些男人如何，而不能说"所有男人"如何。当我们以"男人"代替"某些男人"的时候，歧视与伤害便开始了。

我们的文化还认为，"男人比女人力气大"，或者"男人比女人更理性"，"男人比女人更具有领导才能"，等等。这些断言中的"男人"，实则上仍是指的"所有男人"，"女人"也指的是"所有女人"。

我们挑"男人比女人力气大"这个论断，看他是如何得出的呢？是对全体男人和全体女人做一次普查后得出的吗？显然不是。而只可能是这样得出的：

A男人力气比B女人力气大。
C男人力气比D女人力气大。
因此，男人力气比女人大。

这便符合逻辑学上的直言三段论形式。我们看到，这里的两个前提都是特称肯定命题，而根据直言三段论的规则，两个前提中有一个特称，结论也是特称，所以，两个特称的前提更不可能得出一个全称的结论。事实上，无论多少个特称前提加在一起，只要这些特称没有将所指示的对象全体包括在内，也不可能得出关于这一对象的一个全称结论。

女性主义重建社会性别的一个关键论点便是："个体的差异永远大于群体的差异"。所以，不要因为某个男人和某个女人的差异，就认为男性与女性的差异也是这样的。当我们站在男性性别革命的视角来思考社会文化对性别模式的塑造时，这同样可以作为重要的指导思想。

按照上面的思路推理，我们也不能够得出"男人比女人更理性"、"男人比女人更具有领导才能"等等这些论断。

传统的父权文化还否定男人爱美和追求美的权利。女人怎么爱打扮都没有关系，如果一个男人像女人一样关注自己的外貌，也会被视为缺少男性气质，"不像个男人"，受到歧视与偏见的对待。且看此例：

所有女人都爱美。
所有男人都不是女人。
所以，男人不爱美。

换成逻辑公式便是：

所有的M都是P
所有的S都不是M
所以，所有的S都不是P

逻辑学告诉我们，这一推理形式是错误的，是无效推理，这个推理是前提真而结论假。这也便仿佛是说：所有的人都是要死的。所有的猴子都不是人。所以，所有的猴子都不是要死的。但正是这样荒诞的逻辑，一直成为对男人施压的工具。

让我们来看一个有效的逻辑推理形式，即：

所有M都是P
S是M
所以，S是P。

这是一个正确而有效的推理形式，具有它的推理形式的任一推理都不会出现真前提和假结论。我们因此可以用它来检验和反驳关于男人社会性别角色的另外一些断定。

比如，我们的文化一直要求男人"轻伤不下火线"。媒体过去习惯报道的英雄模范形象，都是病倒在工作岗位上，然后人们在他的衣袋里发现几张没有出示过的病假条。对男人健康的蔑视到了这样一种程度，仿佛男人是特殊材料做成的，不会生病。这一荒唐的思维方式，可以按上面有效逻辑推理的形式来反驳：

所有人都会生病。
男人是人。
所以男人是会生病的。

除非你否定男人是人，或否定人会生病，否则你就无法否定这一推理。

通过上面几个小例子，我们已经看到，男性解放运动，其实强调的是个体的差异与权利，强调的是多样性，反对否定个体差异，强加给男性群体一个标准模式的文化。以逻辑学为武器，可以很容易使其暴露出种种荒诞之处。

我们也许可以这样说：父权文化，本身便是不合逻辑的。

二　新媒体与男性气质多样性的呈现

新媒体的出现，为男性气质多样性的实践提供了新的展示机会。

主流社会的媒体一定像主流社会一样，试图强化理想的、支配的、阳刚的男性气质。即使打开一个与情色完全无关的页面，你也可能被突然跳出来的情色广告或情色游戏吓一跳。这些广告和游戏均选择性感的女性身体和挑逗男人的语汇，诱惑你注意，并且点击它们。这些现象说明，互联网中的主流力量同样假设了所有网民都是异性恋的男人，它的目标也是针对异性恋男人的。而且，这些男人都符合关于男性的传统的社会性别刻板印象：好色的，猎艳的，自制力差的。

这一方面伤害了那些不符合这一标准的男人，让他们感到自卑，或者无处躲藏，安静地使用互联网的权利受到侵犯；另一方面也可能伤害符合这一标准的女性，让她们为自己对"女性气质"的背叛、对"男性气质"的靠拢而不安。

与此同时，所有鼓励阳刚男性气质的图片和文字都更易广泛流传，无论在论坛，还是在博客或微博上。这是互联网拥有话语权的一族所做的。

但新媒体不是只有拥有权力的人才可以发声，不可避免地，边缘的男性气质像社会中任何一种边缘的存在一样，在新媒体上获得了传达自己声音的机会。那些长期以来被压制的多样性的男性气质开始呈现，它们最初可能出现在社交空间，同类汇聚，逐渐形成互联网上的一种亚文化：非主流男性气质亚文化。

这，可能仅仅是由针对一些事件的不同声音开始的。

2012年的海航劫机事件中，众男性旅客勇斗歹徒，据当事人回忆，起关键作用的是一声大喊："是男人的都上！"这句大喊被人认为在当时的情境中具有激发雄性荷尔蒙的作用，激发了男性的勇敢精神。如果在传统媒体中，对这一句大喊的评论可能停留在对英雄的赞誉上，最多说谁也不希望自己"不是一个男人"。但在新媒体时代，相关新闻后面的评论则五花八门。其中，也不乏反思对这种极强的男性气质的张扬的。有网民便议论说，鼓励那些恐怖分子的，不也是这种"是男人的都上"背后的霸权主义男性气质吗？这种男性气质在适当的时候就会演化成暴力。

新媒体的即时互动，改变了传统媒体的单一呈现，使得多元声音能够迅速突显。笔者在微博上讨论所在大学教学楼的一半男厕所应该改为女厕所，以解决女生如厕难的问题。后面跟的评论，有支持，有反对，有折中。在这个过程中，呈现的不仅是不一样的性别态度，更是不一样的男性气质。如果是主流媒体，我们可能看不到这样的争议。

最重要的是，每个人在阅读这些不同的男性气质呈现的时候，会发现，原来有那么多人和我的看法不一样，于是，开始了解，甚至进一步理解不同的男性气质实践。有一天，他也可能成为非主流男性气质的实践者。

在新媒体成为女权运动阵地的时候，男性参与也未缺席。2012—2013年，无论是女权主义发起的"拍裸照，反家暴"运动，还是"我穿短裙，你不能扰"运动，都不缺少男性的身影。男人也"拍裸照，反家暴"，也有男人穿上短裙，将照片上传微博，以显示自己对女权运动的支持。相较于现实中进行这种边缘男性气质与身体实践的呈现，在新媒体上，要相对容易一些，受到的打压也较易承受。这些男性气质多样性的实践，使得新媒体上的讨论溢出原本的议题，直接带动了对男性气质的思考。这种思考又转而促进男性气质多元性的呈现。

新媒体为非主流男性气质的呈现与宣讲提供了舞台，这最终将促成一种非主流男性气质亚文化的形成，这种亚文化从互联网向现实社会扩展，也是必然的。于是，我们要感谢新媒体，推动了这个世界的男性气质多样性。

三 预测10年后的男性

2007年，我应邀写一篇"预测10年后的男性"的文章，我便写了下面这些文字。10年眼看就过去了，哪些变了，哪些没变？也许，我们还要再等下一个10年……

男性与社会

经过十年的努力，"过劳死"已经成为历史名词，男人们大都懂得悠着来了；主流文化认为，优秀男人的事业可以不成功，有钱有地位有名望不再是衡量好男人最重要的标准；家庭生活的成功成为衡量一个男人人生成功与否的重要指标;社会对男人的过高要求对男人有坏处;传统女性的职业场所,如护士、幼儿园与小学教师,已间或有男人现身其中的报道,但仍然是"新闻"本身则说明了这仍是极边缘的选择;男人更加关注自己的健康,"轻伤不下火线,小病不看医生"的硬汉形象已经不被看好;男人有苦忍着,有泪往肚子里咽的传统硬汉形象不再受主流文化褒扬,社会主流文化鼓励男人面对内心冲突或困扰并向人诉说寻求解决;政治空间出现更多女人,说明男人的"放权"意识增加;大学里已经开设了男性研究课程,中国第一个专门的男性问题研究所已经出现,已经有若干名专事男性研究的学者;等等。

男性与家庭

更多男性开始尊重妻子的家务付出;男性更多地关爱孩子,拿出更多时间和孩子在一起;男性更多地做家务;已经有呼吁男性像女性一样享有"育儿假"的呼声,如现在瑞典等许多国家已经实行的那样;选择成为家庭"主夫"的男人开始多起来了,已经有接近一半的人认为,这种选择无可厚非;"下班就回家"成为媒体常见的一个口号,无论因工作或因娱乐而晚回家的男人均成为主流话语批评的对象;单身老人的自由同居更为普遍;婚姻离异事件中,更多男性为争取对孩子的抚养权而抗争,包括诉诸法律;实施家庭暴力的男人并未见减少,但社会对家庭暴力的惩处更加严厉,法律更加明确;事实上的同性恋家庭更多地出现……

男性与女性

与女性平等的意识越来越受到男性推崇,更多男性支持并参与女性主义运动;不同性别在工作场所和私人场所均更为平等;恋爱与性关系中女人更加主动;"男色"现象更加普遍,男性在更多意义上也已经成为女性的消费品,裸男写真集开始热卖,男子选美每年至少一次;男人在性上感受到更多压力,对壮阳用品的商业炒作仍然火爆,但是,鼓吹性和谐与性高潮来自爱情而不是来自活塞运动之持续的声音更多见诸传媒;性骚扰等性犯罪受到更明确的严厉惩罚;传统社会男强女弱、男主女从的婚姻模式更多地被打破,"般配"的标准发生着变化;越来越多这样的夫妻出现了:丈夫不如妻子有钱,社会地位不如妻子高,年龄比妻子小,身高比妻子矮……

第四章 认清性别暴力

性别暴力内涵的扩展

如果从1979年联合国通过《消除对妇女一切形式歧视公约》算起，人类社会对基于性别的暴力（简称性别暴力）的关注已经30多年了。其间，对于性别暴力的理解也在不断深入。笔者主持"白丝带反对性别暴力男性公益热线"（4000 110 391）的工作，在热线咨询工作中，深刻地体会到，我们对性别暴力内涵的理解有待进一步扩展。

一 关于性别暴力的现有定义

在国际文书和媒体报道之中，经常能看到性别暴力、针对妇女的暴力，以及家庭暴力等概念。虽然这几个概念经常被交替使用，但他们的内涵和外延各有不同，不应混淆。我们先梳理一下这些已有定义。

1."针对妇女的暴力"与"基于性别的暴力"

1979年12月18日，联合国大会通过《消除对妇女一切形式歧视公约》。1981年9月3日，在第二十个国家批准这项公约之后，它作为一项国际公约开始生效。《消除对妇女一切形式歧视公约》第一条为本公约的目的，"对妇女的歧视"一词指"基于性别而作的任何区别、排斥或限制，其影响或其目的均足以妨碍或否认妇女（不论其已婚未婚）在男女平等的基础上认识、享有或行使在政治、经济、社会、文化、公民或任何其他方面的人权和基本自由"。本公约第六条也强调"缔约各国应采取一切适当措施，包括制定法律，以禁止一切形式贩卖妇女和强迫妇女卖淫对她们进行剥削的行为"。

1992 年联合国"消除对妇女歧视委员会"第11届会议通过了关于《消除对妇女一切形式歧视公约》的第19号一般性建议,此建议将"基于性别的暴力"纳入到"对妇女的歧视"的范畴中,指出"基于性别的暴力是严重阻碍妇女与男子平等享受权利和自由的一种歧视形式"。建议明确了"基于性别的暴力"是指"因为女人是女人而对之施加暴力,或女人受害比例极高。它包括施加于女人身体的、心理的或性的伤害或痛苦,威胁施加这类行动,压制和其他剥夺其自由行动……"。

1993年12月20日,联合国大会第四十八届会议第85次全体会议通过了《消除对妇女的暴力行为宣言》,首次明确提出了"针对妇女的暴力"(violence against women)的概念,界定为"对妇女造成或可能造成身心方面或性方面的伤害或痛苦的任何基于性别的暴力行为,包括威胁进行这类行为、强迫或任意剥夺其自由,而不论其发生在公共生活,还是私人生活中"。

宣言还详细列举了一些"针对妇女的暴力"的形式,包括:(1)在家庭内发生的身心方面和性方面的暴力行为,包括殴打、家庭中对女童的性凌虐、因嫁妆引起的暴力行为、配偶强奸、阴蒂割除和其他有害于妇女的传统习俗、非配偶的暴力行为和与剥削有关的暴力行为;(2)在社会上发生的身心方面和性方面的暴力行为,包括强奸,性凌虐,在工作场所、教育机构和其他场所的性骚扰和恫吓,贩卖妇女和强迫卖淫;(3)国家所做或纵容发生的身心方面和性方面的暴力行为,无论其在何处发生。

1995年第四次世界妇女大会通过的《北京宣言》第8条写道:"我们重申承诺:致力于男女的平等权利和固有的人的尊严以及《联合国宪章》所揭示的其他宗旨和原则,并奉行《世界人权宣言》和其他国际人权文书,尤其是《消除对妇女一切形式歧视公约》和《儿童权利公约》以及《消除对妇女的暴力行为宣言》和《发展权宣言》"。第29条写道:"我们决心:防止和消除对妇女和女童的一切形式歧视。"

1995年第四次世界妇女大会通过的《行动纲领》,在"战略目标与行动"中,提到了"对妇女的暴力行为":

"对妇女的暴力行为"一语是指公共生活或私人生活中发生的基于性别原因的任何暴力行为,这种暴力行为造成或可能造成妇女受到身心或性方面的伤害或痛苦,也包括威胁采取这种行为,胁迫或任意剥夺其自由。

第114条补充道:"对妇女的其他暴力行为,包括在武装冲突情况下侵犯妇女的人权，尤其是谋杀、有步骤的强奸、性奴役和强迫怀孕"。

第115条写道："对妇女的暴力行为还包括强迫绝育和强迫堕胎、胁迫／强迫使用避孕药具、溺杀女婴和产前性别选择"。

第116条同样强调："某些妇女群体，诸如属于少数群体的妇女、土著妇女、难民妇女、移徙妇女（包括移徙女工）、农村或边远地区的贫穷妇女、赤贫妇女、收容所的妇女或被拘留的妇女、女童、残疾妇女、老年妇女、流离失所的妇女、遣返妇女、生活于贫穷之中的妇女以及处于武装冲突、外国占领、侵略战争、内战、恐怖主义包括劫持人质等局势中的妇女也特别容易遭受暴力行为"。

2006年，联合国经济社会理事会（ECOSOC）将基于性别的暴力（gender-based violence）定义为，基于社会定义的男性和女性的差异，违背一个人的意愿对其造成的任何伤害的行为。

从以上文献不难看出，国际社会基本是在同一个意义上使用"性别暴力"、"针对妇女的暴力"这两个概念。

2. 家庭暴力与伴侣暴力

联合国《消除对妇女暴力行为宣言》中提到的"针对妇女的暴力"的形式的第一条，便是家庭暴力（domestic violence）：在家庭内发生的身心方面和性方面的暴力行为，包括殴打、家庭中对女童的性凌虐、因嫁妆引起的暴力行为、配偶强奸、阴蒂割除和其他有害于妇女的传统习俗、非配偶的暴力行为和与剥削有关的暴力行为。

1995年世妇会《行动纲领》第113条则认为"对妇女的家庭暴力"是指"在家庭中发生的身心和性方面的暴力行为，包括殴打、对家中女孩的性虐待、与嫁妆有关的暴力、配偶强奸、切割女性生殖器官和对妇女有害的其他传统习俗、非配偶的暴力行为以及与剥削有关的暴力行为"。

美国各州关于家庭暴力内涵的规定大都与全美未成年人和家事法院法官联合会于1994年制定的《反家庭暴力模范法典》（以下简称《法典》）第102条的规定一致。该《法典》第102条规定："家庭暴力是指损害或试图损害其他家庭成员之身体权益的行为；使其他家庭成员陷入对受有人身损害的恐惧之中的行为；使用武力、武力威胁或胁迫手段，违背其他家庭成员的意愿，与之发生性关系。"

在新西兰，1995年通过的《家庭暴力法案》对家庭暴力做出了较为宽泛的解释，在内容方面包括了身体、性和心理伤害，在主体方面不仅包括异性夫妻，而且包括了"伴侣"和"任何按照婚姻的本质关系共同生活的人（无论是同性还是异性，无论现在或过去能否合法地缔结婚姻关系）"。

"家庭暴力"一词是1995年第四次世界妇女大会在北京召开之际，才进入中国的。2001年修正后的《婚姻法》首次提到了"家庭暴力"。该法第3条规定："禁止家庭暴力。禁止家庭成员间的虐待和遗弃。"2001年12月27日开始施行的最高人民法院《关于适用<中华人民共和国婚姻法>若干问题的解释（一）》第1条对"家庭暴力"进行了具体界定，该条规定，家庭暴力"是指行为人以殴打、捆绑、残害、强行限制人身自由或者其他手段，给其家庭成员的身体、精神等方面造成一定伤害后果的行为。持续性、经常性的家庭暴力，构成虐待"。

2008年由全国妇联、中央宣传部、最高人民检察院、公安部、民政部、司法部、卫生部印发《关于预防和制止家庭暴力的若干意见》的通知中，也沿袭了这一定义。

这一定义被学者们普遍认为定义过窄，主要体现在两点：

第一，限定于身体暴力，性暴力没有被纳入，精神暴力没有被具体化，未造成伤害后果的暴力均被排除在外。（吕频，2011:12）而依据前述联合国各相关国际公约及国际共识，家庭暴力应包含个人为了控制和操纵与之存在或曾经存在人身关系的另一个人而采取的任何暴力或欺辱性的行为（不论这种行为是肉体的、性的、心理的、精神的、语言上的或经济上的等等）。

《婚姻法》以伤害后果衡量施暴方的行为是否构成家庭暴力，不利于保护受暴人权益。关于心理暴力的伤害性，有学者指出："心理暴力，是指施暴人威胁要伤害受暴人或当着她的面砸东西、折磨宠物、自虐或自杀等，使受害女性在心理上产生恐惧，进而被迫顺从施暴人。"精神暴力虽然暂时没有看得见的身体伤害，但累积的精神伤害，同样会使受暴人出现身体症状，即所谓"心理问题身体化"，如心血管疾病、消化系统疾病、睡眠障碍、不明原因的头痛或浑身酸痛，等等。（陈敏，2007:9—11）

第二，《婚姻法》将家庭暴力严格限定在家庭成员之间，不能涵盖所有的受暴人。学者们主张借鉴相关的国际文件，扩大家庭暴力的定义。在讨论家庭暴力概念的时候，应考虑到差异和多元化的社会现实，将"家庭"的概念扩大化，既包括家庭成员，指一般传统意义上的家庭成员和现行法律中规定的家庭成员：配偶、父母（含夫妻双方的）、子女及生活在一起的其他家庭成员，包括祖父母、外祖父母、孙子女、外孙子女、兄弟姐妹、叔伯姑侄等，也包括"视为"家庭成员的，即前配偶、同居者（含婚外同居的）、具有特殊亲密关系的人如恋人（含同性恋者）。（吕频，2011：97—98）

联合国《有关家庭暴力的法律范本框架》对各国制定有关家庭暴力的立法提出了指导要求，对妇女家庭暴力立法范畴的关系包括：妻子、同居者、前妻或前同居者、女友（包括不同居一处的女友）、女性亲属（包括但不限于姐妹、女儿、母亲）和家庭女佣。

基于以上认识，中国法学会反对家庭暴力网络2003年向全国人大提交的《中华人民共和国家庭暴力防治法》专家建议稿中，这样定义家庭暴力："发生在家庭成员之间的造成身体、精神或性或财产上损害的行为"，其中家庭成员指"配偶、父母、子女以及其他家庭成员。具有特殊亲密关系的人或曾经有过配偶、同居关系的人，视为家庭成员"。（中国法学会反对家庭暴力网络，2005：1—2）

最高人民法院中国应用法学研究所于2008年制定的《涉及家庭暴力婚姻案件审理指南》第2条提出了对家庭暴力的界定，"本指南中的家庭暴力，是指发生在家庭成员之间，主要是夫妻之间，一方通过暴力或胁迫、侮辱、经济控制等手段实施侵害另一方的身体、性、精神等方面的人身权利，以达到控制另一方的目的的行为"。同时该指南第三条规定："家庭暴力包括身体暴力、性暴力、精神暴力和经济控制四种类型。身体暴力是加害人通过殴打或捆绑受害人、或限制受害人人身自由等使受害人产生恐惧的行为；性暴力是加害人强迫受害人以其感到屈辱、恐惧、抵触的方式接受性行为，或残害受害人性器官等性侵犯行为；精神暴力是加害人以侮辱、谩骂、或者不予理睬、不给治病、不肯离婚等手段对受害人进行精神折磨，使受害人产生屈辱、恐惧、无价值感等作为或不作为行为；经济控制是加害人通过对夫妻共同财产和家庭收支状况的严格控制，摧毁受害人自尊心、自信心或自我价值感，以达到控制受害人的目的。"

基于对家庭暴力对象的认识，越来越多的学者使用"伴侣暴力"代替"家庭暴力"。伴侣暴力（mate violence）可以更准确地传达我们对于家庭暴力对象的理解。本文后面也会根据实际情况交替使用伴侣暴力和家庭暴力的不同概念。

3.性骚扰

2001年联合国宪章特别设立的妇女地位委员会第45次会议指出，所有形式上针对妇女的暴力包括性骚扰（sexual harassment）都削弱了妇女享有的人权，并进一步揭示性骚扰与人的尊严和价值不相容，应与之斗争并予以解除。

2005年修订的《妇女权益保护法》第四十条规定："禁止对妇女实施性骚扰。受害妇女有权向单位和有关机关投诉。"

《消除对妇女一切形式歧视公约》第19号建议指出："性骚扰是在工作场所发生的对妇女的一种歧视形式。"第19号建议进一步强调，性骚扰是一种不受欢迎的与性相关的行为，例如身体接触和接近、以性为借口的评论、以文字或者行为表现出来的与色情和性相关的要求。

国际劳工组织专家委员会认为性骚扰是指非本人愿意的性关系，它包括侮辱评论、开玩笑、暗示等以及对人衣着打扮、体形、年龄和家庭状况的不适当的品评等；有损人的尊严的故意讨好或家长式的伤害人的尊严的态度，不管是否伴随威胁；与性相关联的淫荡的表情或姿势；无必要的身体接触，例如触摸、爱抚、拧捏或者伤害等。

我国学者也界定了性骚扰："不受欢迎的性要求，不受欢迎的性接触，不受欢迎的身体上涉及性的行径；涉及性的行径，借此营造在性方面有敌意或具威胁性的环境。"（李慧英，2002:170）

二 扩展性别暴力内涵的必要性与可能性

虽然我们已经看到，针对家庭暴力、性暴力等性别暴力的定义已经得到了很大的充实，但是，在对性别暴力概念的使用上，仍然存在狭窄化的情况。目前中国国内对"基于性别的暴力"这一概念的使用，基本上沿袭1993年联合国通过的《消除对妇女的暴力行为宣言》中的定义，将性别暴力等同于针对妇女的暴力。

在"白丝带反对性别暴力男性公益热线"（4000 110 391）的工作中，我们接触到非常多形式的基于性别的暴力，远远超出上述定义。许多种形式的性别暴力，需要我们加以重视。

如何定义性别暴力，对于预防和制止性别暴力的工作非常重要。如果我们的性别暴力定义以偏概全，或者遗漏了一些形式，那些被遗漏的性别暴力形式便无法得到充分的重视，难以得到有力的干预，也会在一定程度上助长此形式暴力的蔓延。

毕竟，许多进行预防和制止性别暴力工作的专业人士，是依据针对性别暴力的定义来进行相关工作的，比如警察、司法系统依据性别暴力的定义提供干预，社会工作者、心理辅导系统同样根据这一定义来提供社会服务，政策制定系统根据定义来制定相关政策，传媒系统通过定义来进行宣传倡导，等等。

所以，在笔者看来，如果对性别暴力的定义不充分，就会纵容暴力；而只有尽可能囊括所有形式的性别暴力，才会真正对受暴人起到保护作用，对实暴者起到警戒和惩罚的作用。当然，这也并不意味着，我们将无限度地扩大"性别暴力"的内涵。

在笔者看来，只要是基于性别不平等、性别歧视、社会性别刻板印象的暴力，均可以归入性别暴力。也就是说，性别暴力的概念，应该包括所有基于性别政治和性政治权力关系下的暴力。

事实上，"基于性别的暴力"这名词本身便包括了更广泛的一切与性别权利相关的领域的暴力。我们今天只不过是希望努力还原这个词汇本应该具有的内涵，这需要我们有更强的社会性别敏感，以及更深入地认识暴力与社会性别机制的关系。

国际社会对于随着历史的发展而充实性别暴力的定义是持接纳态度的。2006年，联合国第61届会议的秘书长报告《关于侵害妇女的一切形式的暴力行为的深入研究》中便说道：在社会急速变化的时代，"需要对心理、情感虐待和暴力表现出的不同形式、社会和文化规范对妇女的暴力以及随着技术的使用（如计算机和移动电话）不断演变和新出现的暴力进行命名"。新技术的发展，一定会带来新的性别暴力形式，如色情短信、色情图片，等等。但这种定义的新命名，应该不止于此。

将性别暴力超出针对妇女暴力进行定义，完全不代表笔者想否定制止针对妇女暴力的重要性，我只是希望，同时也关注其他形式的性别暴力，从而使制止性别暴力运动能够得到深入的、全面的开展。事实上，"家庭暴力"如今更多被"伴侣暴力"这一词汇所取代，便是对最初的家庭暴力内涵的新扩展。

性别暴力定义的完善，目前正值其时。这是因为：

第一，国际社会对于针对妇女的暴力已经有了充分的警惕与认识。妇女无疑是性别暴力最深刻的受暴者,如果在针对妇女的暴力尚没有形成共识的情况下,讨论其他性别暴力的形式,有可能会转移焦点,甚至影响对针对妇女暴力的干预。但如今,我们对暴力多样性的认识更加深入,便更有可能促进制止针对妇女暴力的工作。

第二,国际社会对于性别多样性的认识更加深入了。这体现在对于社会性别实践的操演,以及性别身份选择等所有相关方面。进步的学术界与公共社会对于男性气质、女性气质的多样性有了更多共识,对于男性、女性之外的跨性别的平等存在有了更大的接纳。

第三,国际社会针对不同暴力形式的伤害有了更清楚的理解。除肢体暴力外,特别是对精神暴力的讨论非常深入了。

三 性别暴力受暴人与加害人内涵的扩展

还原"性别暴力"本应该具有的内涵,可以从如下几个角度着手:

1.家庭暴力受暴人与加害人内涵的扩展

2001年4月,在中国,"禁止家庭暴力"条款明确写入了修正后的《婚姻法》,2005年8月,修订后的《妇女权益保障法》以国家基本法的形式规定"禁止对妇女实施家庭暴力"。这里将女性视为伴侣暴力的唯一受害者。

伴侣暴力的受暴人多是女性,但大量的调查也显示,约有10%的男人成为受暴人。考虑到男性更不愿意承认自己受到配偶的暴力对待,也更不愿意求助,所以这一比例可能更高。(方刚,2011)但即使只有10%,这也是不应该被忽视的侵权。但是,家庭暴力的研究与行动中,几乎完全看不到针对受暴男人的研究,这类研究是严重不足的。

伴侣暴力的体现形式有肢体暴力、言语及精神暴力、性暴力、经济控制。这四种形式均可能是女性针对男性的。白丝带热线咨询中不乏这样的实例。

通常认为,女性对男性的暴力少,有观念上的原因,因为大多数女性无法接受打丈夫的念头,社会文化也不接受女性打男人,其次就是生理上的,女性比男人弱。但在白丝带热线的咨询中,许多女人坦承,自己会使用推搡、抓挠、打耳光等方式对男性伴侣进行虐待,甚至有每星期打断一个塑料洗衣板的案例。有人认为,女性对伴侣施暴通常是自卫的表现,事实并非如此。白丝带热线的咨询中，许多来电女性承认，她们是暴力的发起者，男性伴侣只是忍让、逃避。

在精神暴力方面，白丝带热线同样有女性侮辱、谩骂丈夫，不让其睡觉等施虐方式。女性的"唠叨"是否会造成男性的极度恐惧或对其造成严重伤害？这在反对性别暴力的领域是有争议的。这种伤害往往被看轻，认为远不如男性加害人带给女性受暴人的恐惧与伤害，或者说，女性的"唠叨"本身是因为男性先对女性漠视才出现的。通常情况下可能是这样的，但是，不足以成为我们忽视此一种形式的伴侣暴力的借口。我们更不应该以后果是否严重来定义是否是暴力，而应该以是否侵犯人权来定义。

伴侣暴力中的性暴力，通常指"丈夫对妻子强行施加的性行为、性行为企图、非意愿的性评论、性要求和性交易以及其他直接针对他人性特征的强迫行为（如心理恐吓、身体暴力或人身威胁行为）"。（孙秀艳，2012: 71）不难发现，同样的情况妻子也可以对丈夫实施。白丝带热线的来电中，便有女性对丈夫的性能力进行羞辱性评价，从而构成精神暴力的案例。

此外，白丝带热线的一些男性来电者抱怨说，他们的伴侣只给他们非常少的零用钱。这不仅是对他们经济开支行为的控制，更威胁了他们的自尊，考虑到社会对男性经济支配能力的要求，来自伴侣的经济控制使他们在公共空间时常处于窘迫状态，威胁着他们的支配性男性气质。如何评价这种男性气质是一回事，经济控制对男性心理的负面影响是显而易见的。

家庭暴力中的姻亲冲突中，不能回避婆婆与儿媳之间的暴力关系，这可能是直接实施的，也可能是婆婆通过儿子对媳妇施暴。中国文化中的"孝"，使得一些丈夫在姻亲冲突中对妻子施暴。此时，受暴人虽然是女性，但加害者包括女性（婆婆）。婆媳冲突具有鲜明的中国文化色彩，而婆婆对媳妇的指责，通常与女性在私人领域的性别角色相关，所以，我们也视之为性别暴力。

此外，白丝带热线接到许多同性恋伴侣的来电，讨论他们之间的暴力问题。同志伴侣暴力，也应该属于家庭暴力关注的范畴。

2.性暴力受暴人与加害人内涵的扩展

根据世界卫生组织出版的《世界暴力与卫生报告》一书的定义，性暴力是指"在任何地点发生的由任何人强行施加的性行为、性行为企图、非意愿的性评论、性要求和性交易以及其他直接针对他人性特征的强迫行为（如心理恐吓、身体暴力或人身威胁），而不论该行为人与受暴人的关系如何，发生地点包括但不局限于家庭和工作场所。"（孙秀艳，2012:71）

请注意：这个定义中并没有专指男性对女性进行的性侵犯，也并没有说女性是性侵犯的唯一受害者。

（1）性骚扰与性侵犯

2005年《妇女权益保障法》（修正案）中第一次明确规定"禁止对妇女实施性骚扰"。这在当时曾引起争论，因为男性也可能是性骚扰的受暴人。

暴力的本质是权力关系，所以拥有权力的人对没有权力的人实施暴力。当女性拥有这样的权力时，也可以实施暴力。笔者此前曾发表过关于女上司对男下属进行性骚扰的研究报告。（方刚，2012:200—209）虽然女性对男性的施暴在数量上比较少，但不等于不存在。我们定义和研究性别暴力的时候，必须有全面的视角。

事实是，性骚扰包括异性间的，也包括同性间的。其中异性间的性骚扰，不仅是男人针对女人的骚扰，也同样有女人对男人的骚扰，还有男人或女人对跨性别者、生理间性人的性骚扰。而同性间的性骚扰，既存在于男人之间，也存在于女人之间，甚至可能存在于跨性别者、生理间性人内部。这些性骚扰行为，都是基于不平等的权利关系的，本质上都是属于性别歧视的。

近年有媒体曝光，原配妻子对丈夫的情人施暴。包括一位妻子纠集四名女性友人，当街将"小三"的衣服扒光泼粪。（PN016, 2013）这种当众扒衣的行为，明显属于女性针对女性的性侵害。虽然可能有人说，是那位没有在场的丈夫婚姻出轨在先，妻子施暴在后，但这仍然无法改变妻子行为的性质。而类似的开脱之辞本身，是需要警惕的。

（2）强奸

《中华人民共和国刑法》第236条明确将强奸界定为"以暴力、胁迫或者其他手段强奸妇女"的行为。从共犯的视角看，丈夫之外的男子和妇女也可以成为婚内强奸的教唆犯或帮助犯。甚至，可以成为强奸的主体。帮助丈夫强奸其他女性的妻子，就是强奸的共犯。

虽然提到共同犯罪的情况，但以上刑法条文中，女性加害人，特别是男性受暴人的情况仍然没有得到全面的涉及。事实是，女性也可以成为强奸的唯一实施者，无论强奸男性，还是强奸女性。强奸的定义中，应该加入男对男、女对女、女对男这些不同形式的强奸。对这些强奸形式的忽视背后，是对"阴茎插入阴道"这一性交形式的"唯一正统地位"的维护。

有学者认为，强奸必须是"一般意义上的性行为，即男女生殖器官之间的相互作用，丈夫强制妻子肛交、口交或者其他方式的性交合，不构成婚内强奸意义上的强制性行为，而应当以强制猥亵罪或侮辱妇女罪论处"。（冀祥德，2012:59）这些论点，更是对"性"这一概念的理解缺乏现代视角。性不只是阴茎插入阴道的活塞运动，而是一个全面的，涉及生理、心理、文化的过程，从这个角度看，强奸显然不应该仅限于阴茎与阴道的关系。

中国刑法关于强奸的定义只针对男人强迫女人发生性关系，这显然是具有父权思想的。男人强奸男人，也被中国刑法关注到了。但是，女人强奸女人，被彻底地忽视，而这在现实中是存在的。在对性别暴力内涵进行扩展时，笔者希望强调：强奸不仅是男人对女人的强奸，还包括女人对男人的强奸，同性别间的强奸，对跨性别者及生理间性人的强奸。而且，这些都是基于不平等的权利关系的、针对性别的暴力。

3.其他暴力形式受暴人内涵的扩展

（1）美貌暴力。这原本指针对不符合主流审美标准的女性的歧视性暴力。以往在谈论美貌暴力时，均强调针对女性的美貌暴力、苗条暴力，但事实是，对不符合传统"男性美"的男性的歧视同样存在。他们可能不被指责为"不够美丽"，但可能因为"不够高大"或"太丑"而受到歧视。

（2）拐卖儿童。拐卖妇女儿童一直被认为是性别暴力的内涵之一。事实是，针对男孩子的拐卖更为常见，而这同样是针对性别的，因为男性更被"看重"，更"值钱"。针对女人和女童的歧视，在拐卖男婴和男童时反而成为对男孩子性别暴力的根源。

需要再度强调的是，针对妇女的暴力是性别暴力中最主要的问题，它一方面反映出权力控制和不平等的状况，另一方面由此产生的各种健康、社会和经济方面的后果也严重限制了妇女的平等参与。性别暴力的根源在于不平等的社会性别关系，性别暴力与传统的性别角色规范和性别权力关系密切相关。妇女、女童、男人和男孩都有可能成为性别暴力的受暴者，但性别暴力的受暴者无疑大多数为妇女和女童，这是由于社会中不平等的权力分配导致的。

笔者对于性别暴力加害人与受暴人内涵的扩展，无意否定上述事实，只是想强调：作为研究者，我们也不应该忽视还存在其他形式的性别暴力。在我们思考性别暴力议题的时候，不能单纯以生理性别为思考标准，而应该以社会性别作为定义性别暴力的标准，这才是真正的对"生理人"的解构。

四　针对性与性别多样性的性别暴力

我们不应该再停留于男人和女人的二元性别划分方式上来思考性别暴力，而应该充分考虑进其他性别的存在。忽视其他性别的存在，本身便是一种性别暴力。事实上，其他性别所受暴力更容易被视为理所当然、名正言顺。

1.针对性别气质的性别暴力

这是针对不够阳刚的男性，以及不够温柔的女性的暴力。前者被称为"娘娘腔"、"二尾子"，后者被称为"男人婆"、"假男人"。不同于主流的二元划分的，颠覆社会性别刻板印象的性别气质的操演，因为破坏了"规则"，而成为施暴的对象。当有学者认为男孩子不够阳刚了，因而提出"拯救男孩"的时候，当全社会倡导女孩子要做"淑女"的时候，不正是一种公共空间中蔓延的性别暴力吗？这种暴力同样制约着正忠实地执行性别二元划分规范的性别操演者，如果你敢越雷池一步，就可能成为下一个被暴力对待的对象。于是，主流社会的人按巴特勒的"表演理论"，拼命地表演成一个男人或女人，同时更突显了性别气质多元实践者的"变态"。

谁在对性别气质的"出轨者"施暴？其背后是文化。具体的实施者可能是男人，也可能是女人，甚至是国家体制。无论哪种性别的人，都可能成为歧视、打击本性别或另一性别中不符合主流社会性别规范者的力量。"娘娘腔"的男人与"男人婆"的女人，会成为男人和女人共同歧视的对象。要求男人"像个男人"的，不只是男人，更可能是女人。在女性内化了传统性别观念时，会因为男性"没本事"、"窝囊"而对他实施精神或肢体暴力，无论在家中，还是在公共空间。此外，鼓吹性别气质二元划分的同时，也是对不符合这一性别气质的人的暴力，当教育系统强行推行这一性别刻板模式的时候，便是一种国家暴力。

2.针对性倾向的性别暴力

针对同性恋者的各种暴力，一直存在于我们的文化和社会中，无疑属于性别暴力的一种。

男同性恋者被认为不够符合阳刚之气，恐同与反同势力一直强调男同性恋者的"女性气质"，虽然事实上女性气质并不是所有男同性恋者的共性，而且女性气质并非"坏"的。恐同者认为，男同性恋者不再"干女人"，而是"互干"，这是无法忍受的，说到底，男同性恋的存在是对传统的支配性阳刚男性气质的一种挑战，是对致力于捍卫这种男性气质的男人的示威。

而女同性恋，则因为女性不再是男性的性对象，不再附属于男性，从而为男性暴权所无法容忍，所以不难理解会有通过强奸来"治疗"女同性恋的论调和行动；另一方面，女同性恋的存在也让一些异性恋的、尊重男性霸权地位的女性觉得自己是被公然挑战的。

针对同性恋者的肢体暴力、精神暴力、性暴力，从来都不缺少。这些暴力表面上是对性倾向的歧视与偏见，实则是基于性别的暴力。

3. 针对性别选择的性别暴力

针对性别选择的暴力，主要指针对跨性别及生理间性人的暴力。跨性别（transgender），指传统定义的男人与女人之外的性别。跨性别者包括：变性欲者，变性人，易装者，跨性别表演者，跨性别性工作者，只做了隆胸手术的生理男人，基于性别选择目的做了乳房切割的生理女人，以及其他所有认为自己不属于传统观念关于男人和女人定义的人。跨性别这一词汇的提出，标志着人类对于性别二元划分模式的挑战，是人类对自身的更加深入、真实的认知与探索，这也要求我们对性别暴力进行新的探索。生理间性人（intersex，又译双性人）一度被归入跨性别，但随着生理间性人解放运动的开展，他们越来越无法接受自己被归类于"他者"，而视自己为独立的一种性别。

逾越了传统性别分类与实践规范的人广泛而真实地存在于我们的社会中，只不过，在男女二元划分的刻板模式下，他们被认为是需要治疗及改变的病人甚至罪人，他们作为一种性别的存在不被承认，其平等权益被剥夺。生理间性人，曾被理所当然地在其出生之后便被医学"解决"，从而成为被"屠杀"的一个人种，不承认他们有存在于世界上的权利。

针对妇女的性别暴力定义指出，暴力可能是发生在私领域，也可能是发生在公领域，甚至可能是国家默许的。

对跨性别与生理间性人的歧视与暴力随处可见：媒体充斥着对跨性别者与

生理间性人偏颇、好奇的报道；公共卫生间只分男女，令跨性别者难以选择；《中国精神病分类与诊断标准》以"易性癖"、"易装癖"、"变性癖"等对跨性别进行疾病化、病理化的定义；心理咨询师及精神卫生工作者将跨性别者的性和性别取向作为精神或心理疾患进行"治疗"；社会对跨性别者的污名化可能对他们的身心健康造成伤害；国家规定的变性手术的限制，影响了他们性别的自主选择；医疗保险未能将变性手术视为"医学需求"，使其无法享受医疗保险福利；医生或父母在未经过本人同意的情况下，对生理间性人进行无法逆转的旨在改变其性别的干预；跨性别者求学、劳动就业的平等权利经常受到侵犯……

2011年6月17日，在日内瓦，联合国人权理事会的各会员国在第17届会议中投票通过了关于性倾向和性别身份的人权决议，这在联合国大会或人权理事会历史上还是第一次。决议"对于在世界所有地区，针对性取向和性别认同的暴力与歧视行为，表达严重关切。"并强调：在世界所有地区，国际人权法适用于"基于性取向与性别认同的暴力和侵犯人权的行为"。

基于性别认同的暴力，当然属于"基于性别的暴力"，属于性别暴力研究者与行动者干预的目标。

五 小结

综上所述，笔者认为：制止针对妇女暴力，需要男性参与。在这个过程中，我们不能够将男性视为铁板一块的施暴者。男性内部也存在差异性，也可能成为暴力的受暴人。忽视这一点，忽视男性的权益，会阻碍推进男性参与。

此外，在同性恋运动、跨性别及其他性别多元运动积极开展的今天，反对性别暴力不能忽视针对性倾向、性别气质与性别多元的暴力。反对性别暴力需要实现最广大的同盟，这就首先需要我们对所有遭受性别暴力的人的权益予以关注；这不仅将提升对长期以来被忽视的非针对妇女的性别暴力的重视，还将使反对性别暴力的目标真正得以实现。

参考文献：

陈敏：《呐喊：中国女性反家庭暴力报告》，人民出版社2007年版

方刚：《反家暴立法应有男性气质视角》，《妇女研究论丛》2011年第6期

方刚：《被性骚扰的男人：立法的研究》，载方刚《多元的性/别》，山东人民出版社2012年版

冀祥德：《婚内强奸的概念界定及构成特征》，载肖扬主编《中国反对针对妇女暴力的研究与行动》，社会科学文献出版社2012年版

吕频：《中国反家庭暴力行动报告》，中国社会科学出版社2011年版

李慧英：《社会性别与公共政策》，当代中国出版社2002年版

孙秀艳：《论丈夫对妻子的性暴力》，载肖扬主编《中国反对针对妇女暴力的研究与行动》，北京：社会科学文献出版社2012年版

中国法学会反对家庭暴力网络：《中华人民共和国家庭暴力防治法》（专家建议稿），载陈明侠、夏吟兰等主编《家庭暴力防治法基础性建构研究》，北京：中国社会科学出版社2005年版

PN016：《兰州：疑似小三被5名妇女当街扒光衣服泼粪（组图）》，2013年3月28日（http://news.ifeng.com/society/2/detail_2013_03/28/23603145_0.shtml）

针对孩子的家庭暴力，你觉察了吗？

不错，你爱你的孩子，但是，可能你此时正在对你的孩子进行家庭暴力，自己却没有觉察，还以为在爱孩子呢。

家庭暴力不只是伴侣之间的，还包括长辈对晚辈的，晚辈对长辈的；不只是肢体暴力，还包括精神暴力、行为控制等等。

我这里指的父母对孩子的暴力，可不是媒体披露出来的那些疑似虐待狂的父母，针扎、鞭打、脚踢……打得孩子遍体鳞伤，甚至剥夺了他们的生命。不错，这是严重的暴力，大家都在谴责。但是，你正施加的精神暴力，其对孩子的伤害可能并不比前述的肢体暴力弱。

一位父亲，信奉要严厉教子，无论自己的孩子多么努力，都永远在指责孩子，永远拿他的不足与别人的长处比，自以为这是"激励"孩子的上进心，却不知道这将给孩子心灵留下怎样的重创。这，是家庭暴力。

一位母亲，望女成凤，常年逼着孩子上各种课外班，学习各种技能，孩子已经厌烦透了，快乐的少年时光被完全剥夺。这，也是家庭暴力。

媒体曾报道，一位父亲在骑车带孩子上学的路上不断数落他，结果孩子突然跳下车，跳河自杀了。父亲可能还不明白怎么回事呢，其实是孩子受到的精神暴力已经让他忍无可忍。

你不打孩子，不骂孩子，就没有暴力了吗？

你不舍得打孩子，但被他弄得气急败坏时，使劲儿抽打自己的脸，这也是对孩子的精神暴力。

一个中学生告诉我，他最受不了的，是父母跪在他面前，求他"好好学习"。这，也是对孩子的精神暴力。

孩子惹你生气，为了教训他，你是否毁坏过他心爱的玩具？如果有，也是对孩子的精神暴力。

为了避免孩子"早恋"，你不让她假期外出，不让她和异性交往，甚至不让她参加同学的生日会……这些，都是对她的"行为控制"，是家庭暴力中的一种。

你偷看孩子的日记，他因此感到受伤，这也是对他的精神暴力。

……

生活中有更多的父母对孩子实施家庭暴力的事例，但当你指责他们这是"家暴"时，父母通常会很委屈、很无辜、很愤怒。

父母会说：我是因为爱孩子才这样！我是为了他"好"才这样！！我是为了保护他才这样！！！

不错，爱而不会爱，实质就是以保护为名的伤害。

爱不是控制，爱不是占有，爱不是把你的意愿强加给孩子。爱是尊重，爱是信任，爱是协助其成长，爱是赋权。

好吧，你什么都没有做，但你们夫妻整天当着孩子的面吵架，这也是对他的暴力。你们甚至假惺惺地说："为了孩子好，我们不离婚。"但是，父母间的争执，特别是家庭暴力，本身就是对孩子的一种精神暴力。我们称这样的孩子为"家庭暴力目击者"。目击者同样会留下伴其一生的心理创伤。更何况，多数时候，"目击者"也是不同程度的直接受暴者。

经历家庭暴力的孩子，身心俱损。他们或难以专注地学习，或陷入极大的自卑、自责情绪中，同时人际交往困难……父母希望通过"爱"孩子要达到的目标，反而更无法实现。他们中许多人还传承了暴力，将暴力带入未来的亲密关系中。

真爱孩子，就对暴力说"不"！

制止性别暴力，辅导令可先行一步

辅导令，是强制要求家庭暴力、伴侣暴力、性暴力等性别暴力的加害人接受认知教育辅导、心理咨询、戒瘾辅导的法律规定。有人称之为"矫正令"或"矫治令"，笔者以为"辅导令"更显示了不给加害人贴负面标签的态度，有助于与加害人沟通，也有助于辅导工作的良性进行。毕竟，一个人来做"辅导"，和来做"矫治"，心情是不同的，对辅导者的态度也不同。

辅导令存在的依据是：我们相信施暴者可以通过教育改变，无论改变多少。辅导令的最终目标在于帮助施暴者重拾健康人生，建立良好的亲密关系。

辅导令起源于北美，在美国被称为"施虐者辅导计划"（Batterer Intervention Programs）。在20世纪七八十年代，针对家庭暴力受暴妇女的救助工作中，加害人的改造工作被纳入视野，"施虐者辅导计划"得以出台。按照这一计划，法庭在根据受暴人申请发出保护令的同时，可以同时发出针对施暴者的辅导令。

美国的辅导令多有这样的规定：施暴者必须进行接触性会谈；并不是所有的施暴者都适合辅导，辅导程序可能会拒绝接受一些施暴者；必须签署一份协议保证自己会完成整个辅导，并且保证不会再次施暴；在辅导过程中保证不吸食毒品和酗酒；施暴者必须为辅导付费，如果他是低收入人群，可以申请政府补助；等等。辅导还会涉及施暴者需要的其他服务，例如戒毒戒酒治疗、就业培训、父母技能课程等。

经过几十年的经验累积，西方的施暴者辅导已经发展成完善的体系，对象上扩展到对性暴力施暴者的辅导，阶段上也不再同保护令并行，并包括了对刑满释放者的辅导，对于有些施暴者，还可以用接受辅导代替服刑。当然，渴望改变的个人也可以主动接受这一辅导，而不需要任何强制性命令。

辅导技术也得到了长足发展，目前主要采取团体辅导的方式，形成了多种卓有成效的辅导模式。辅导期从几个月到两年不等。在辅导过程中，辅导者会每隔一段时间便向法院或警局汇报被辅导者的表现，在整个辅导结束后对被辅导者做出评估。对于那些以辅导代替服刑的施暴者来说，这将成为施暴者是否需要再进监狱的重要依据。

辅导效果一直受到评估。对于情节轻微的施暴者的辅导效果较好，而对于所谓"父权恐怖型暴力"的实施者，绝大多数的经验是只能做到减少施暴次数，以及降低暴力的程度，很难使施暴者彻底放弃暴力。

在新加坡，通常在家事法庭发出人身保护令时，即可发出强制性辅导令。辅导工作由家庭服务中心进行，通常进行四次辅导，并且向家事法庭呈交辅导报告。法官会根据辅导员的报告，决定当事人是否需要继续接受辅导。按法律规定，如果没有按时按次出席辅导员安排的辅导，是蔑视法庭的行为，将会受到法律惩罚。

辅导令在中国台湾被称为"加害人处遇计划"或者"施暴者处遇方案"。中国台湾的《家庭暴力防治法》明文规定家庭暴力加害人应该进行"处遇"，即我们所讲的辅导。2008年，中国台湾出台了《家庭暴力加害人处遇计划规范修正条文》，对此进行了详细的规定。比如，如何评估是否需要进行处遇，谁来进行处遇，不接受强制处遇将受到什么处罚，处遇后的评估建议等。

中国大陆针对家庭暴力的司法实践中，已经成功地实践了"保护令"、"限制令"，在笔者看来，"辅导令"已经迫在眉睫，呼之欲出了。

中国法学会反对家庭暴力网络拟定的《中华人民共和国家庭暴力防治法（专家建议稿）》中，也提到了"强制矫治"的内容。其中建议，公安机关"对家庭暴力施暴人可以采取强制矫治措施。县级以上人民政府卫生部门、民政部门，应当配合同级公安机关做好强制矫治工作"。

该建议稿还提到由各级政府建立"强制矫治所"，所需经费纳入财政预算；建议"矫治期"为一个月至三个月；强制矫治费用由其本人支付，确有困难的，由当地人民政府承担。

在笔者看来，"专家建议稿"中关于公安机关针对施暴人采取强制辅导措施的建议非常好，让公安机关在接到家庭暴力的报警后，多了一个处理方法，即向施暴者出具辅导令，也可以让伴侣双方一同接受辅导，而不必到法院起诉时才让辅导介入。

　　设立"强制矫治所",有助于辅导工作的政府统一管理和专业化运作。但是,涉及基本建设投资,涉及政府需要增加专业人员编制,无形中对辅导令的实施又增加了阻力。更何况,"矫治所"如果建得很多,对经费和专业人士的要求高,而分流后的受辅导人员相对少,难以得到充分利用;如果一个县,甚至更大地区建一个,辅导人员到那里接受辅导需要在路途上浪费太多时间,使定时辅导的实现增加了不确定因素。如果要求受辅导者住在"强制矫治所"接受辅导,则形同关监狱,不是辅导,无助于施暴者的改变。基于以上认识,笔者认为"强制矫治所"的设想在操作上有一定难度。

　　笔者认为,推动辅导令,应该以尽快地、务实地、以最低的经济和时间成本,达到最好效果为目标。所以应该尽可能减少不确定因素,利用现有的资源,以最简便的方式推行。比如,现有的精神科医生、心理咨询师、社会工作者等,都可以在本职工作中承担辅导工作。既促进其专业能力的提升,又节省政府资源,更重要的是有助于辅导令真正落实。

　　当然,即使是上述专业人员,承担性别暴力实施者的辅导工作,也需要进行再培训。笔者建议培训也可以分阶段、分等级,颁发初级、中级和高级的"性别暴力辅导师资格证"。对于程度不严重的性别暴力施暴者的辅导,初级性别暴力辅导师便可以胜任,而施暴者的情况越复杂、暴力程度越严重,便需要交由更高级别的辅导师进行辅导。应该建立一个评估机制,决定受暴者接受谁的辅导。辅导师除了应该不断学习,还应该接受专家的督导。

　　"专家意见稿"提到的辅导期,在笔者看来还是为时太短。思想和行为的改变是一个漫长的过程,其间需要逐步地成长。即使每天接受辅导,三个月的辅导所取得的进步,可能无法达到每周二次、持续一年辅导的收获。笔者建议采纳国际已经成型的辅导模式与辅导经验。

　　无论如何,辅导令的实施是需要做许多准备的。辅导令的实践必须走在前面,当"反家暴法"出台时,才有可能尽快在全国落实。所以,笔者呼吁"辅导令"可以在"反家暴法"出台前先行一步。就像有地方法院在"保护令"、"限制令"上先走一步,成为榜样一样,我们也期望有地方的公安机关或法院,做先行者,先颁布辅导令,成为全国的表率。白丝带反对性别暴力男性公益热线(4000 110 391)目前一项重要的工作便是针对性别暴力施暴者进行辅导。我们在全国各地的志愿者网络,可以配合当地的公安机关开展辅导令的落实。

反家暴法应该明确规定"辅导令"

正在征询意见的《中华人民共和国反家庭暴力法（草案）》，一个遗憾之处是对于辅导令没有明确的规定。草案已经强调"反家庭暴力工作实行预防为主、教育与惩处相结合的原则"。而预防、教育、惩处的不同环节，都需要有专业的辅导力量介入。

草案中与辅导直接相关的，是第十二条："监狱、看守所、拘留所等场所应当对被判处刑罚或者被依法拘留、逮捕的家庭暴力加害人依法进行法制教育、心理咨询和行为矫治。"这里虽然提到"心理咨询和行为矫治"，但与其在反家暴中的重要性是不相符的。而且，仅限于监狱、看守所、拘留所等场合也是不够的。

第十三条写道："有关单位、组织接到家庭暴力投诉和求助后，应当及时劝阻、调解，对加害人进行批评教育。"笔者认为，传统的"批评教育"的思路需要改变。家庭暴力的施暴者，不是靠"批评教育"可以改变行为的，而需要专业的人员，进行非常专业的辅导工作。

草案第十六条对于未成年人的保护有一些规定，但笔者认为应该加入对处于暴力家庭中的青少年进行辅导的内容。辅导工作一方面处理青少年的创伤，另一方面也为了阻断家庭暴力的传承，起到预防的目的。

总之，要真正有效地做好反家暴工作中的预防、教育、惩处，便需要像草案中已有的"人身保护裁定"一样，制定独立的"辅导裁定"，使之受到足够的强调。

监狱、看守所中的"心理咨询和行为矫治"，在未来的反家暴法中应该是强制性的规定，但在其他情况下，也应该有强制性的辅导行为。

比如，草案第十九条提到："家庭暴力尚未构成违反治安管理行为、犯罪的，公安机关可以书面告诫加害人不得再次实施家庭暴力，并将告诫书抄送受害人住所地或者经常居住地的基层群众性自治组织、妇女联合会。"笔者建议，仅有书面告诫无法真正改造施暴者，应该把"书面告诫"改为"强制辅导"，并且将强制辅导书交给当事人所在地的专业辅导机构。行政拘留释放人员也应该接受辅导。辅导时间的长短，由辅导机构的专业人员对施暴者进行具体评估后判定。辅导结束后，还要做出效果评估，反馈给公安机关。国际上针对家庭暴力施暴者的辅导经验显示，越早干预，干预时施暴行为越轻微，对施暴者改造的效果越好。

此外，受保护令限制的施暴者，也应该强制性接受辅导。反家暴法草案有"人身保护裁定"的规定，而辅导令则正好可以与之相配套。仅限制施暴者不能继续施暴还不够，还要通过辅导令使他们接受行为矫正的工作。何况，有一些家暴离婚诉讼可能因为各种原因以不离婚告终，针对施暴者的辅导有助于双方回到家庭后的生活，辅导的效果也可以为法院判决提供参考。

以笔者所领导的中国白丝带志愿者网络为例，我们近年一直在努力推动针对性别暴力当事人的辅导工作。笔者建议未来增设"家庭暴力辅导师"或"性别暴力辅导师"这一专业职业，同时完善与辅导令相配套的专业论证的辅导规范、经过考核取得资质的专业辅导人员，以及审定核准的专业辅导机构。比如，每个城市或区县，审定一个或多个专业的辅导机构。这些工作都是许多国家和地区正在做的反家暴工作中的重要一环，我国的台湾地区也是这样做的，收到良好效果。但在中国大陆目前"无法可依"，推动起来举步维艰。如果中国的反家暴法明确规定"辅导令"，便会为这些工作未来的开展奠定基础，从而极大推进反家暴工作。

反家暴法讨论，倡导男性参与的契机

反家暴法进入讨论阶段，这也是一次全民的宣传倡导活动，在这个过程中，男性参与不能缺席。借反家暴法的东风，推动男性参与反家暴的讨论，进而推进中国男性参与终止性别暴力的意识与工作，事半功倍。

包括反家暴在内的反对性别暴力、推进性别平等的工作中，男人和男孩的作用越来越受到国际社会的重视，而这是我们以往忽视的。男性参与到反对性别暴力的工作中，是男人的责任、义务，也是权利和使命，更是机遇与挑战。

在反家暴法的讨论中，我们应该明确地指出：男人有责任和义务参与到反家暴的工作中。长期以来的父权文化，建构了不平等的性别制度，男性更多是施暴者，女性更多是受暴者。男性有责任投身于追求平等和公正的事业，从自己做起，不对女性施暴，并且不对暴力保持沉默，成为反暴力的一分子。

事实上，男性参与具有必要性。男人就在那里，你没办法回避他们，他们存在于社会生活中，存在于家庭中，反家暴不可能无视他们；离开人类社会中一半的成员谈反家暴，谈性别平等，不可能成功。在反家暴法讨论中，男性社会大众如果缺席，这场讨论将是非常缺憾的。

男性参与还具有可能性。男性并不是铁板一块，男性气质是多样的。每个男人的生命史都不同，他们对暴力的态度也不同，男性主流仍然是向往平等和谐的亲密关系的。男人也有权利和使命参与到反对性别暴力的工作中，为社会带来正能量。

男性参与是利用男人手中的权力。男人控制着体制中的权力，必须借助这种权力，使之转化为促进性别平等的力量。想象如果有一个男性的领导人，男性的意见领袖甚至宗教领袖，在呼吁和致力于终止家庭暴力，必将影响到更多的人，特别是男人。这远比处于弱势地位的女性单方面的努力要更有效。男性参与反家暴，有助于体制的改变。

男性参与从改造个人做起，到改变体制和社会。男人是一个个独立的个体，当男性参与运动使得越来越多的个体成为促进性别平等的力量时，社会就会发生改变。男性参与本身就是改造男性的榜样行为，当一个个男性成为反家庭暴力的活跃分子的时候，男性参与的社会号召力便会呈现出来。

男性参与有助于改造施暴者。针对男性施暴者做辅导工作的时候，男性作为辅导师更有效果。一些受暴女性希望得到男性帮助，白丝带志愿者网络的白丝带热线的工作经验是，许多女性受暴者非常愿意向男性咨询师咨询，认为他们更了解男性心理，更能提供经过全面考虑的帮助。

男性参与是机遇，也是挑战。我主张男性参与要从男性气质改造入手。改造支配性的、阳刚的、大男子汉式的男性气质，是促进男性参与到反对性别暴力、促进性别平等工作中的重要手段。

推动男性参与的策略可以多样性，并需要政策支持和舆论倡导。男性参与可以在家庭暴力的预防、处置等许多环节贡献力量。联合国秘书长成立"联合起来制止针对妇女暴力运动"男性领导人网络是一种倡导；2014年联合国发起"He For She"运动也是一种倡导；中国白丝带志愿者网络组织具有性别平等意识的男人"讲故事"，在学校性教育中加入性别平等教育、男性参与教育，都是倡导；西方一些国家的男性参与组织，进行"好爸爸好父亲"培训项目，针对施暴者进行辅导项目，则不仅是倡导，更是致力于推动男人改变的实际工作。

在讨论反家暴法的过程中，倡导男性参与，可以避免使"反家暴法"变成只有女性关注的法律，更可以推进男性反性别暴力意识的觉悟，从而成为推进中国男性参与的重要契机。

校园性别暴力：新的定义与新的研究视角

过去20多年间，性别暴力日益受到全世界的关注，但是，校园性别暴力却是一个长期被忽视的现象，2013年联合国教科文组织发布了《校园相关的基于性别的暴力》（UNESCO, 2013），从而将"校园性别暴力"这个词正式推到公众面前。

一 性别暴力与校园性别暴力的定义

1.性别暴力

性别暴力的定义本身有一个发展的过程。1979年12月18日，联合国大会通过《消除对妇女一切形式歧视公约》，首次出现"对妇女的歧视"一词，这是指"基于性别而作的任何区别、排斥或限制，其影响或其目的均足以妨碍或否认妇女（不论其已婚未婚）在男女平等的基础上认识、享有或行使在政治、经济、社会、文化、公民或任何其他方面的人权和基本自由"。1992年联合国"消除对妇女歧视委员会"通过了关于《消除对妇女一切形式歧视公约》的第19号一般性建议，此建议将"基于性别的暴力"纳入到"对妇女的歧视"的范畴中。

1993年12月20日联合国大会第四十八届会议第85次全体会议通过了《消除对妇女的暴力行为宣言》，首次明确提出了"针对妇女的暴力"的概念。

不难看出，国际社会基本是在同一个意义上使用"性别暴力"、"针对妇女暴力"这两个概念。在笔者看来，性别暴力的概念也需要加以扩展，反对性别暴力应该同时关注家庭暴力、性暴力中的男性受暴者，以及同志伴侣暴力的受暴者。性倾向暴力（针对同性恋者）、性别气质暴力（针对不够阳刚的男人和不够温柔的女人）、美貌暴力（要求女性美丽的性别文化）、性别选择暴力（针对跨性别与生理间性人），也均应属于"基于性别的暴力"。

2.校园性别暴力

校园性别暴力是性别暴力的表现形式之一。发生在校园空间内的性别暴力，无疑属于性别暴力，但笔者认为，我们不应该简单地以物理空间的概念定义校园性别暴力。发生在校园周边的，甚至虽然远离校园，只要与校园中的角色关系和生活有关的暴力，均可以视为校园暴力。比如，社会闲散人员在校园门外骚扰或抢劫女生的行为，或一位男生向女同学求爱不成，便到她家中施暴，都应归为校园暴力。

校园暴力呈现为多种多样的行为，包括而不仅限于（UNICEF, 2006:3）：欺凌，包括言语和肢体上的骚扰；性骚扰，也称为挑逗或者性暗示；以获取优秀成绩或者支付学费作为交换而发生的性行为；非自愿性接触或者性侵犯；教师对学生的诱奸和骚扰；以及在校园环境中对男性主导地位与侵害的容忍或鼓励。在我国，以往对于校园性别暴力的研究主要集中在性暴力上，即校园性侵害或性骚扰。

在笔者看来，教学中的性别歧视与偏见同样属于性别暴力，而且是一种被忽视的，名正言顺施行的暴力。

从校园性别暴力施暴者与受暴者的身份角度，笔者将校园性别暴力分为如下几种情况：

（1）师生之间的性别暴力，包括教师对学生施暴，也包括学生对教师施暴，而后者长期被忽视。

（2）普通学生之间，包括同一性别的学生之间施暴，也包括对不同性别同学的施暴，其中既有男对女，也有女对男。特别不能忽视的是，针对跨性别学生的暴力。

（3）学生情侣之间的暴力。

（4）校外人员进入校园，对学生或教师施暴。

在笔者这样的定义下，校园性别暴力的内涵已经被充实了，不再仅是研究最多的性侵害了。

二 校园性别暴力的新关注点

我国对于校园性暴力的关注点仍旧是主流社会的男性对于女学生的侵犯与骚扰，依旧假设只有学生、女性才会遭受"性"的伤害，这不得不令人惋惜。在日益多元和人权越来越得到重视的社会背景下，必须看到多元性别下性暴力的存在，必须关注被边缘化的群体遭受的校园性暴力伤害。例如男学生对女教师，同性学生或者教师之间的性暴力，等等。只有这样，才能推动整个校园性暴力乃至校园性别暴力的发展。

按照笔者对性别暴力概念的扩展，我们同样应该将校园性别暴力的定义扩展得更宽广一些。在校园中，也存在学生（通常为男性）对教师（通常年轻以及为女性）实施的性骚扰，还有女性教师对男性学生施加的暴力。

联合国教科文组织发布的校园暴力文件中，也提到了一些研究的空缺，比如（UNESCO, 2013:9）：

i.关于非异性暴力形式的研究：几乎还没有任何关于校园相关的基于性别的暴力（SRGBV）的研究超出异性暴力形式，目前研究所涉及的暴力绝大多数都是男性教师或学生对女性学生实施的；

ii.学生对教师的暴力：教师，尤其是年轻的女性教师，也会遭受来自其他职员或者年长学生（通常为男性）的性暴力，这样的事实被大大忽略了；

iii.校园相关的基于性别的暴力（SRGBV）与其他暴力形式之间的关系。对此，我们还将在后面的"影响因素"中进行分析。

iv.校园相关的基于性别的暴力（SRGBV）和欺凌的区分：对待欺凌问题缺乏性别视角，以及倾向于将其作为一种区别于基于性别的暴力（GBV）的现象，这样的做法既无助于对问题规模的了解也不能最好地解决问题；

v.对教师看法的了解：针对教师对基于性别的暴力（GBV）的看法以及他们在学校环境中如何处理这些事情，几乎没有任何研究。关于教师在日常目睹或往往参与其中的发生在体制内的暴力时，采取的是什么样的态度和行为，以及是什么因素在影响着这些态度和行为，我们尚需要进行了解；

vi.教育、可及性和成就：虽然我们认识到校园相关的基于性别的暴力阻碍了教育机会、参与过程以及教育质量和平等结果的实现，但尚不知道暴力具体是如何影响学生的在校率和学业成就的。

vii. 校园相关的基于性别的暴力（SRGBV）和其他社会领域的关系有待进一步认识。

在所有以往被忽视的校园性别暴力中，恐同欺凌、恐跨欺凌近来受到较多的关注。

恐同（性恋）欺凌是指基于对同性间的性欲望以及性行为存在的非理性的恐惧而产生的暴力，而恐跨（性别）欺凌是指对那些性别认同和/或性别行为与其生理性别或社会的性别角色不符的人产生的非理性的恐惧下的暴力。它们有的是欺凌者有意识的行为，有的是欺凌者无意识的行为；它们一直存在，只不过长期被忽视，甚至被普遍接受。在同性恋与跨性别追求平等权益的过程中，恐同恐跨的校园欺凌才受到重视。（勉丽萍，2012）

联合国教科文组织（UNESCO）在其"全民教育"（Education For All）的框架下，加强了其在消除性倾向和性别身份的校园欺凌方面的努力。UNESCO于2011年12月6日—9日在巴西里约热内卢组织了全球首次关于校园欺凌的国际咨询会。中国的一名青年代表参加了此次会议。会上来自25个国家的参会代表一致通过了《关于恐同欺凌和全民教育的里约宣言》，呼吁各国政府采取措施，应对教育系统内基于性倾向和性别身份的校园欺凌现象。会议结束后，UNESCO发布了一份基于性倾向和性别身份校园霸凌的全球回顾报告，并即将在此基础上出版一个关于教育部门应对恐同欺凌的政策与实践指南。

除针对性倾向的暴力外，性别气质暴力也开始受到重视。性别气质暴力，即针对所谓男生不具备支配性的男性气质、女生过于阳刚不温柔的指责。一度流行的"拯救男孩"论，便是这种性别气质暴力的典型体现。

校园暴力的施加方式，除了以往常见的肢体暴力、精神暴力及语言暴力外，互联网暴力是新的特点，指的是施暴者通过网络，以文字或多媒体手段对他人进行长期的攻击。学生们对互联网的使用率非常高。网络文化与暴力结合成紧密的关系。互联网社区中将女性的容貌、身体以及性的特征无限放大，也是一种将女性物化、商品化、工具化的性别暴力。语言暴力在互联网上传播速度很快，如网友攻击芙蓉姐姐，便是一种基于性别的网络语言暴力。

三 校园性别暴力的危害

校园性别暴力对安全的校园环境产生威胁，并侵犯了学生普遍接受教育的权利。

校园暴力中的大多数施暴者和受暴者生活在同一个空间，因此暴力更容易实施和持续，所以校园性别暴力有持续时间长、次数多的特点；校园性别暴力的绝大多数受暴者又都是成长中的青少年，处于心理、生理发育阶段，受暴对他们的伤害更大。受到暴力对待，甚至受到暴力威胁，都会对受暴者造成负面影响，这主要体现在如下几个方面：

第一，学业。校园暴力可能会影响到受暴者对自己学生身份的认知；校园性别暴力可能使受暴者失去学习兴趣，学习成绩随之退步；一些受暴者无心学习、注意力减弱、缺勤、逃课和逃学；校园性别暴力所导致的辍学，使得受暴者社会技能的发展受到阻碍，特别是最易受暴力影响的女孩，她们未来获得较高收入的能力遭到破坏，更不用说其他与教育有关的发展机会了。（Leach, Fiona, 2013:20—23）

第二，心理健康。受暴的经历可能会毁坏一个人的自尊心，受暴者可能会产生自卑、抑郁、焦虑感，出现失眠、饮食失调、罪恶感、酗酒、自残，甚至自杀的现象；容易愤怒，并有报复心理；或长时间处在恐惧状态；一些人因情绪压抑和陌生人发生性行为，这可能影响到他们的性健康。

第三，生理健康。肢体暴力直接伤害到受暴者的生理健康，一些受暴者身上会留有不同程度的轻重伤；精神暴力对心理产生的负面影响同样可能转化为生理的创伤；强迫性行为还可能造成包括感染性传播疾病、非意愿妊娠、高危的青少年怀孕和分娩，以及不安全堕胎等生理健康问题。

第四，人际关系。受暴者可能出现多种不良表现，与同学间的关系变得不和谐；因为自卑而自我封闭，较少参与学校活动；学校内的暴力环境会导致学生继续实施或遭受暴力。

第五，价值观。性别暴力会影响受暴者对于公平、正义的看法，甚至会彻底改变他们的价值观；他们中的一些人会学习暴力，以暴易暴；性别暴力在学校内被容忍和宽恕时，就会对性别平等产生更广泛的社会影响，会超越学校而在社会中导致更广泛的不平等和基于性别的暴力。

总之，校园性别暴力，不仅是对实现受教育权的障碍，也是对受暴者基本人权的侵犯，更甚之，是对整个社会正义的破坏，它的存在可能会产生非常坏的持续影响。

四 校园性别暴力的土壤

校园性别暴力是性别暴力的一种表现形式,其存在的根本原因也与性别暴力存在的原因一样,即整个社会中不平等的性别权力关系。男性对女性、异性恋对同性恋、符合性别规范的人对于违背性别规范的人……便是这种不平等权利关系的体现,前者总是比后者更具有权力。这种权力被整个社会的父权体制维护。校园中传统的权力关系:教师对学生、男性对女性、男女对跨性别、上级对下属、高年级对低年级、异性恋对同性恋……都是父权体制的具体体现。

家庭、学校和社区都认可社会结构与制度中的性别规范和权力关系。学校承担着引导学生"社会化"的角色,可能会通过对现状的默许或明确认同,在无形中加剧这种有害的社会性别规范及权力关系并使其合法化。作为社区中受人尊重的教育机构,学校在无形中会制造一种使基于性别的暴力得以泛滥的有利环境。(UNESCO,2013:7)

我们可以围绕"校园"这一特定的情境对性别暴力的滋生做更具体的分析:

第一,学生之间不仅一起工作,还一起生活,它具有一般职场或住居社区所没有的紧密性,特别是大学校园更是一个小社会。这种接触的频繁、紧密,人际关系的多元,使得各种类型的性别暴力的发生比单纯职场或单纯社区都更可能集中。

第二,校园强调其教育、科研与学习的功能,校园性别暴力通常会被视为简单的人际关系处理;即使是高校也倾向于把学生当"孩子",认为学生间不存在性别暴力,即使发现也倾向于基于"稳定"、"名声"而淡化处理。

第三,教育权威地位与光环。受我国传统文化中"师道尊严"的等级观念影响,教师的权威带来学生的绝对服从,虽然现在平等的氛围在校园中越来越浓厚,但"老师永远正确、教师意思不可逆"的传统的思维定式仍然或多或少地在起作用。

第四,教育制度的设计与安排强化了权力关系。特别是在大学中,学生的成绩、评奖、入党、保研等均控制在教师手中,这些权力加强了学生的从属地位。教师拥有权力,为一些暴力的实施创造了条件,学生不敢提出反抗,隐秘性强。

第五，防范系统缺失。由于缺乏防止有害的性别规范和行为的机制，使得与校园相关的基于性别的暴力持续发生。识别和报告校园性别暴力的系统不足和欠发达。即使当学生意识到自己的权利并知道报告系统存在于何处，暴力的受害者也可能因为缺乏安全感或得不到保护而不去主动报告自己遭受暴力的经历。针对受害者的社会服务，医疗和其他系统很少，且往往不好。

五 校园性别暴力的处置

首先必须明确校园性别暴力的概念，不至于因为概念不清、概念过窄而使许多暴力畅行无阻。在其基础上，笔者从下面三点提一些构想。

1. 预防

积极防范是重要的制止暴力的工作，要在暴力发生之前建立预防暴力的机制。

国家应该从政策角度明确禁止校园性别暴力；对教师和学生的行为准则都进行修订，特别包括关于性别暴力方面的规定和约束。同时就校园性别暴力进行研究、监测、报告，为政策提供有力支持。

学校应该加强性别平等教育，教学内容（包括课程、教材、教学方法和课堂实践）具有性别意识，通过增加教师和学生关于自身权利的认识，从而降低暴力水平；特别重要的是，去挑战那些固有的错误的社会性别规范，从而建立新的法则，同时明确地通过其他的非暴力实践来促进宽容和平等。它不仅是针对学生的教育，同时也应该是针对教师的教育。

大众媒体宣传和倡导预防性别暴力，对校园性别暴力现象给予长期关注。

2. 制止与惩处

国家制止和惩处校园性别暴力的法规应该得到有效执行，在受暴者进行求助时，暴力行为可以得到立即制止，施暴者受到惩罚。只有确保施暴者受到法律的裁决，才能有效制止性别暴力。

一个学校应该形成这样的氛围：当有人受到性别暴力时，她或他会很自然地想到向校方求助，并且能够顺利地找到学校事先专门安排的机构或教师。中国台湾校园普遍设有性别平等教育委员会，并有"性骚扰申诉与处理委员会"，这些机构针对校园性别暴力会做出及时的专业反应。

正做到更好地预防与制止性别暴力。2014年10月，中国刑法修改扩大猥亵罪定义，对象不再限定为女性，也就是说，猥亵男性也构成犯罪了，这便是一个进步。以此个案为例，强迫卖性、猥亵，均是女性针对女性的。认识到施暴者与受暴者身份多样性的同时，还要认识到性别暴力背后权力关系的多样性。我们长期以来将表面看到的、制度体现出来的权力关系，视为唯一的权力关系，如男对女、教师对学生、上司对下属。但在现实生活中，权力关系是一个复杂的建构过程，具有流动性。制度体现出来的权力关系当然是最核心的，但不能忽视权力流动所带来的施暴者与受暴者身份与权力关系的多样性。

第三，教育主管者应该为性与性别教育缺失的后果买单。此新闻中让我感到欣慰的，是教育主管者终于被要求为他们"不作为"造成的后果承担责任了。学生受伤害，学校管理者是有责任的，不能用简单地指责"坏学生"来搪塞。如果你进行了充分的性教育，进行了终止性别暴力教育，这些事情可能不会发生。你没有进行这样的教育，事情发生了，你就要承担不作为的责任。学生在性问题上的"自我伤害"也是一样，现在中国中学校园仍然存在的普遍现象是，如果一个女中学生怀孕堕胎了，学校便会劝其退学。我一直在各种场合呼吁：学生意外怀孕，校长应该受到处分，教育部长应该受到处分，唯一不应该受到处罚的便是这个女学生。因为你没有做好性教育，学生受害了，你不是引咎自责，而是对受害者落井下石，这是什么流氓逻辑？希望延安这起事件中教育管理者所受到的追责，能够扩展到校园中所有学生受到伤害的情境中。只有如此，才能推动教育部门在校园进行性教育、进行终止性别暴力的教育。

我从延安这起事件中看到的，是校园终止性别暴力教育与性教育缺失的后果。如果说中国的性教育尚处于"调情"阶段，即大家都喊着要"做"，却就是"不做"。那么，中国校园内的终止性别暴力教育，连"调情"还都没有开始呢！我们不能再等待！

求爱不成便毁容：校园暴力透露出性教育严重缺失

一位男中学生，向自己心仪的16岁女生求爱被拒绝，便用汽油浇她，然后点火烧她。一位美貌少女，立即面目全非。

这是一起非常典型的校园性别暴力事件。

公众在愤怒的同时，目标指向官二代法律意识淡薄等。其实那男生的爸爸是一个小得不能再小的官，只不过公众对"官"与"富"的愤怒由来已久。

这种愤怒可以理解，但是，我们不要因此忽视了同样需要我们愤怒的对象。在我看来，造成此事件最深刻的根源，此事件中最应该让我们警惕和警醒的地方是：中国主流性教育长期以来的严重误区！

我这里批评的，不是不进行性教育的那些教育工作者，而是知道性教育的重要性，也进行了性教育，但是，性教育思路错了的人！这样的性教育，其实一点不比反对性教育对青少年的伤害小。

这种主流性教育的思路是什么呢？有很多。但是，其中有两条，与这次少女被烧事件直接有关。这就是：性教育就是讲性生理，全力反对青少年"早恋"；性教育缺少社会性别视角，更缺少对性别暴力的预防性教育。

因为主张性教育是性生理教育，所以才会忽视与性有关的情感、责任、爱、尊严的教育，才会回避有关恋爱的教育，使得青少年不知道如何处理爱的情感与关系；因为对青少年的"早恋"持简单的否定和禁止态度，也就不会在课堂上认真地讲授什么样的爱是美好的，应该如何处理爱情，更不会讲授如何更好地拒绝自己不想接受的爱情，以及如何面对自己的求爱被拒绝，如何处理失恋，等等。

缺少社会性别平等内容的性教育，为性别暴力的发生埋下了种子。

性生理的发展与欲求从来不是孤立的，青少年面对的性议题一定不只是生理的，而是同心理、社会、文化、伦理、法律等等紧密结合的。所以，我自己一直强调：好的性教育，其实是人生观的教育，是责任与爱的教育。性教育中一定要讲性人权，这就包括拒绝别人求爱，以及理解别人拒绝的性教育；一定要讲性别平等，这就包括尊重异性选择，不要使用暴力的性教育；一定要讲男性气概的多样性，鼓励学生颠覆男性气概的伤害，就不会以如此"大男子汉"的方式来伤害不喜欢自己的女孩子；一定要讲婚恋，这就包括"什么样的爱情最美好"的教育，而不只是"不要谈恋爱"的教育；这就包括如何处理失恋、单恋、多边恋的教育，而不仅仅是"不能爱"的教育……

我们的性教育应该是全面的。我们的性教育还应该是面对现实的。现实就是：越来越多的青少年在恋爱，或渴望开始恋爱。我们必须教会他们如何恋爱！性教育，应该包括"教你如何恋爱"的教育。

所以我在进行性教育教师培训的时候，一向是主张面对真实的，不要自我欺骗的，要以性人权和社会性别理论为基础的。

试想本案件中的男生，如果在学校的性教育课上懂得了如何面对别人拒绝，如何面对失恋，是否就不会犯这样的错误呢？试想案件中的女生，如果学会更好的拒绝，学会更好的自我保护，是否就少了一些被伤害的风险呢？

所以我们中国的性教育工作者，应该对这个女孩子负责！她被伤害了，我们是有责任的！她的脸被烧伤了，我们的脸面也被烧伤了！更重要的是，我们的心是否也感到疼了？知道自己错了？

那些整天叫喊着反对性教育，或叫喊着性教育就是单纯的生理教育，或者叫喊着性教育不能去传播爱的技巧与知识的人，该闭嘴了！

第五章 做一名白丝带志愿者

我的白丝带之梦：中国白丝带发展构想

有白丝带志愿者问我：白丝带的整体发展规划是什么？

白丝带之梦早已经在我心中成形，现在就把它写出来吧。既可以鼓舞志愿者，使大家都明确目标，也可以在我万一无法逐梦的情况下，后继者还可以继续逐梦！

第一，白丝带是一个追求、促进性别平等的组织。我们的终极梦想，就是性别平等。在这里，性别平等不仅指男女平等，还包括男性、女性、跨性别的平等；包括LGBT的平等；包括社会性别多元实践的平等……性别平等，不仅是反对性别暴力，还包括反对一切性别不平等的社会建构，从而促进全面的性别平等。总之，我们致力于推进一切与"性别"有关的平等目标。这是中国白丝带与西方一些国家白丝带的不同之处，后者更多强调终止针对女性暴力的目标。

第二，这是一个促进男性参与的性别平等运动，这是我们不同于一般的促进性别平等的组织之处，那些组织通常是以女性为主。白丝带强调男性主导、动员男性参与、促进男性改变。这不意味着我们排斥女性，女性一直是白丝带运动中最重要的组成部分。只是说：我们更多强调男性参与。

第三，我们工作的手段是宣传倡导与咨询辅导。宣传倡导是许多反暴力机构都使用的手段，咨询辅导是中国白丝带的特色。因为我们的志愿者中有非常多的心理咨询师、中小学心理老师、社会工作师，也因为我们充分体认到了传统、主流的心理咨询无法真正解决性别暴力当事人面对的问题。

第四，具体到宣传倡导的工作，我们将借鉴国内外一切已有手段，结合中国白丝带"男性参与"的特色，以及其他自身优势，针对不同的人群，进行不同的倡导服务。比如，我们举办了"男人讲故事"活动；在我本人主持的性教育项目中纳入了性别暴力的内容，使性别暴力的教育进入到中小学；我们还利用新媒体手段开展工作，如公共微信、微博等；白丝带全国各地的志愿者在当地张贴宣传海报、利用一切机会进行演讲宣传；我们很快还将开展"好爸爸培训营"；我们在报刊开设反暴力的专栏；我们编辑出版白丝带丛书；我们主办白丝带年会及其他反性别暴力的讲座和论坛……

第五，具体到咨询辅导方面，我们的目标是针对性别暴力的不同类型、不同当事人开展工作。这是中国白丝带的独特之处，其他同类组织更多针对某一类型人群开展工作，其中最多的是受暴者。性别暴力的不同类型，包括家庭暴力、性暴力、性别气质暴力等；不同的当事人，包括施暴者、受暴者、暴力目击者、受性暴青少年家长等。而在所有这些当事人中，我们更强调对于男性当事人的咨询辅导，无论他作为施暴方还是受暴方。我们的辅导手段，包括热线咨询、网络咨询、个体咨询、团体辅导等不同方式。而对于每一种方式，我们都将努力开发出自己的"白丝带辅导手册"，比如，我们已经开发出"白丝带热线辅导手册"，我们还将陆续开发出："家庭暴力施暴者辅导手册"、"青少年时代目击家庭暴力者辅导手册"、"性暴力施暴者辅导手册"、"性暴力受暴者辅导手册"，等等。

第六，为了完成上述工作，我们将在全国范围内鼓励更多人，特别是男性成为白丝带志愿者。这本身就是非常好的倡导工作，因为我们要每位志愿者都承诺不使用暴力，并且不对暴力保持沉默。我们每增加一名志愿者，就减少一个施暴者或沉默的旁观者。这些志愿者又可以加入到其他的宣传倡导和咨询辅导工作中，利用他们个人的特长，发挥他们自己的力量，形成滚雪球的优势，逐渐壮大反暴力的队伍。

第七，我们鼓励不同城市、乡镇，在条件成熟的时候，成立自己的白丝带服务站，直接面向当地民众进行宣传倡导和咨询辅导的工作。这将使白丝带的工作在各地扎根、落实。同时，也有助于当地白丝带志愿者的凝聚、成长。

我有一个梦想：用五至十年的时间，使中国的白丝带运动成熟、稳定、开花、结果。

我幻想，在10年之后，可以看到：中国白丝带志愿者遍及全国各地，白丝带的地方服务站开设在大江南北，成熟、庞大的白丝带辅导团队现身长城内外，我们编写的多本辅导手册成为全国反对性别暴力工作最有效的工具书，中国男人的男性气质正在发生微妙的改变……

果如是，死亦足矣！

路漫漫，一起努力！

白丝带志愿者理念与技能体系构想

中国白丝带志愿者网络（CWRVN）是致力于推动男性参与、促进性别平等的民间志愿者组织。围绕男性参与、促进性别平等这一目标，我们初步提出志愿者的技能体系框架如下。

这些技能只是我们号召志愿者学习和掌握的，并不是成为志愿者的必要条件。成为白丝带志愿者，仍然只需要一个条件：承诺不对他人使用暴力，并且不对暴力保持沉默。

下面各项技能，除第一项是应该优先获取的，其他技能的获取可以不分先后。随着白丝带志愿者网络工作的扩展，我们可能还将扩展志愿者技能的范畴：

1. 基本理念建设（社会性别与男性参与理念、多元性别与性权、性别暴力知识、终止性别暴力初步技能）；
2. 促进性别平等的宣传倡导技能（包括社区、学校倡导技能，传统媒体、新媒体、自媒体倡导技能）；
3. 终止性别暴力热线值机技能（不同类型的性别暴力热线咨询）；
4. 青少年性教育与性别教育技能（性教育）；
5. 性心理咨询技能；
6. 推进男性参与的团体辅导技能；
7. 性与性别少数肯定性咨询技能；
8. 青少年时代目击、承受家庭暴力者团体辅导技能（儿童、青少年、成年人的不同辅导技能）；
9. 家庭暴力施暴者团体辅导技能；
10. 家庭暴力受暴者团体辅导技能；

11.性暴力受暴者团体辅导技能（青少年、成人的不同辅导技能）；

12.性暴力施暴者团体辅导技能（青少年、成人的不同辅导技能）；

13.校园霸凌受暴者团体辅导与个体咨询技能；

14.校园霸凌施暴者团体辅导与个体咨询技能；

15.志愿者团队建设技能（包括人际动员、社会资源利用、项目设计、筹款与项目执行的技能）。

1—5项技能，CWRVN已经有成熟的培训工作坊；6—8项技能，将争取在2015年内完成完整成熟的工作坊；CWRVN计划在未来5至8年内，逐步完善上述各项技能的全套辅导方案、培训工作坊。所有实名注册、确实从事过志愿者工作、为CWRVN发展做出贡献的志愿者，将有免费参加学习的机会。

我们也鼓励志愿者，自己学习、实践上述技能，同时参与CWRVN对上述技能的开发。

白丝带地方服务站工作构想

中国白丝带志愿者网络（CWRVN）与各地方服务站之间的关系，是基于相同的促进性别平等、终止性别暴力的理念，在专业上结合、参与、互相促进的关系，非上下级的隶属关系。

CWRVN为各地服务站提供专业支持及其他尽可能多的支持。

CWRVN鼓励各地志愿者作为召集人，在所在城市召集白丝带志愿者，开展志愿工作。这些工作应该是促进性别平等、反对性别暴力，并且符合国家法律的。

志愿者在进行相关议题倡导时，有权使用CWRVN的LOGO和旗帜。使用LOGO和旗帜，需要提前向地方服务部部长备案，事后发送相关活动资料包括照片文字和可能的视频存档。但是其个人行为（包括商业行为，与性别平等议题无关的行为和言论）与CWRVN无关，不可以使用CWRVN的LOGO和旗帜。

在参加过CWRVN的培训或活动，与总召集人或其他执委见过面，明确彼此理念完全一致，并具备在当地持续开展白丝带工作资质的情况下，经执委会授权，才可以在当地使用"CWRVN××服务站"的名义开展工作。

服务站可以借助相关机构的场地和活动开展工作，可与其他机构开展合作，但是需要区分两者之间的关系，与性别平等无关的非公益行为与CWRVN无关。除非征得执委会同意的特殊授权，否则不能够以CWRVN地方服务站的名义开展赢利性活动。

作为志愿者，我们不强行要求任何人做任何工作；但作为CWRVN的地方服务站，则应该开展如下的工作：

1.定期或不定期组织志愿者学习白丝带相关的理念：社会性别，男性参与，性别暴力，性权与性别多元；

2. 参加CWRVN资讯推广，进行反暴力资讯的宣传，如张贴海报，做演讲；

3. 有一个接待来访者的地点（可以与其他机构共用），挂一个牌，定期或不定期预约接待性别暴力相关来访者，免费咨询，尽可能提供相关服务；

4. 参与CWRVN组织的各项活动、培训，特别是每年的白丝带志愿者年会；

5. 在条件成熟的时候，在当地寻找资源，推动当地白丝带的各项活动。

地方服务站的各项活动，应该使用CWRVN开发或认可的工具，并且忠实地体现工具的宗旨和要求；我们强烈建议不要擅自使用其他非由CWRVN开发或认可的工具。

如果是自行使用其他工具，或者未按CWRVN要求使用其提供的工具，造成的活动理念错误、效果偏离，CWRVN不承担相关责任。

经执委会认可的每个城市地方服务站的1—2名召集人，成为CWRVN的候选执委；经过一段时间的工作，确认其与白丝带理念相符合，在执委会全体会议中，经执委表决，可以正式成为执委会成员。

CWRVN优先为地方服务站召集人、执委提供培训与会议机会，在经费许可的情况下，资助差旅费、参加年会的费用，以促进其工作的开展。

在CWRVN申请到相关项目的时候，将结合不同召集人、执委的特长，优先安排召集人、执委参与。

我们强烈建议召集人、执委永远处于学习中，随着CWRVN的发展学习、掌握"白丝带志愿者理念与专业技能框架"中的内容；我们强烈建议召集人、执委充分利用CWRVN组织或提供的每次学习机会。

校园白丝带运动，可以做什么？

男性参与反对针对妇女暴力的白丝带运动，是否有必要在学校开展，意义是什么，以及应该如何做？这是我在高校演讲介绍白丝带运动时经常被问到的问题。

白丝带运动绝对有必要在高校开展，错过高校的白丝带运动是残缺的。

记得2012年"反对性别暴力16日"期间，某高校的学生想在校园做反暴力宣传，被该校学生处阻止了。阻止的理由是："大学校园不存在性别暴力。"

校园当然存在性别暴力，性别暴力是全球性的普遍现象，有不同性别存在的地方就可能有性别暴力的存在。约会强奸算不算性别暴力？招生歧视算不算性别暴力？性骚扰与性侵犯算不算性别暴力？"没有最瘦，只有更瘦"、"没有最美，只有更美"的"美貌文化"算不算性别暴力？对不具备"大男人气"的男生，以及具备"大男人气"的女生的蔑视与排斥，算不算性别暴力？……大学校园也是父权社会的一部分，像这个社会中的所有场景一样，是充斥着性别暴力的空间。校园中的许多学生，是性别暴力的受害者、加害者、目击者。

白丝带的校园运动，可以帮助学生在青少年时代便树立反对性别暴力的意识，这将影响他们的一生。

以大中学为例，学生已经开始或即将开始亲密关系，白丝带运动可以帮助他们拒绝亲密关系中的暴力。对于那些曾经生活在暴力阴影中的学生，白丝带运动有助于他们不作暴力的传承者。白丝带运动无疑将建设更加和谐的校园环境。

那么，校园白丝带运动可以做些什么呢？

你可以在校园里开办白丝带及反暴力的讲座。不要说你不是专家，普及性的讲座不需要专家，只需要热情。当然，你必须学习，学习的过程就是你进步的过程。只要你愿意，你非常容易找到资料来学习。

你可以组织反暴力知识竞赛、征文比赛、演讲比赛、情景剧设计、电影播放与讨论等各种同伴们喜闻乐见的活动形式，传播反暴力及白丝带运动理念。

你可以成立男性成长小组，和伙伴们讨论性、性别与亲密关系的话题，比如，可以回忆、分享与父亲的关系，从中感受不同类型的男性气质对男人的影响；可以分享与他人关系中的暴力情绪，检讨背后的因素，寻找解决的策略……事实上，如果能够凝聚几个男人长期坐一起讨论严肃的话题，这本身便是对支配性男性气质的改造，因为这种男性气质并不支持男人内省与交流。

你可以在看到他人施暴的时候不再保持沉默。这可能是你的男同学正对女友施暴，可能是在食堂或其他场合男生与陌生女生发生争执时的施暴，可能是课堂上老师的言语暴力，也可能是性骚扰……你以往只是转身离开，或装作没有注意到，甚至围观。从今以后，你要过去阻止。这就是白丝带运动要求你做出的承诺：不对他人使用暴力，并且不对暴力行为保持沉默。

你可以打断男生们在一起"谈性"，如果这些谈话中有污辱女性的成分，有性暴力的幻想。这样的谈话在我们生活中非常常见，性幻想没有错，但污辱别人有错；有暴力倾向的交流，有时可能酝酿暴力行为；至少，这样的交流会让在场的人觉得，暴力倾向是被大家接受的，暴力没有太大的"错"。所以，你必须表明你反对的态度，这就是白丝带的态度。

最最重要的是，你要佩戴白丝带，特别是在每年11月25日至12月10日这16天期间。在中国文化下一直佩戴白丝带是需要勇气的，因为别人可能很错愕，以为你家里有什么丧事。他们会问你，你则需要坦然地告诉他们：你是为那些被暴力对待致死的女性戴的，你是白丝带运动的一分子！你可能还需要详细讲一下白丝带的故事：1991年，三位加拿大男性，在一个房间里，开始讨论如何让男人行动起来反暴力……

在做这些的过程中，白丝带运动与反暴力的理念就这样传递了，白丝带运动就这样在校园展开了！

成为白丝带运动的一分子，很困难，也很容易。困难的是你要坚定地站在受暴者一面，这可能需要你挑战和颠覆你自己的，以及这个社会上的许多观念；容易的是，只要你决定了，你总有一些事情可以贡献给这份事业。

校园白丝带运动，你准备好了吗？

唤起施暴者改变的愿望
——从白丝带热线宣传品的口号说起

白丝带反对性别暴力男性公益热线在印刷宣传品的时候，遇到的一个问题是，我们必须决定在宣传品上使用什么样的口号。不同的口号，体现着对施暴者的不同态度。

将施暴者视为批判、惩罚的"敌人"，还是视为可以帮助、成长的朋友，背后是性别平等运动的不同理念。在性别平等运动中，男人，即使是施暴的男人，是否也可以成为教育和改造的对象，是否也可以转变成推进性别平等运动的一分子，这历来是有争议的。

白丝带热线的重要目标之一是帮助施暴男性改变。我们认为，阳刚/支配趋势的男性气质，是整个父权文化致力于从一个孩子幼小的时候便灌输给他的，这种文化同样是暴力的决定性主导力量。男孩子为了生存学会了这些，我们不能简单地因为他们当前的行为而责备某个男孩或男人，而要引导他们反思背后的文化，从而改变。但这绝不是说：他们不需要为自己的行为负责。

对于家庭暴力有不同的分类，比如有的学者将之分为"一般夫妻暴力"与"父权恐怖暴力"，还有学者分为"低暴力型"、"高暴力控制型"等等，都在强调暴力的程度不一样，施暴者也不一样。即使是像"父权恐怖暴力"和"高暴力控制型"的施暴者，我们也应该努力教育其改变，何况占施暴者比例更高的"一般夫妻暴力"和"低暴力型"的实施者呢？

作为联合国人口基金支持的项目，白丝带热线的宣传品理应印上一些联合国机构提出的全球普遍使用的口号，比如："每个人都有权利享受没有暴力的生活"，"向针对妇女的暴力行为说不"，"零容忍"，等等。

但问题是,白丝带热线的宣传品,最大的目标受众锁定施暴者,我们希望他们看到宣传品后,能够产生改变的愿望,主动拨打热线,寻求辅导。上述这些口号,都非常好,但总体基调是对暴力进行谴责,直接用来唤醒施暴者自我改变的诉求,则显得有些生硬。

如何通过宣传品的口号触动施暴者心灵深处正面的力量呢?我最早拟的口号是:"每个人都渴望幸福美好的生活,每个人都向往亲密和谐的关系,每个人都有能力改变!"我想突出的是:相信施暴者也是向往和谐美好生活的,没有人结婚的目的是找一个女人关在家里打,相信施暴并非他们的本意,相信施暴者和受暴者同样被暴力所伤。这便是努力实现"共情",让施暴者觉得我们是理解他们的感受的,虽然这并不等于赞同他们的行为,在这种情况下进一步强调"每个人都有能力改变",他们才可能拨打我们的热线寻求辅导。

这个设计稿在讨论的过程中,有人提出,语句有些含糊,态度不够明确,还是应该综合联合国的一些口号。于是,我们最后的定稿是:"每个人都向往和谐、亲密的关系;每个人都渴望没有暴力的生活;每个人都有能力改变;让我们一起对暴力说不,对暴力零容忍!"

将"每个人都有权利享受没有暴力的生活"改为"每个人都渴望没有暴力的生活",诉求的主体从貌似受暴者扩展到所有人;将"向针对妇女的暴力行为说不"改为"让我们一起对暴力说不",从而将施暴者拉了进来,成为"说不"的一员;而紧随其后的"零容忍"也成为施暴者可以主动追求的目标。这样,我们既保持了"政治正确",又没有将施暴者"另类处理",口号主体仍然在强调每个人对和谐关系的向往,号召改变。

施暴者主动寻求改变,是很少见的,以往各种热线遇到的都非常少。白丝带热线创办之初,便有人怀疑:施暴者真的会拨打电话吗?事实证明:会的。我们强调从宣传口号做起,也是因为我们相信他们的改变愿望,唤起他们的愿望,让他们信任我们。

认可和强调施暴者也向往美好的生活,并不是为施暴者开脱,而是对人们追求善良的一面的正视。我们不能够因为对暴力的愤恨而否认了施暴者也是人,也有其良善的一面。已经有共识的一个态度是:反对性别暴力,重在预防。强调施暴者良善的一面,帮助其改变,便是预防的重要环节。

总之,在我们倡导反对性别暴力的社会运动中,需要认真思考我们要突出什么样的信息。面对公众的宣传,我们的话语可以更明确地强调对暴力毫不容忍的态度。但是，对于施暴者，如果让他们感觉到我们将其视为批判的对象，改变便不可能发生，男性运动也不可能成功。谁会向谴责自己的人寻求帮助呢？

白丝带运动的发起人考夫曼博士曾写过一篇《关于男人暴力的七个"P"》，其中也提到了男性运动中如何对待男性施暴者的问题，他写道："为了成功地触动男人，我们必须在同情、关爱、尊重的前提下开展这一工作，……从事这项工作的亲女权主义男士必须像对待自己的兄弟一般对他们进行开导，不能把他们视为不如我们开明或可敬的陌生人一般对待。……同实施暴力的男人合作，在这一过程中一边挑战他们的父权主义的假设和特权，一边向他们伸出援助的双手，给予他们尊敬和同情。……通过这样的尊重，这些男人们事实上会找到更大的空间来挑战他们自己或相互挑战。"

男人成为白丝带志愿者的N个理由

1989年，一位失业的加拿大男性认为自己的处境是由于女性读书、工作造成的，于是持枪冲进一所大学，屠杀无辜的女学生。两年之后，三名加拿大男士，发起了白丝带运动，致力于推动男性行动起来，终止针对女性的暴力。如今，白丝带运动已经在全世界80多个国家和地区展开。

每个男人都可以成为白丝带的志愿者，结合你的特长与兴趣，参与白丝带网络的工作。或者，你仅仅是不对女性使用暴力，并且不对暴力行为保持沉默，让身边更多的人了解白丝带理念，就是一名志愿者。

男人成为白丝带志愿者的N个理由：

1. 你的母亲、姐妹、妻子都是女性，你爱她们，不希望她们受到暴力；
2. 你的女儿是女性，你不希望她现在或将来被暴力对待，参加白丝带运动便是参与到改造暴力文化的过程中；
3. 你的女儿将恋爱、结婚，你想帮她判断男友是否有暴力倾向；
4. 你的父亲、兄弟，都是男性，你不想他们成为施暴者；
5. 你的儿子是男性，你不希望他将来对自己的伴侣和孩子施暴；
6. 你的父亲、兄弟、朋友曾经施暴，你想帮助他们改变；
7. 你自己是一个男性，你从来没有施暴，你憎恨暴力，愿意与人分享；
8. 你从来没有施暴，但你感到有时愤怒，害怕自己有一天施暴；
9. 你常有性骚扰、性侵犯的幻想，你不想真的那么做；
10. 你曾经施暴，以后不想再施暴，你渴望学习改变自己的方法；
11. 你曾经被暴力对待，你希望走出阴影，或帮助其他被暴力对待的人；
12. 你曾经被暴力对待，你希望帮助那些施暴者改变；

13. 你想了解性别暴力的更深入的知识、现状；

14. 你即将或已经开始恋爱或婚姻，你想学习如何更好地促进亲密关系；

15. 你的亲密关系中存在一些问题，希望通过参加白丝带运动找到解决的路径；

16. 你想帮助别人，做公益，从而获得成长，以及生命的富足感；

17. 你因为"不够男人味儿"而有种种困扰和压力，需要得到帮助而厘清这些问题；

18. 你做"大男人"做得太累，希望自己过得更加自由与快乐；

19. 你想结交更多的朋友，认识更广阔的世界；

20. 你想使自己的业余时间过得更有意义；

21. 你的才华和能力没有得到充分应用，你需要一展宏图的舞台；

22. 你属于某个社会弱势、边缘人群，你希望自身得到平等对待，也希望所有弱势、边缘群体得到平等对待；

23. 你热爱这个世界，希望这个世界更美好、更和谐；

……

还有很多很多条理由，都是你加入白丝带运动的理由。你的理由，是你和我们一起努力、分享、承担的目标！

关于白丝带志愿者的断想

成为白丝带志愿者需要什么条件？只有一个，承诺自己不使用暴力，并且不对暴力保持沉默。

成为志愿者不需要承担很多的劳作，如果劳作太多，很多人会望而却步。

每个白丝带志愿者都可以自己决定做什么，什么不做也可以，只要有上面的承诺便行了。

有人说：如果什么都不做，再多的志愿者有什么价值？

我说：不只行动有力量，不只言说有力量，承诺本身也有力量。

多一个男人承诺，就少了一个施暴者；

多一个男人承诺，就多了一个男性榜样。

如果有一天，这个社会遍布着白丝带志愿者，性别暴力将无处藏身。

做到上面的承诺，并不简单。

有调查显示，近50%的男人都或多或少使用过暴力，真的能够在有暴力冲动的关键时刻停下来，这需要很高的觉悟。

做到"不对暴力保持沉默"就更难了，很多人将暴力当作别人的私事；另外一些人即使觉得应该干预，也担心自己受到伤害；还有很多人还没有学会如何去阻止暴力。确实，冒失的举动，甚至可能使自己成为受暴者。

白丝带运动的理念是：虽然大部分男人不会对妇女施暴，但是，如果看到对妇女施暴而保持沉默，实际上是默许了暴力。

印度曾有一个"按门铃"运动。当听到邻家有家暴发生的时候，去按一下门铃，然后，借一杯水，核对一下时间，问是否知道今天的天气……总之，你打断了暴力，警示了施暴者，这同样是"不对暴力保持沉默"。

一位白丝带志愿者，将白丝带反对性别暴力的宣传折页，塞到有暴力声响传出的邻居家的门缝里，这同样是"不对暴力保持沉默"。

同样，在公共场所遇到暴力，你可以直接过去劝说、阻止施暴者，也可以问受暴者："你需要帮助吗？"如果你觉得这样做对自己有危险，也可以躲到一边，偷偷打电话报警。

中国的白丝带志愿者徽章，是由一位名叫黄伟的志愿者设计的。

鲜红的方形衬底，边缘还有一些粗糙，模仿了中国印章的外形与色彩，突显中国特色；中间的白色丝带，折叠成一个中文的"人"字，象征着我们致力于帮助人的工作。

有人说，这设计远看像一个"囚"字。

图像的解释因人而异，即使真的像"囚"，那也可以意味着：我们要把每个男人从支配性男性气质的囚笼中解放出来，把每个人从父权制的囚笼中解放出来。

曾有志愿者说，他努力动员身边的人加入白丝带志愿者团队，但得不到响应。

我说：一定不要"动员"别人加入白丝带，而要启发他自愿地加入白丝带。

志愿者，一定是自愿的，发自内心的渴求。所以，不可以强求，不可以动员。只能靠让他了解到我们的理念，让他感觉到这和自己有关系，能够帮助到自己，然后自觉要求加入。

帮助别人也是帮助自己。助人者自助，这是很多志愿者长期参与白丝带工作的原因。

同样基于这样的理念，我们从不勉强任何一位志愿者做具体的公益工作。我们相信总会有人来做这些工作，我们从来不缺少热心投入的参与者。只有本人热心投入，才是有效的。

我所观察到的不同的志愿者团队，都是多数人很少参与实际工作的。

我对志愿者们说：最简单的事，比如转发一条白丝带信息的微博或微信，就可以算作志愿者的奉献工作了，因为这信息经你传播，可能会有一人、三人、五人从中受益。

只有当公益的事业不成为志愿者的负担时，他们才可能更多地参与。

白丝带组织，绝对不可以只从志愿者身上"索取"，而不给他们"回报"。

回报的，不一定是金钱，可以是荣誉，可以是成长，可以是自豪感，甚至可以只是志愿者间的友谊与交流。

我们要让白丝带团队中的每个人，都因为成为志愿者，而获得成长的机会，从白丝带受益。

扩大白丝带的影响力、公信力，让白丝带做出更大的成绩，从而便可以增加每个志愿者的自豪感、荣誉感。

当有资源可以分享的时候，如培训的机会，就要让尽可能多的志愿者有机会利用这些资源，给他们从公益中收获的机会。

有些志愿者是抱着自己的目的加入团队的，他们中的一些人是家庭暴力的施暴者，还有一些人是受暴者，希望在这个团队中解决自己的问题。白丝带也要给他们机会，倾听他们的倾诉，带领他们一起往前走。当他们因为白丝带而改变之后，他们就是最铁杆的志愿者。

白丝带团队中，有好几位这样的志愿者。

为什么需要男性参与反对性别暴力？

有人强调男性参与对男性自身有益；

有人认为男性占有优势，所以必须争取他们；

男性共同的成长经历和生活经验，更可能理解男人的想法和行为，男性对男性做工作更容易；

……

这些都没有错。

成为男性参与的一员，是男人的义务、责任，也是权利。

在这个过程中，我们要探索吸引男性，又不令男性反感的策略。

男性参与，一定是男性自身的需要。这才是关键。

一位朋友在某国走访妇女运动团体，问起该国男性的白丝带运动，对方很不屑地说：那群男人呀，偶尔喊喊口号而已……

我不确定这描述是否有偏见，因为针对包括白丝带运动在内的男性参与运动，女权主义界是存在不同声音的。但朋友转述这话时，我想到的是：中国的白丝带运动绝不能停留在喊口号的层次。

当然，我认为"喊口号"本身也是有意义的，因为它就是一种倡导，何况是男性在倡导，在喊"性别平等"的口号；更何况，"喊口号"也是需要水平的。

"喊"到人的心里去，触动他灵魂深处的东西，喊醒他的觉悟，喊他站到白丝带志愿者的团队里！

白丝带相信每个个体都有改变自己和倡导他人改变的能力。

白丝带相信绝大多数男性都是友好的，并且厌弃这种暴力行为。

白丝带运动不认为男人天生有暴力倾向，许多男人是以暴力的方式表达愤怒和不安全感。

白丝带坚信男人可以改变，应该改变，有权利改变。

白丝带认为，男性应该是反对性别暴力的行动主体，而不只是妇女运动的附属。

将性别公益与人生理想结合

社会性别研究与行动领域，男性非常少。许多场合是清一色的女性，如果有几位男性，会被视为大熊猫一般珍贵。与此同时，几乎所有公益类活动中，男性的身影也很少，至少远远少于女性。对于社会性别领域男性的缺少，通常解释为男性缺少社会性别觉悟，男性享受着父权制的特权而缺少反省和变革的动，等等；对于公益领域男性的缺少，有人认为是因为男性被社会文化要求"事业成功"，要求"养家糊口"，所以都忙着"打拼"呢，无暇顾及公益，即使参与也更多像是借机推销自己企业或其他赢利项目的"伪公益"。这一解释恰恰揭示了社会性别角色对男性的影响，揭示了刚性/支配趋势男性气质对男人"专心致志"地追求"成功"的塑造。

缺少男性的社会性别研究与行动领域，同缺少男性的公益活动领域结合之后，男性就变得更为稀缺了。而白丝带运动，恰恰就是要面对这种"双缺失"的男性参与运动，由此可见其挑战性之大。

几年前，有媒体报道北京成立了一个男性心理咨询师反对性别暴力小组。在创办白丝带男性热线（4000 110 391）之始，我希望能够团结这些咨询师。我只找到一位男士，他忙着做自己的事情，一次也没有参加我的活动。他答应帮我联系其他当年的小组成员，但没有一个人有兴趣和我联络。据说，当年对这些男性咨询师进行培训时，不仅每天发劳务费，而且提交一个家庭暴力的咨询个案有不菲的酬劳。但小组还是很快无影无踪了。

这几乎是国内许多"男性参与"运动的共同特点：媒体的雷声大，现实中的雨点小，然后就彻底"干旱"了。我将之归因为：这种"男性参与"只是在女权主义者、项目资金推动下的"作秀"式参与，男性内在的觉悟远没有被唤起，没有变成男性自觉的参与，所以注定只能是媒体倡导时利用一下，不会成为真正的、可持续的男性参与。而靠项目资金更不足以推动真正的社会运动，只能装饰一些虚假的"业绩"，甚至可能会毁掉社会运动。因为习惯于拿钱才做事的人，在没有钱的时候，可能就不会做事了。

正是基于这种担心，我曾对白丝带男性热线的志愿者做过一次"考验"。

2012年下半年，正与联合国人口基金讨论资助白丝带热线事宜，我在有心理咨询师的场合宣传了这条热线，当知道可以有免费接受培训的机会，接热线还有报酬时，有20多名男性咨询师报名。心理咨询是需要不断学习的职业，许多咨询师每个月都在忙着参加各种工作坊，花几万、几十万上各种咨询技能辅导班的咨询师不在少数。所以免费参加项目中的家庭暴力咨询能力培训的吸引力是非常大的。在项目谈判进展缓慢的时候，我便决定借机看一下，谁是为了免费培训来的，谁真的想做热线咨询。我群发了一封邮件，大意是：项目资金还没有谈下来，也许谈不下来了，在这种情况下，谁愿意义务接热线？结果，有四位男士回复表示愿意无任何报酬地接热线。我对这个结果已经非常满意了。我也知道，他们是白丝带运动可以依赖的力量。

后来项目批下来了，参与义务接热线的志愿者得到全额资助参加咨询能力提升工作坊，而未接线但报名当志愿者的人，只要愿意自付差旅费，也可以参加工作坊。结果是，那些当初没有选择义务接线的人，也没有选择自付差旅费参加培训。我承认这是一次考验，让我知道将有限的资源向谁倾斜。这好像有些不"厚道"，但要维系脆弱的男性运动，这又是必须的。我不希望看到项目结束之后，没有人再做白丝带志愿者。

社会运动需要两种人：一种用来作倡导，需要人数很多，可以对公众和媒体"作秀"，"秀"过也就散了，他们同样是必不可少的，因为社会运动本身就需要倡导；但社会运动的核心力量，一定是另一种人：愿意长期投入、有蚂蚁啃骨头精神的理想主义者。他们通常视社会运动的理想为自己的人生理想。这种人在一个社会运动追求的理想没有被社会广泛接受的情况下，不可能很多。男性参与运动，便是如此。我们有时需要前者，当几百名男性一起向媒体宣誓反对针对妇女暴力的时候，是有其积极意义的，他们自身可能从此改变，别人也可能在他们的带动下改变。但是，我们一定要有理想主义者作核心力量。没有项目资金，理想主义者照样会做自己想做的事。许多时候，我们甚至要警惕项目资金慢慢"毒害"理想主义者的可能性。

需要说的是，理想主义者也并非天生的，而是可以培养的。男性运动本身就是要帮助男性觉悟，创造更多的追求性别平等的理想主义者。

在前面说的那些阻碍男性奉献公益的社会性别角色障碍没有清除之时，在这个充满生存压力的社会，用什么来支持一个人长期奉献公益？他持续的动力在哪里？在我看来，这只能是将公益与个人职业理想相结合。社会运动的倡导者，一定要帮助你的追随者，将公益事业和个人事业结合起来！白丝带热线的核心力量是心理咨询师，这不仅是因为他们有专业技能，还因为他们可以更好地将热线公益与个人职业相结合。持续的公益奉献与职业生涯、人生规划绑在一起才能相辅相成。

我曾与白丝带志愿者一起思考：成为白丝带热线、白丝带运动一分子，可以给我们带来什么收获？大家都可以看到的是：通过白丝带提升个人职业声誉，扩展社会网络及影响力；通过白丝带提升个人职业技能；白丝带志愿者培训中学习到的技能，可以用到平时的咨询工作中，也就间接提升了个人收益；通过参与性别平等运动，提升觉悟，完善个人的亲密关系；参加公益活动所带来的精神富足感；等等。如果说前面几条还过于"物质"，后面二条不正是男性运动、公益活动追求的"正能量"吗？

所以，一定要让公益事业的志愿者在这份事业中找到自己人生、事业、精神的成长点，公益不应该成为单方面的付出，而应该成为互动的"双赢"。

一位白丝带男人的创造性工作

中国有个安徽省,安徽省有个淮南市,以煤矿著称,在中国算是三四线的城市。淮南市有个叫俞长模的男人,他是本文的主人公。

俞长模40多岁,爱喝酒,爱跑步。喝酒,每周至少要喝五顿,每顿白酒六两以上,不喝够了,全身不舒服;跑步,天天必跑,至少10公里,不跑足,就要生病。

俞长模还是一名心理咨询师,在淮南当地颇有名气。

老俞好交友,人缘好,人脉广,各路的朋友交了不少。一到晚上,老俞就拉着他们喝酒,一到周末,就叫上他们围着淮南长跑。

老俞自己也一定没有想到,就是这支队伍,后来成了中国最活跃的白丝带志愿者团队。

2013年初,俞长模偶然看到"白丝带终止性别暴力热线"招募值机志愿者的消息,立即报名,成了白丝带热线的接线员,也是中国白丝带志愿者网络早期的创始成员。

老俞做过白丝带的宣传部长,总感觉自己身处一隅,有劲儿使不出。于是便辞了宣传部长,专心发展淮南的白丝带工作。

这时,他曾经的酒友、跑友,都派上了用场。

老俞从酒友里挑了七位父亲,加上他自己,八条汉子,组成了一个"白丝带爸爸舞蹈团",排练了《小天鹅》。当八个穿着芭蕾鞋、长丝袜、芭蕾裙的男人出现在舞台上时,人们沸腾了。八个男性"小天鹅"的舞技实在需要提高,有人踩不到点上,有人踩到别人的脚上,但在这个欢乐的过程中,不同的男性气质被呈现了出来,孩子们也看到了可爱、温情的老爸。重要的是,跳舞的男人，观舞的男人，内心一定会有所触动和改变。

老俞又发起了一个"早餐大赛"，在两个月的时间内，父亲们要给孩子们做早餐，然后拍照片发到微博上、QQ群里，让大家分享。活动结束后，还搞了一个分享会，将每位父亲做早餐的照片做成PPT，会议现场由孩子们介绍"吃后感"。

两个月的早餐大赛可以改变什么？我相信，它可以温暖所有参加这一活动的家庭成员的心。妻子的心，在凝视丈夫炉灶前劳作的背景中溶化；孩子的心，在品尝老爸早餐的美味时溶化；丈夫、父亲的心，在妻儿幸福的微笑中溶化。一顿早餐，可能彻底改变一个家庭中的亲密关系。

白丝带没有独立的经费开展活动，老俞便借鸡下蛋。在有企业资助的家长学校的活动上，老俞把白丝带的理念引了出来。他策划的活动包括"爸爸给女儿编辫子大赛"、"妈妈掰手腕大赛"。白丝带所鼓励的男人照顾孩子，以及对传统性别刻板印象的反思和挑战，在这些活动中潜移默化地影响着所有家长和孩子。

因为淮南白丝带搞得有声有色，当地妇联主动找到老俞合作。老俞说：好吧，咱跑步吧！

2015年妇女节，30多名白丝带志愿者，胸前佩戴着写有反暴力标语的白丝带绶带，手里举着白丝带小旗，跑过淮南的大街小巷，散发反对性别暴力的宣传资料，沿途至少有3000人目睹了白丝带志愿者的风采。

那之后，跑步便成了宣传白丝带的重要手段。淮南本地的马拉松赛，老俞带上白丝带团队一起跑；无锡的马拉松赛，老俞也带着团队去参加。老俞还编了适合一边跑一边气喘吁吁喊的口号："锻炼身体，善待妇女""反对暴力，男性参与"……慢慢的，路人的表现由惊诧的目光，变为一阵阵喝彩，同时纷纷索要白丝带宣传单。

老俞的长跑团队成了宣传队，跑到哪里，白丝带理念便带到哪里。淮南白丝带的长跑团队中，有78岁的老人，也有5岁的儿童。

一位志愿者曾自豪地说，自己最开心的时候，便是在长跑时，听到路边有人喊：看，白丝带来了！

半年多的时间，淮南白丝带志愿者，佩戴着白丝带胸章、绶带，挥舞着小旗，跑遍了淮南的所有街道，沿途散发宣传品。就是在这样的跑步中，白丝带的理念在淮南遍地开花。

曾有一位家庭暴力受暴的来访者，长期焦虑，几度试图自杀。老俞咨询过后，来访者不仅重焕笑容，而且被培养成了一名白丝带志愿者，兼马拉松大赛的跑者。

周末，大家跑完步，就办沙龙，搞讲座。有淮南的白丝带志愿者说：酒桌上侃大山的老俞，长跑时活泼兴奋的老俞，在搞讲座时规规矩矩，俨然变成一名学者了。

近而，很多中小学都请老俞去做讲座，他那一场又一场关于男性参与、反对性别暴力的讲座，把白丝带的理念播撒在淮南未来一代的心田中。

老俞仍然每周至少五天在酒桌上喝酒，只不过，酒桌上的谈话中总少不了白丝带的内容；男人仍然可以继续喝酒，但同时可以放弃支配性的"大男子汉气概"。晚上喝酒，白天跑步，沿路宣传反暴力，这就是老俞的创造。

老俞笑谈：我的白丝带事迹就是喝酒、吃饭、跑步、带孩子玩。

利用自己在酒桌上积累的关系，别人办不成的事情，老俞都能够办成。他在淮南举办了性教育夏令营，性教育电影沙龙，让白丝带进学校推广，淮南本地的电视台和报纸也多次报道白丝带的工作。

同样是在酒桌上，他和施暴者推心置腹，让一位施暴者顿足捶胸，发誓再也不对家人挥舞拳头。

如何吸引"大男子汉气概"的中国男人成为促进性别平等的白丝带志愿者？老俞在淮南的尝试，给我们许多启发。

白丝带的工作，需要更贴近男人的内心，触动男人、感化男人，才能真正影响男人。

男性参与、终止性别暴力，只靠喊口号是不够的，需要更多的创造性。

俞长模是几百名遍布全国各地的白丝带志愿者中的一员，未来，这个队伍可能变成几千人、上万人；中国白丝带志愿者网络淮南服务站，是目前全国18个服务站中的一个。未来，白丝带的服务站可能会有几十个、上百个。每个志愿者都有自己的性格特点、专业特长，每个服务站都有自己的特色与优势，促进男性参与、推动性别平等的工作没有僵化的模式，没有刻板的要求，只要有一颗追求平等、热爱公益的心，志愿者便可以在不同的环境下做出自己独特的创造与贡献。

我是白丝带志愿者，我骄傲！

酷儿，男性参与的新亮点

白丝带反对性别暴力男性热线有一位生理男性、自我定义性政治身份为"酷儿"的志愿者，名叫高垒，网名"猪川猫二饼"。在三四十名志愿者一起参与的场合，高垒仍然可以成为所有人都无法忽视的亮点。

"酷儿"是英文单词queer的音译，queer原本是"古怪"、"变态"的意思，主流异性恋社会用它来辱骂同性恋者。同性恋在自身的解放运动中，开始以酷儿自居，从而挑战异性恋的话语霸权，并且最终成功地赋这个原本污名化的词以正面的新意。如今，酷儿已经超出对同性恋的指称，而成为一切向性倾向、社会性别角色二元划分模式挑战的人士的一种自我标签。中文译成"酷儿"，形象地传达出其精神内核：挑战、颠覆、叛逆、革命、力量、新生、激情、能量，等等。

很难给"酷儿"做一番标准的定义或准确的描述，因为酷儿原本就是对定义的一种颠覆。不说话时的高垒也与异性恋社会的主流男人无异，他的"酷"体现在他的思想与行动中。

生理男性的酷儿出现在社会性别平等运动中，是近年的一个新现象。2012年底，反家暴的女权主义行动中，便能够看到他们的身影。高垒当时也响应拍裸照反对家庭暴力行动的号召，在新浪微博上高调亮出自己的身体。

酷儿挑战了生理性别的束缚，他们本身处于社会性别体制的边缘，他们更有可能理解女性的处境与女权主义的追求，也更有可能投身于追求社会性别平等的运动。

男性运动中，酷儿更是一支不可或缺的重要力量。

自我定义为酷儿的生理男性，无不是质疑关于男性的社会性别角色定位的人，无不是挑战刚性/支配趋势男性气质的人。这些人在男性团体中的存在，本身便是对男性气质多样性的生动解说。他们对其他男性形成一个榜样和倡导，成为性别多元的生动呈现，告诉他们：男性气质是多样的，非刚性/支配趋势男性气质的男人，生活得也很开心，他们的亲密关系可能更加和谐。

　　反过来，男性运动的一个过程性目标，也许应该是促进更多自我认同为酷儿的生理男性的产生。我是在挑战性别气质二元划分的角度这样讲的，而不是从性倾向的角度。当足够多的生理男性都对刚性/支配趋势的男性气质产生怀疑时，父权体制一定风雨飘摇了。因为很多时候，父权体制便是通过要将男人塑造得"像一个男人"，来实施它对女人的统治的。"像一个男人"，意味着主宰、支配、暴力、占有、阳刚……

　　男性参与运动要唤起沉睡着享受父权制红利的男人的觉悟，而酷儿等同样处于父权制性别体制压迫下的男性，可以成为其中最早醒悟，也最积极与活跃的力量，从而带动其他男性参与。

　　这就需要性别平等运动，特别是男性运动的组织者和参与者，能够清楚地认识到生理男性的酷儿的价值，视他们为最可靠的伙伴之一，甚至自己也成为一个酷儿。

　　在白丝带志愿者的一次活动中，我也自我标榜自己的性政治身份是酷儿。有人开玩笑地质疑我是"假出柜"：一个社会中居主流地位的、异性恋的、"事业有成"的男人，也可以是酷儿吗？我的回答是：当然可以，所有挑战了男性社会性别刻板印象与性别二元划分模式的人，都可以是酷儿！

　　成为酷儿，成为性别平等运动的一分子！

怀念一位普通的白丝带志愿者

这几天，几次给您打电话，都说停机了。我想，也许您换电话号码了。

给您发邮件，QQ留言，都不见回复。我想，您可能正在忙。

今天，听到最不愿听到的消息：一个多月前，您因车祸去世。

内心无比悲痛。

您只有三十多岁。

我们相识在一次会议上，知道您是监狱系统的一位心理辅导员，我便主动过去自我介绍，也介绍自己领导的中国白丝带志愿者网络。白丝带的一项重要工作，便是针对家庭暴力施暴者的辅导，所以，我希望今后可以在这方面有所合作。

您欣然应允，回到单位便向领导介绍我们。几天后便联系我，说：领导非常支持。

随后，您进入了白丝带志愿者的QQ群，成为一位白丝带志愿者。

不久我们合作申请一个项目，那天下午要见资助方，您中午便早早到了，我们一起讨论会谈的内容。对于许多细节，您想的比我还要周全，对项目的执行有许多独到的见解。谈到狱中的心理辅导，您充满激情，言谈中对自己这份工作的热爱溢于言表。

设想到未来执行项目时，我要去狱中做团体辅导，您把我的生活起居都设想好了。您这么细心，与粗犷的外表显得有有些不符。

与资助方见面会谈前，您特意换上警服，将白丝带志愿者的徽章别在警号旁边。彼此介绍的环节，您站立了起来，端庄地向大家行了一个标准的敬礼！

会谈中，您以深厚的专业积累，为白丝带加分不少。

这是我们第二次见面。也是最后一次。

几天后，您约我去您工作的监狱，由白丝带与狱方签合作协议。我一直懒，想等到项目具体执行时去一次搞定。我没有想到，竟然与您永诀了。

您的微信上，几个月前最后更新的朋友圈，是十岁左右女儿的照片。此时，我已经不忍看了。

您是全国几百名普普通通的白丝带志愿者中的一员，未来，白丝带志愿者可能几千人、几万人。不是每一位白丝带志愿者都需要付出很多特殊的劳动，更多的人像您一样，结合自己的本职工作，推动着终止性别暴力事业的进展。

你们默默无闻，也在默默奉献，汇成江海，便是白丝带的事业！用滴水穿石的工作精神，改变着中国社会。

郑宏宇老师，白丝带永远怀念您！